漕運總督

# 漕运总督张景华

刘怀玉 著

中国文史出版社

〔明〕张景华肖像

# 前　言

张景华是山东郯城的一位名人。他中过举人，中过进士，做过地方上最小的官——知县，也做过地方上最大的官——威风八面的总督。他曾是独当一面的方面大吏漕运总督。

张景华是一位能臣。给你一个县你能治理好吗？张景华的回答是能。他牛刀小试，筮仕吉水，筑城防乱，广开财源，判案“剖决如流，民有鬼神破胆之谣”。离任时民众遮道挽留，至绘《卧辙图》表示怀念。因为治绩卓著，被行取入京。天下有数千名知县，不是每一个都能做到的。以后历任监察御史、誊黄右通政、顺天巡抚、副都御史、漕运总督，都能勤恳履职，官声很好。中间因病休息，朝臣多次推荐，朝廷屡次征召，因为他是不可多得的良臣干吏。

张景华是一位诤臣。他居官尽职尽责，特别是任监察御史时，积极履行言官的职能，大胆向朝廷建言。康熙《郯城县志》卷七《人物志·乡贤》：“入为侍御史，时武定侯怙宠骄恣，众莫敢言，公独抗疏论之，直声震于朝廷。”他看到天下有司不谙律例，滥受词讼，株连蔓引，或至数岁不决，刑罚不中，上干和气，请求皇帝命令天下有司官员，务讲读例律，听断出入不得越法，徒流以下尽快结案，不得留滞。皇帝采纳了他的意见。任大理寺右寺丞时，秉公会勘了宗室朱佑椋案件。张景华不满对团营牧马草场事所做的处理，责问皇帝："第令仍旧，然则何以遣臣为也？且各官侵费罪状既明，今一概释之，后将何惮。"他与皇帝争执，敢婴逆鳞，实属罕见。

张景华是一位廉臣。他终生清正廉洁，世德堂《张氏族谱》说他"一生端严，廉介自守"。他不为家人谋官谋财，张士英的《张氏族谱原序》说，张景华的子侄"均鼎鼐之才，假少贬其节，不难尽列殿陛，顾其贻谋，在德而不在夫爵焉"。康熙《郯城县志》卷七《人物志·乡贤》中说：张景华"卒之后不数岁，子孙有坐贫困至鬻居宅者，其清操可知"。

张景华是一位直臣。作为一位直臣，对严嵩擅权、作威作福的行径早就心生厌恶，自然不愿意与他们同流合污。"缙绅贿赂辐辏其门，景华一无所馈，严以双缣遗之，报如其物。"宁愿得罪权臣罢职，"可荣不可辱"。正如文学家吴承恩所说："醉乡可卧，独甘江上之醒；巧宦相妍，无改山中之拙。""顾草芥之万钟，何加于我；指松菊之三径，自适其天。"张景华毅然归隐，体现了正直纯朴的品质。他的名字被人载入《忠贞录》，流芳百世。

张景华是一位诗人和学者。作为诗人，他有一部分诗充满哲理，用他的具有穿透力的目光观察人生与世界，往往发人深思。在多首诗中歌咏了他的庄居、西溪、南庄、西庄，清新隽永，感情充沛，结构严谨，对仗工稳，色调明快，可见他是一位爱家乡爱生活的山水田园诗人。他的诗有王摩诘、孟浩然、范石湖、陆放翁的空灵和豪放，也有陶渊明的情怀，他爱五柳三径，更爱桃花源。作为学者，他的论文层次分明，逻辑性强，充满睿智，有很强的说服力。

张景华一生身体健康状况可能不是很好，常因病请求休息。嘉靖八年（1529）任监察御史时曾养病一年。嘉靖十四年（1535）任顺天巡抚刚一年，便"以疾告休"回家，一去就是六年。嘉靖二十一年（1542），刚补任右副都御史一年，又"引疾乞休"，未获批准。升了漕运总督，在淮期间作《寓淮安思归用正韵》诗云："延年药物得相近，傍水群鸥可与偕。”又作《嘉靖甲辰年六月乞休》诗云：“衰病违心空浩叹，乞休疏已达重瞳。”可见他任漕运总督一直是带病坚持工作的，对朝廷是忠诚和尽力而为的。嘉靖二十九年（1550），他六十九岁，已罢职在家，作《闻都城被围》诗云：“姿容愁里老，岁月病中过。”可见年老的他已疾病缠身。张景华看透世事，认为荣辱无所谓，各有前因。官当不当没有什么了不起，可荣不可辱，因而多次因病乞休，显示了他的豁达。

张景华一生做过很多官，但其最后也是最高的职务是漕运总督。在此期间，他保持封建文人的道德操守，不与权奸严嵩交往，因而受到严嵩的排斥和打击，以致罢官归里，显示了他人生的光辉，所以本书即以“漕运总督张景华”名之。

本书包括五大部分：一是张景华传略，以问题和事件为类别，以时间为序，依托时代背景，对张景华一生进行考述；二是张景华的年表，以年代为主轴叙述张景华的一生，与前者互为经纬；三是张景华的著作，包括现在已知的《白溪漫稿》，以及被收录在地方志和其他书籍中的遗作，还有一些已佚作品的篇目，可为文史爱好者和研究者根据线索做进一步的查找，扩大对张景华的了解；四是与张景华相关的资料辑录，因为材料庞杂，这里选择其中最有价值的一部分，与同好共享，以便更深入地考究张景华；五是张景华家谱的历次修订序言选录，其中有一些对了解张景华及其家族颇有资料性价值。

世德堂张氏第十七世孙，即张景华的第十四世孙（张景华第五子张守矩的第十三世孙）沭阳张汉乐先生，怀着对其先祖十分崇敬和仰慕的心情，到处搜集有关张景华的书籍资料，希望大力表彰其先祖的懿行和功德，传承家族的传统和家风。去年冬天，我受沭阳张汉乐、仲素梅伉俪之托，为张景华写了这本小册子。这是第一本专门研究张景华的书，我感到十分荣幸。因为直接关于张景华的有价值的存世资料有限，比如对张景华相貌的描写、小时候家庭的状况、任吉水知县时处理案件的事迹等，都缺乏正面的整体的文字叙述。我尽量发掘与张景华接触的人和事的背景资料，加以研究分析，使各个事件能够连接起来，形成一个完整的传记。又引用张景华本人的诗文，加以注解演绎，还原张景华的日常生活和当时心情，弥补史料的不足。经过一番努力，一部传记基本立起来了。当然离我的期待还有相当的差距，仍需发掘资料，加以修改补充，对张景华的更深入更全面的研究，还有待于来者。

郯城的人士在研究张景华问题上下了很大功夫，取得了可观的成果，出版了《白溪漫稿》，编印了《张氏宗亲联谊通讯》。特别是张景华的裔孙张则明等先生写了不少文章，本书中有所引用，应当表示感谢。

由于时间短促，写得匆忙，加之本人学识有限，疏漏、错误、不妥之处在所难免，请方家不吝指正。

刘怀玉

2020年2月，于淮城沧洲陋室

# 目　　录

# 张景华传略

张氏是我国第三大姓，据说人口近亿。有学者说，黄帝有一孙子（一说为儿子）叫挥，观弧制矢，赐姓张氏，此张氏得姓之由。张挥世居青阳，青阳后改清河郡，为张姓郡望。乾隆五十八年（1793）桂月，郯城张氏八世孙张仁《东支序》亦持此说："粤稽黄帝之子名挥造弧弓，受封于张，为张氏，此张氏所自昉也。"乾隆戊午福建张姓同宗张士英作《张氏族谱原序》云："张氏系出清河，其源最远。"然清河为张姓的郡望之一，凡姓张的皆可称之，非郯城张氏独有。《东支原序》云："传吾张氏旧居山东高密县鱼湾舍住沟村，至大明年因红军赶散，一支去郯城县涝沟庄居住。""红军赶散"似无此说法，只听说过"洪武赶散"，是朱元璋将江南人口稠密地方的富户，迁移到江北荒僻地方，似乎未曾牵涉山东。有幸读到郯城世德堂《张氏族谱》，即张景华家的族谱。该谱凡经数次续修，均未拉历史名人入谱以求增辉，是实事求是的，值得称道的。

郯城世德堂《张氏族谱》以张景华的曾祖父张林为一世祖。该谱《张氏宗派世系表》云："一世讳林，配盛氏，子一：锦。二世锦，行五，配彭氏，继蒋氏。子二：辅，彭出；友，蒋出；女一。享年七十余岁。三世辅，行一，字廷佐，小字福增。赠河南道监察御史，继赠大理寺右寺丞。生于正统癸亥（1443）七月八日，卒于正德戊寅八月七日，享年七十六岁。配吉氏，小字灯生，赠孺人，继赠宜人。生于正统己巳（1449）八月卅日，卒于正德己卯正月十八日，享年七十一岁。子三：景芳、景华、景美。景芳无后。景华叔父张友生一子景熙。”该谱所载全部张氏族人，虽分东西南北四支①，但都是景华、景美、景熙三人的后裔。

郯城世德堂《张氏族谱》记载：张景华，“行二，字时美，小字广昌，号白溪，先号菊轩。孝友性成，生而敏学，由正德庚午科举人，甲戌科进士。初授江西吉水县知县，行取四任御史，巡视中城、山西巡按、南畿刷卷、掌河南道。历升大理寺右寺丞、通政司誊黄右通政、饬蓟州等处边备，兼巡抚顺天等处地方，都察院右佥都御史，告休。诏起都察院右副都御史，奉特旨总督漕运，兼巡抚凤阳等处地方，都察院左副都御史。所至有《怀恩录》、遗爱祠。所著有《摄心录》《樵牧琐谈》行世。一生端严，廉介自守。事武肃两朝如一日，塞门谢事，种花赋诗。享年七十四岁，生于成化壬寅，卒于嘉靖乙卯二月十四日，万历癸未从祀乡贤。配陈氏，小字花生，敕封宜人，生于成化癸卯九月初二日，享年五十九岁，卒于隆庆丁卯十二月十二日。子七：守悫、守宜、守简、守默，陈出；守矩、守规、守范，金出。女七：钫，陈出；庄、屯、晚、立、丙、隔二，金出。合葬于西南三里，地名仙人掌”。

康熙《郯城县志》卷七《人物志·乡贤》、乾隆《郯城县志》卷九《人物志·名贤》皆称：“张景华，字时美，高册社人。”还有康熙《郯城县志》卷八《选举·例监》称，他的第二个儿子张守宜

① 据世德堂《张氏族谱》凡例四：“东、西、南、北支”是以祖居方位（即地域）划分的。四世景华祖居郯城北涝沟，其嫡系简称“北支”；四世景美祖居南涝沟，其嫡系简称“南支”；以郯城为大本营，四世景熙祖之长子嫡派迁居赣榆县沙河、连云港等地，简称“东支”；其次子嫡派迁居苍山县张庄等地，简称“西支”。

也是高册社人。卷八《选举·岁贡》称，他的第七个儿子之子张胤祯，也就是张景华的一个孙子也是高册社人。康熙《郯城县志》是沿袭万历《郯城县志》的，而万历《郯城县志》有张景华两个儿子参与修纂的。根据这些记载，张景华当是高册社人。然今所见《张氏族谱》诸种版本序言及内容，皆未提及此住址，而他的后裔皆说是涝沟村人。高册与涝沟是两个不同的地方。康熙《郯城县志》卷三《户赋志·里社》：清顺治年间为四乡三十二里社，揆其意"里"即是"社"，即所谓"里社"。高册社属大安东乡，大安东乡八社，第四即高册社，注："县西南十里。"涝沟社属大安西乡，大安西乡亦八社，第六为涝沟社，注："并张家庄社，县西南四十五里。"按此记载，都在县城西南，一个离城十里，一个离城四十五里，两者相距三十五里。不知因何有此差异。今购得《郯城交通旅游图》，可以看出北涝沟村在白马河东北，南涝沟村在白马河西南，两者相距很近，今属花园乡。临沂经济网有文：郯城县花园乡涝沟社区位于乡驻地西南七公里处，白马河西岸。涝沟社区建于明正德年间，因处白马河旁，地势低洼，始名涝沟。按照张氏族谱载，张氏四世祖都察院左副都御史张景华就是涝沟人。张景华的七个子女分七支住涝沟，北面是北涝沟，南面是南涝沟。历史遗迹有三墩古墓。高册有东高册、陈高册、仇高册、张高册、万高册、凌高册，也都邻近白马河，在涝沟的上游，属马头镇。

不过这是清代顺治年间开始的区划，也许在明代有所不同。康熙《郯城县志》卷三《户赋志·里社》、乾隆《郯城县志》卷四《建置志·里社》均说：原来"县有四乡八十五里，后并为六十里。明嘉靖二十一年并为四十五里"。也许那时高册社与涝沟社是一个里社，统称高册社，到万历年间都没有改变。所以万历《郯城县志》便记载张景华及其儿子为高册社人，并被后来康熙、乾隆两县志所继承。这样一来就没有矛盾了。当然这只是我的一个猜测。

张则明《张都堂及其轶事考略·祖籍考》云："笔者走访了都堂族系十六世、十七世孙张伟栋、张重森，二人说：《郯城县志》的说法是不正确的。因为祖传当年都堂在回答同僚的询问时说，老家在郯城东关。……都堂幼年家贫，其父张辅因逃荒，'一根扁担，两个箩筐'将全部家当挑到北涝沟村定居下来。……笔者曾详查《张氏族谱》，张高册村的张姓竟未入谱。……笔者认为正确的说法应是'祖籍郯城东关，幼年随父迁居北涝沟'。"① 据说张氏当时很穷，先是以佃佣为生，后靠做豆腐维持生活。

按：涝沟与高册都在白马河两岸，这里的风光与张景华的诗相合，张景华诗《次戴龙山韵忆庄居》② 有云："庄居白马水如瀍，好事于人亦自悭。""瀍"古同"瀍"，音 chán，水名，源出河南洛阳西北。"白马"盖即白马河，说明张景华居住于白马河畔。可参阅本书《张景华的庄居》一节。

## 郯城是古老的地方，人杰地灵

郯城县位于山东省东南部、临沂市南部，地处鲁苏交界，为山东南大门，齐鲁之通衢，是齐鲁大地与江淮地区交往的重要交通要道，为鲁南"咽喉"之地。周封炎族首领于此，称炎国，后"炎"演化为"郯"，称郯国。郯城始于郯国，建成于公元前 11 世纪。春秋时期，郯国附鲁，"郯子朝鲁""孔子师郯子"即出于此。周威烈王八年（前 418），郯国为越所灭，其境入越。周显王十四年（前 355），楚灭越后，其地又归楚。秦行郡县制。境地先属薛郡，后为东海郡，且为郡治所在地，并在楚汉间有一短暂时期亦称郯郡。乾

① 见《白溪漫稿》附录，天马出版有限公司，2008 年 3 月。

② 本文所引张景华诗皆见其《白溪漫稿》。

隆《郯城县志》卷二《舆地》:“明初洪武元年，置山东行省于益都，始名县曰郯城，领于沂州，属济宁府，五年，改属济南府。十八年，封鲁潘，升兖州为府，降济宁为州，以沂州属于兖州。”郯城县隶山东布政司兖州府沂州。清朝雍正二年（1724），兖州府之沂州改为直隶州，后升为沂州府，郯城县隶沂州府。今有近百万人口，属山东省临沂市，是“中国银杏之乡”和“中国杞柳之乡”。有全国粮食生产先进县、中国优秀生态旅游县、全国科技进步先进县、山东省园林城市等称号，素有“鲁南粮仓”之称。北涝沟在今山东省临沂市郯城县花园乡南部，西傍古老美丽、水源丰富的白马河，东望国营郯城农场，是郯城县主要的农业产粮地之一，盛产富硒农产品。

郯城是个古老而美丽的地方，有着丰厚的历史文化积淀。全县境内发现旧石器、新石器文化遗址四十余处，大汶口文化、龙山文化遗址二十余处。有众多的文物古迹和山川名胜，旧有八景之说，有海楼朝霞、石门夜雨、仙洞云壑、禹台柳莺、沂水春帆、白溪秋月、红崖古梅、龙门桃浪等名目。张景华年轻时以及退休在家，经常到这些地方游赏，并作下许多诗篇。

郯城在历史上是个人才辈出的地方。这里出现过一批思想家、政治家、科学家和文学家。

于定国（前111—前40），西汉丞相，字曼倩。其父于公劝太守不杀东海孝妇，太守不听，于公争之，弗能得，乃抱其具狱，哭于府上，因辞疾去。定国少时随父学法，为狱吏、郡决曹。宣帝时，任廷尉。为人谦恭，能决疑平法，被时人所称赞。后为丞相，封西平侯。①

王朗（153—228），本名王严，字景兴，汉末三国时期名士，仕

① 《汉书》卷七十一《于定国传》。

于曹魏，官至司徒、兰陵侯，与钟繇、华歆并为三公。去世后谥曰成侯。其子王肃（195—256），字子雍。三国时曹魏著名经学家，师从大儒宋忠，曾遍注群经，对今、古文经意加以综合，编撰《孔子家语》。其所注经学在魏晋时期被称作“王学”。①

何承天（370—447），南朝宋无神论思想家、天文学家和文学家。东晋末年历任参军、浏阳令、太学博士，后迁御史中丞，为人耿直，执法不阿，颇具“威戎御远之略”。在文学、历史学、考古学等方面都颇有成就。撰有《春秋前传》《春秋前传杂语》等书。诗文主要有《木瓜赋》《鼓吹饶歌十五首》等，文采斐然。②

鲍照（约415—470），字明远，南朝宋文学家，与北周庾信并称“鲍庾”，与颜延之、谢灵运并称“元嘉三大家”，著有《鲍参军集》。③ 鲍照在游仙、游山、赠别、咏史、拟古、数诗、建除诗、字谜、联句等方面均有佳作留世，有力地推动了中国古典诗歌的发展。其妹鲍令晖是杰出的才女，是南朝宋、齐两代唯一留下著作的女文学家。梁代诗歌理论批评家钟嵘在《诗品》下卷中说她的诗“往往崭绝清巧，《拟古》尤胜”，曾有《香茗赋集》传世，今已散佚。

王僧孺（465—522），字僧儒，魏卫将军王肃八世孙也。南朝梁文学家、书法家，兼善谱牒之学，为谱牒学的拓荒者。所作诗歌抒转云霞，激越钟管，新声代变，在促使声律学及其在诗歌创作方面，起到了推波助澜的作用。王僧孺好藏书，擅长书法，《南史》本传说他“好坟籍，聚书至万余卷，率多异本”，“工属文，善楷隶，多识古事”。王僧孺实是一位多才多艺、操洁志高的古代文人。④

徐勉（466—535），字修仁，南北朝时期文学家。自少孤贫，早

---

① 《三国志》卷十三《王朗传》《王肃传》。

② 《宋书》卷六十四《何承天传》。

③ 《宋书》卷五十一《鲍照传》。

④ 《梁书》卷三十三《王僧孺传》;《南史》卷五十九《王僧孺传》。

励清节。梁朝建立后，拜中书侍郎，转尚书左丞，号称贤相。虽居显职，不营产业，家无蓄积，谥号“简肃”。善属文，勤著述，虽当机务，下笔不休。有《左丞弹事》《选品》《太庙祝文》《会林》《妇人集》等书集，今多已佚失。①

徐摛（474—551），一字士秀，一字士缋，南朝梁著名诗人，“属文好为新变，不拘旧体，文体既别，春坊尽学之”，“宫体”之号，自斯而始。为“宫体”诗的代表人物之一，与庾肩吾并称“大徐庾”。

徐陵（507—583），字孝穆，徐摛之子，亦南朝梁陈间的诗人，文学家。早年即以诗文闻名，长大后，博涉史籍，有口才。梁武帝萧衍时期，任东宫学士，常出入禁闼，为当时宫体诗人，与庾肩吾之子庾信齐名，亦并称“徐庾”；又与北朝郭茂倩并称“乐府双璧”。入陈后历任尚书左仆射、中书监等职，继续宫体诗创作，诗文皆以轻靡绮艳见称。②

何逊（约466—519），字仲言，南朝梁著名诗人。与陈代诗人阴铿并称“阴何”，亦与同时诗人刘孝绰并称“何刘”，继谢灵运、谢朓之后，对山水诗的发展有重要贡献。诗歌内容率多抒发厌于游宦和羁旅乡愁，以及同僚之间的酬答、伤别之作，词多苦凄悲凉之调，风格清丽自然。其即景抒情之作，上承谢灵运、谢朓余绪，意象精工，情景交融，语言清新、省净，风格清简、婉丽，在齐梁之际，自成一家。③

徐则，陈隋间道士。幼沈静，寡嗜欲，善三玄，精于论议，声擅都邑。曾叹曰：“名者实之宾，吾其为宾乎！”遂怀栖隐之操，杖策入缙云山。后学者数百人，苦请教授，则谢而遣之。不娶妻，常

---

① 《梁书》卷二十五《徐勉传》；《南史》卷六十《徐勉传》。

② 《南史》卷六十二《徐摛传》；《陈书》卷二十六《徐陵传》。

③ 《梁书》卷四十九《何逊传》。

服巾褐。陈太建中，应召来憩于至真观。期月，又辞入天台山。因绝谷养性，所资唯松水而已，虽隆冬冱寒，不服绵絮。太傅徐陵为之刊山立颂。①

郯城诸多历史名人，留下了绚丽的文学遗产和文化传统，为中华文明的绵延和发展，做出了杰出贡献，对后人有着很大的教育和启迪作用。张景华接受了这些传统和启迪，在宦业和文学方面都有很好的成就，成为郯城历史文化的亮点，也是郯城人民的光荣和骄傲。

## 张景华青少年时期

成化十八年壬寅（1482），张景华就出生在这样一个人杰地灵的地方。世德堂《张氏族谱·张氏宗派世系表》："四世景华，行二，字时美，小字广昌，号白溪，先号菊轩。孝友性成，生而敏学，由正德庚午科举人，甲戌科进士。初授江西吉水县知县，行取四任御史：巡视中城、山西巡按、南畿刷卷，掌河南道。历升大理寺右寺丞、通政司誊黄右通政、饬蓟州等处边备，兼巡抚顺天等处地方，都察院右佥都御史，告休，诏起都察院右副都御史，奉特旨总督漕运，兼巡抚凤阳等处地方，都察院左副都御史。所至有《怀恩录》、遗爱祠。所著有《摄心录》《樵牧琐谈》行世。一生端严，廉介自守。事武肃两朝如一日，塞门谢事，种花赋诗。享年七十四岁，生于成化壬寅，卒于嘉靖乙卯二月十四日，万历癸未从祀乡贤。配陈氏，小字花生，敕封宜人，生于成化癸卯九月初二日，享年五十九岁，卒于隆庆丁卯十二月十二日。子七：守悫、守宜、守简、守默，陈出；守矩、守规、守范，金出。女七：钫，陈出；庄、屯、晚、

① 《北史》卷八十八《徐则传》。

立、丙、隔二，金出。合葬于西南三里，地名仙人掌。”

按：张景华第七女嫁本县蒲汪李体恒，这是今天发现的唯一一个张景华家的亲戚。《郯邑李氏族谱》卷二下《蒲汪庄谱》下卷记载：李氏六世李体恒，“行四，字阙，号对渠，明庠生，举德寿官。配张氏，涝沟张督堂第七女”。生子李春培，“行一，字因吾，内阁儒士。配王氏，芙蓉王公女。子六：焮、熺、爗、灼、煊、烜。灼、烜，皆庠生，殉国难。烜尸却无归”。李焮行一，字伯昭，清庠生，例贡生，考授州同知，候选县丞。著家训七百余言。李熺行二，字仲章，优文行，拔贡生，考选州同知。李爗行三，字淑熙，庠生。李煊行五，字季明，庠生。由是知李氏也是耕读世家。据《郯邑李氏族谱·太渠祖叙述林墓树木以垂永守记》，蒲汪村在郯城南十八里。康熙《郯城县志》卷三《户赋》记载：涝沟社与蒲汪社同属大安西乡，“涝沟社并张家庄社，县西南四十五里，蒲汪社并李马庄社，县南二十里”。涝沟张家与蒲汪李家两者相距不算太远。[①]

张景华小时候家境贫苦，历史上未见有进士、举人，或当官的名人，属于一穷二白的人家。但张景华自幼很聪敏，也很好学。张氏后裔有这方面的传说：

> 据都堂（指张景华）十六世、十七世孙张伟栋、张重森、张重民介绍，都堂幼年随父逃荒至北涝沟村定居后，其父先以佃佣为生，后靠做卖豆腐维持生活，都堂则挖菜、砍柴、替“大户”人家牧羊补贴家计。每当路过塾馆时，常因窗外听读忘记手中的活儿受到责罚。其母吉氏虽为农家妇女，但颇有见地，认为都堂是可造就之才。同其父商

---

① 今《郯城交通旅游图》显示，蒲汪社区在郯城正南，属高峰头镇，为高峰头镇所在地，有蒲一村、蒲二村、蒲三村。

议时说：就是再苦，也得让孩子念书。并亲自带都堂到塾馆恳求先生收徒。由于先生平时已注意到都堂“听读忘樵”求知若渴的情况，感其母贫不失志、望子成龙的一片真情，于是欣然同意收徒，并免去都堂的学费。都堂深感家贫读书的机会来之不易，于是倍加努力，昼夜苦读，加之聪明过人，学业大进。都堂不满足先生所授课业，常到附近的“大户”人家求借藏书阅读，使所学知识相互印证贯通。每当放学回家，则帮助母亲操持家务或帮父兄下田劳作。品学兼优的都堂，这时已被乡邻誉为“神童”。①

夏政平先生搜集整理的郯城民间传说故事《都堂逸事·听读忘樵感恩师》，也与此类似：

景华幼时，家境贫寒，父亲张辅以卖豆腐谋生，母亲操持家务。景华虽然幼小，但也深知父母甘苦，经常帮助家里挖些野菜，拾些柴火，或替大户人家放羊，贴补家计。一日，到北老城墙去打柴，路过城隍庙，被学童的琅琅读书声所吸引。好奇的小景华便不由自主地来到学堂的窗下，听先生讲授“子曰：学而时习之，不亦乐乎”，倒也有趣。看到同龄的孩子课读学字，羡慕极了。可怜家计维艰，哪有钱供他读书啊！后来，他经常去听讲，有时听得入迷，竟把打柴的事儿忘了。听读忘樵，不免常受父亲的责罚。母亲看在眼里，疼在心上。母亲吉氏虽说是农家妇女，但却颇有见地。她认为二儿子是个可造之才，便与丈夫商议，

---

① 张则明：《张都堂及其轶事考略》，《白溪漫稿》附录，天马出版有限公司，2008 年 3 月。

想让小景华就读。夫君同意后，张母就带着景华到塾馆恳请先生收下这个徒弟。这位先生姓周，家住城西。平时周先生也发现这孩子聪慧过人，求知若渴，很是喜欢。再者，周先生也被张母贫不失志、望子成龙的真情所感动，便欣然应允，收下了小景华这个徒弟，还免收了他的学费。感动得张母热泪盈眶，聪明的小景华便纳头跪拜。周先生便给徒弟取名景华，切字时美。景华深深懂得，学习的机会来之不易，学习更加勤勉。他天资轶群，过耳不忘，过目成诵，堪称“神童”。周先生对这个徒弟钟爱有加，教授尽心。后来，还把爱女花生姑娘许配给了张景华。①

张景华年轻时就热爱家乡的山水名胜，经常游览。弘治十六年癸亥（1503），张景华二十二岁。此年三月十六日，游览了望海楼，并作了一首七律诗《弘治癸亥三月十六日游望海楼，时年廿二》，诗云：

望海由吾地势幽，于今谁识几春秋。
沉沉洞向云中锁，点点水湛石上流。
物老时移风景在，歌阑酒罢梦魂休。
春光万里乾坤净，不欲栖迟效许由。

按：诗题中有“时年廿二”，抄本《白溪漫稿》“廿二”原作“十二”。景华生于成化十八年壬寅（1482），至弘治十六年癸亥（1503），已虚岁二十二，作“十二”误，径改之。

---

① 见《白溪漫稿》附录，天马出版有限公司，2008 年 3 月。按据世德堂《张氏族谱》，张景华妻陈氏，小字花生，则此塾师先生不当姓周，周先生应为陈先生。

望海楼、由吾洞为郯城的名胜，望海楼在马陵山之一峰孔望山上，以石头建造，因孔子登而望海得名，[①]“海楼朝霞”为郯城八景之一。由吾洞在马陵山间。据说由吾仙洞为由吾道荣修炼成仙处，后更名为“仙洞云壑”，仍为郯城八景之一。乾隆《郯城县志》卷二《舆地·形胜》：“仙洞云壑，城东南三十里由吾洞山开一滹，涧长数里，上悬石壁，下横深潭，邃岸参差相对，巑岏阻绝，鸟道微通。”卷十二《余志》：“由吾道荣，少为道士，常游燕赵间，闻晋阳有异人，精于法术，乃往访之，得其传。凡符水禁呪，阴阳律数，与夫天文药材，无不通解。后隐于琅琊山，辟谷饵松术，求长生之秘。隋开皇初，拜谏议大夫，苦辞归，年八十五卒。”

张景华在一个季春三月，到离城三十里以外的望海楼、由吾洞去游玩，领略山海的幽胜。看到沉沉云雾锁住山洞，点点水珠在石上流淌。传说中的人物已远去，而这里风景依旧。一代一代的人，歌阑酒罢，梦魂不再，而今谁还记得世上已过去多少春秋。诗人面对眼前春光万里，朗朗乾坤，不想学许由那样，不问人间事而隐遁在这里。

许由字道开，号武仲，尧时清高隐士。尧帝八十六岁时，深感衰老，儿子丹朱不肖，不传位于他，不愿因爱子而误天下。听说许由是个贤人，便欲禅让帝位于他。许由说：“匹夫结志，固如盘石，采山饮河，以求陶冶情操，非求禄位；纵情游闲，以求安然无惧，非贪天下。”于是连夜逃往箕山颍水旁，农耕而食。尧帝又派人请他做九州官。他听后更是烦恼，认为帝尧的话污染了他的耳朵，匆忙

---

① 乾隆《郯城县志》卷二《舆地·山川》，望海楼：“孔望山在县东南三十里，即马陵山之一峰也。相传孔子之郯，尝登此望海，故名焉。上有石楼，曰望海楼。”乾隆《郯城县志》卷四《建置·古迹》：“望海楼在马陵山上，详《山川》。”卷二《舆地·山川》，由吾：“马陵山在县东十里，山北联兰山，山南抵宿迁，长亘数百里，状如奔马。中有由吾洞，白龙潭水出焉。”

到颍水边淘水洗耳。遂隐居深山之中，终身不为名利，死后葬于箕山之巅。从这里可以看出，张景华年龄虽小，但人生态度是积极的，他不愿效仿许由，要读书上进，将来报效国家。

正德元年丙寅（1506），张景华二十五岁。这年春天，他家建了一间草屋的书舍，他作了一首七律诗《丙寅春书舍成》，诗云：

草舍深沉依短墙，东风温软泮凝霜。
家贫何恨良材少，亲老不堪为子忙。
竹对小窗摇翠影，菊攒新砌过风香。
从今闭户推闲事，期与当朝作栋梁。

从此诗来看，建书舍时为东风解冻的早春时候，地上的凝霜正在融化。书舍是靠着短墙搭建的，短墙即是矮墙，不高，很可能是建在小院子内的，挨着院墙，不会怎么高大。虽是茅舍矮小，但总算有了自己的单独书屋了。周围环境还是不错的，窗外有一丛竹子，摇曳的影子照进书房；花坛中的菊花怒放，香气随风吹进屋中，一派生机盎然。张景华父母为他建一书舍，对于一个穷人家来说，是为了将他培养成“良材”，改换门庭而做的重要投资。这时其父已六十四岁，其母也已五十八岁了，还为子女操劳，所以张景华深有感触，发出“亲老不堪为子忙”的感慨。他要发愤读书，关起门来不问闲事，要能成为朝廷的栋梁。

功夫不负有心人。正德五年庚午（1510），张景华二十九岁，参加乡试，考中了举人。次年正德六年辛未（1511），张景华三十岁。又参加春闱考试，想继续进取考个进士，但未考中。作《正德辛未下第，寓太学，思乡，巨寇攻郏，号六万》诗，诗云：

别久思归归未得，黑甜稳处暂离客。
三里孤城保有谋，一方兵火御无策。
愤来回首叫汾阳，世远何人继耿光。
莫玩天津桥畔月，子规声里送凄凉。

诗题中“寓太学”，是在进士考试“下第”以后的事。为什么要“寓太学”？太学就是国子监，他可能跟沭阳胡琏一样“游太学”，即在国子监做了一名监生。监生中有举监、贡监、荫监、例监等名目。“举监”是在京会试落第的举人，由翰林院择其优者送入国子监肄业，故称谓“举监”；始于永乐中。“举监”可以得到相当于教谕的薪俸，有点像带薪研究生，而且到下次会试时仍可出监应试。① 州县教谕的薪俸是“月米二石”②。当时他家庭穷苦，上京赶考来回路费要钱，就在京城做一名举监，既有地方落脚，又有点收入；既可以便于温习功课，参加下一次春试，还不用来回奔波，是个不错的选择。但有一点思乡也是难免的，他于本年春至京赶考，到落榜入太学已有好几个月了，想家又归不得，整日在黑甜乡里做寓客。苏轼《发广州》诗云：“三杯软饱后，一枕黑甜余。”自注：“俗谓睡为黑甜。”后世因以“黑甜乡”指梦乡。他在梦乡中想到的是：“三里孤城保有谋，一方兵火御无策。”③ 这是说他家乡郯城有了战事，他家那三里之城需人保卫，有号称六万的贼兵围城，而官

---

① 《明史》卷六十九志第四十五《选举一》：“举人入监，始于永乐中。会试下第，辄令翰林院录其优者，俾入学以俟后科，给以教谕之俸。是时，会试有副榜，大抵署教官，故令入监者亦食其禄也。”

② 《明史》卷八十二志第五十八《食货六》：“教官之禄，州学正月米二石五斗，县教谕、府州县训导月米二石。”

③ 乾隆《郯城县志》卷四《建置志·城池》：“郯城县城，旧土城，在古郯国之南，元末沂州守御王信所筑。周五里八十步，高一丈二尺，厚一丈余。池阔三丈，深九尺。三门：南曰通淮，西曰瞻鲁，北曰拱极。”

兵都是御敌无策。他很愤慨，又无奈，就想到汾阳王郭子仪，在乱世中英勇杀敌，挽救了唐朝。现在何人能继承他的“耿光”，挽救这乱世啊！而我呢，还在京城天津桥畔玩月，催我回乡的杜鹃声声，送来一阵阵的凄凉。

张景华不在家时，郯城发生了什么战事让他放心不下？是刘六、刘七起义军队围攻郯城。网上有乔闪的文章《父子两代为官，结局迥乎不同——明代郯城知县唐龙及其儿子唐汝楫》，其中有如下一段：

> 正德五年（1510）十月，刘六、刘七揭竿而起，由河北攻入山东，先后攻克日照、曲阜、泰安等二十余州县，血洗城邑，屠杀官吏。各州县平时“武事渐弛”，均毫无防备，“遇盗起”，大都闭门守城，或“望尘束手”，弃城逃走，或送给贼寇粮草弓马，请求贼寇不要来攻。这年冬天，刘六、刘七率领几千之众团团包围了郯城县城数日。在此严峻形势之下，唐龙和典史康友惠力主严防死守，招募乡勇，修补城池，并在城外开挖了三条壕沟，备足锐炮粮草，“据隘设伏，开门迎击”，屡次击溃悍然进犯、日夜攻城甚急的刘六、刘七“智穷胆落”，落荒而逃，官军大获全胜，朝廷特给唐龙增加俸禄二等的奖励。据《明史》记载，同一时期能抗击贼寇的知县为数并不多，最有名的就是郯城知县唐龙、乐陵知县许逵、益都知县牛鸾、汶上知县左经、浚县知县陈滞等数人而已。唐龙的得力助手康友惠后来在郯城去世，士民追念其“夙夜殚力”“用心趋事”的辅佐之功不可泯灭，在席、唐二公“去思祠”之北，为其建了“康公祠”，都御史张景华亲自撰写了碑记，称赞其“有君子之风”。

明朝中期，政治黑暗腐败，土地兼并加剧并高度集中，人民流离失所，阶级矛盾日趋激烈。加之农民深受政府的马政之害。为保证明军边马的供应，自明初以来，明政府强令河北等地农民充当养马户。马户的徭役负担极其沉重，为保证养好马要付出很大代价，不仅耽误农业生产，而且当所养马匹死亡或种马滋生不及额时，还要赔偿损失。一贫如洗的农民不得不卖田产、鬻男女，以充其数，苦不堪言，当时有人形容为“江南之患粮为最，河北之患马为最”。河北临近京师，正是厂卫特务、官僚地主施虐的地方，加上土地兼并剧烈，剥削压迫十分残酷，社会矛盾十分尖锐，农民起义时有发生。爆发于河北的刘六、刘七兄弟及杨虎等领导的农民起义就是这种历史背景的产物。

刘六名宠，刘七名晨，河北文安人，农民出身。因不堪地主豪强的兼并和压榨，同齐彦名等在霸州等地打家劫舍，时称“河北响马”。正德四年（1509），明朝政府增派兵“专理捕盗”。五年十月，刘六、刘七在霸州领数十骑起义，贫苦农民纷起响应，迅速发展为万余人。此时，起义于山东的杨虎也率所部同刘六等人会合，义军更加壮大，活动于京师之南和山东地区。次年三月，起义军连下山东，攻克日照、曲阜、泰安等二十余州县。后来刘六、刘七起义军，渐向南方转移。在湖北黄冈，由团风镇夺舟入江，刘六因舟覆而亡，刘七等自武昌而下，攻打江苏南通，接着占领通州东南的狼山，凭险据守。终因寡不敌众，刘七、齐彦名等先后牺牲，起义失败。

郯城战事发生在正德五年冬和六年春。当时的郯城知县是唐龙，他和典史康友惠一起抵御了流寇的攻城。事后郯城人为他们建了祠堂，张景华为之撰写《康公祠记》。此记收在乾隆《郯城县志》卷十一《艺文》中，反映了这事的过程。全文如下：

正德庚午，流寇突起。其年冬，今都宪兰溪唐公尹郯，北上应朝，恒惴惴以地方事是惧。召集各乡素号勇敢者若干名，赴县协助防守。县幕康君用心趋事，唐公委托之。越明年春，贼势滋炽，啸聚几数千。① 唐公北回，偕康君咨谋于众，力主攻守之策。遂补浚城池，外开三濠，锐炮刍粮，百尔攻守之具俱备。复以忠义危言感激之，人心益奋。贼初环城攻且急，多被吾郯擒戮。贼深恨，思报之。既而往返纠众，日夜攻甚急。吾郯据隘设伏，开门迎击。贼智穷胆落，遂遁去，自此戒犯郯之境界矣。当道廉访奏荐，唐公得加俸二级，康君亦屡被奖劳焉。我国家治平日久，武事渐弛，倏遇盗起，望尘束手，奔溃逃匿之恐后，孰知攻守为可恃之策耶？唐公倡之，康君从而赞襄之，吾郯人得而保首领，及室家之乐，以有今日者，岂可不知所自哉？此特危急守城之一事耳。平日之政教抚恤，如兴学校，均粮差，省财力，革奸贪，禁赌博，扶弱抑强，崇俭斥浮，凡可以通滞弊而厚国本者，无所不用其诚。康君虽处幕职，饬躬励操，亦有君子之风。夙夜殚力，以裨唐公之政，亦与有劳焉。唐公去任，民思之弗置，乃建生祠，同前尹遂宁席公并肖像于其中，岁时瞻拜，以伸恋慕之意。壬申岁，康公卒于郯城，人追念其功不可泯，亦为建祠肖像以祀。君讳友惠，字济民，滁之全椒人也。祠在县之北席唐二公去思祠之后焉。逾月落成，父老请次第其事，勒石以图永

---

① 谷应泰《明史纪事本末》第四十五卷《平河北盗》：“（正德六年）正月，刘六等自文安而下，二月，至宿迁，屯小河口，劫船欲渡。指挥周正御之，不得前。退往桃源，屯于城子河，率众万余掠邳州之泇口集。遂由赣榆过郯城。既拥众，复寇邳州。贼皆白衣，弥漫郊野。”《钦定四库全书·明文海》卷三七九祝允明《江淮平乱事状》：“（正德六年）二月，刘七之众万有七千，又自文安南下，以是月三卯（初十日）由郯城赣榆而西，将冠沭阳。”

久。余不敢以芜陋不文辞。若吾郯之义勇姓名，及擒戮功次，亦载诸碑阴，将以为忠义之劝也。

乾隆《郯城县志》卷七《职官》：“唐龙，正德五年任郯城令，详见《宦绩》。”《宦绩》：“唐龙，字虞佐，浙江兰溪县人，由进士，正德五年任郯城令。性度豁达，平易近民。兴学校，均徭役，一法制。不怵上官，不堕吏诡。当岁旱，忧形于色。屏去导从，为庶民服。匍匐四郊祷雨。时流贼刘六等至城下，攻围数日，分与民效死守之，家人斗而毙焉，卒全其城。加俸二级。后以忧去，民立生祠肖像。累官至吏部尚书。以劾罢，后子汝楫状元及第，为修撰，上书辨，诏复官，赠少保，谥文襄。祀邑名宦祠。”唐龙后来与张景华同朝为官，在张景华之前也曾在淮安做过漕运总督。

乾隆《郯城县志》卷七《职官·宦绩》记载：“康友惠，江南全椒县人，由吏员，正德五年任郯城典史。事上恭，使下爱。时值流贼攻城，惠出死力捍御，城保无虞。民为肖像于唐席二公祠内，祀名宦。”典史，古代官名，元始置，明清沿置，由吏部铨选，为知

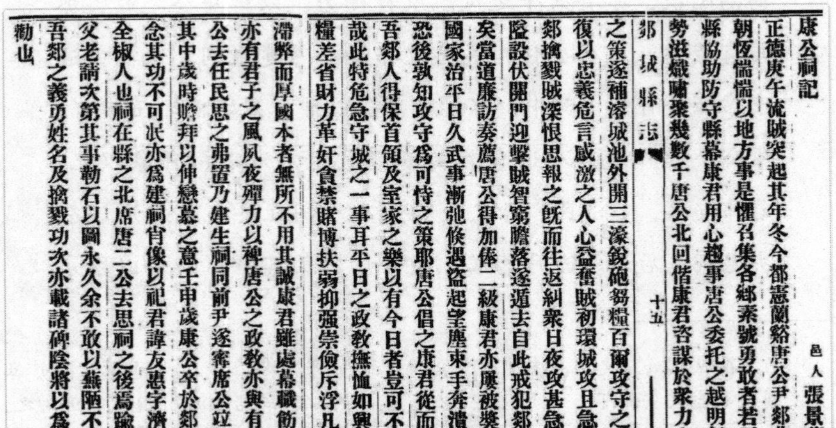

康公祠記　邑人　張景華

正德庚午流賊突起其年冬今都憲蘭谿唐公尹郯北上應朝恆惴惴以地方事是懼召集各鄉素號勇敢者若干名赴縣協助防守縣幕康君用心趨事唐公委托之越明年春賊勢滋熾嘯聚幾數千唐公北回偕康君咨謀於衆力主公守

郯城縣志　十五

之策遂補濬城池外開三濠銳砲芻糧百爾攻守之具俱備復以忠義危言感激之人心益奮賊初環城攻且急多被吾郯擒戮賊深恨思報之既而往返糾衆日夜攻甚急吾郯據險設伏開門迎擊賊智窮膽落遂遁去自此戒犯郯之境界矣當道廉訪奏薦唐公得加俸二級康君亦屢被獎勞焉我國家治平日久武事漸弛倏遇盜起望塵束手奔潰逃匿之恐後孰知攻守爲可恃之策耶唐公倡之康君從而贊襄之吾郯人得保首領及室家之樂以有今日者豈可不知所自哉此特危急守城之一事耳平日之政教撫恤如興學校均糧差省財力革奸貪禁賭博扶弱抑强崇儉斥浮凡可以通滯弊而厚國本者無所不用其誠康君雖處幕職飭躬勵操亦有君子之風夙夜殫力以裨唐公之政教亦與有勞焉唐公去任民思之弗置乃建生祠同前尹逐菴席公竝肖像於其中歲時瞻拜以伸戀慕之意壬申歲康公卒於郯城人追念其功不可泯亦爲建祠肖像以祀君諱友惠字濟民滁之全椒人也祠在縣之北席唐二公去思祠之後爲踰月落成父老請次第其事勒石以圖永久余不敢以蕪陋不文辭若吾郯之義勇姓名及擒戮功次亦載諸碑陰將以爲忠義之勸也

张景华所作《康公祠记》

县下面掌管缉捕、监狱的文职属官，不入流，即是九品十八级之外的属吏，故张景华称之为“县幕”。

正德九年甲戌（1514），张景华三十三岁，第二次参加会试，并考中了进士。《明清进士题名碑录索引》：“张景华，山东郯城人，民籍，明正德九年殿试中式三甲第一百五十五名进士。”乾隆《郯城县志》卷之八《选举志》：“正德九年甲戌（1514）科唐皋榜进士，张景华，见《人物志》。”抄本《白溪漫稿》第一首诗《平台玩月》题下，有双行小字：“大明正德九年甲戌科唐皋榜会试第七名。”可能说明会试中考中第七名贡士，第七名不是进士的名次。

当时地方上在郯城县城为张景华建了进士坊。乾隆《郯城县志》卷四《建置·坊表》：“进士坊，在儒学门左，为进士张景华建。”后又建有“都宪坊，在文庙门右，亦为张景华建”。那当是张景华当了都察院副都御史以后的事了。

关于这次殿试，《明实录》照例有所记载，朝廷先任命了一批读卷官。《明武宗实录》卷一一〇：

正德九年三月甲子朔，癸酉（三月初十日），命：少师兼太子太师吏部尚书华盖殿大学士杨廷和、少傅兼太子太傅吏部尚书谨身殿大学士梁储、太子太保户部尚书武英殿大学士费宏、礼部尚书兼文渊阁大学士靳贵、掌詹事府事吏部左侍郎兼翰林院学士蒋冕、林院侍读学士顾清、少保兼太子太保吏部尚书杨一清、户部尚书王琼、太子少保兵部尚书陆完、刑部尚书张子麟、太子太保工部尚书李鐩、都察院右副都御史石玠、通政司通政使丁凤、大理寺左少卿张禬充殿试读卷官。

接着是皇帝出的考题。考题不是一个简单的题目，而照例是一段文字。《明武宗实录》卷一一〇：“戊寅（三月十五日），策试举人霍韬等三百九十六人。是日，上不御殿。”制曰：

> 朕惟《大学》一书，有体有用，圣学之渊源，治道之根柢也。宋儒真德秀尝推衍其义，以献于朝。我太祖高皇帝特命左右大书，揭之殿壁，朝夕观览。每与侍臣形之论说，列圣相承，罔不崇信。朕初嗣位，经筵儒臣，首以进讲。其书大纲有二：先之以帝王为治之序，次之以帝王为学之本。又以格物致知、诚意正心、修身齐家之要，分为四目，序列于后，以示学者用力之地。夫学体也，治用也，由体达用，则先学而后治可也。顾以治先于学，于义何居？其为治之序。盖前圣之规模，后贤之议论，皆在焉。比而论之，无弗同者。而帝王之所以为学，则有不同。尧、舜、禹、汤、文、武，纯乎无以议为也；高宗、成王，其庶几乎下此。虽汉唐贤君，抑或不能无少悖戾，又下则其谬愈甚，不过从事于技艺文辞之间耳，无惑乎其治之不古若也。凡此皆后世之鉴，可能历举而言之乎？抑《衍义》所载不及宋事，不知宋之诸君为治为学，其亦有进于是者乎？朕万几之暇，留意此书，盖欲庶几乎古帝王之学，以增光我祖宗之治。励志虽勤，绩用未著，家国仁让之风，用人理财之效，视古犹歉，岂所以为治者未得其本乎？夫为人臣而不知《大学》，无以尽正君之法，尔诸生讲明是道久矣，行且有为臣之责。其为朕悉心以对，毋泛毋略，朕将亲览焉。

所有应考者都必须按照这段话的精神进行对答。张景华的殿试卷今未见。目前发现了一份，前有红色字：“第二甲第五名”，“武宗正德甲戌年三月十八日”，“应殿试人张白溪，二十二岁，山东省郯城县北涝沟村，祖父张锦，务农，父亲张辅，大理寺右寺丞”。似乎就是张景华的殿试卷。仔细推详，这是假的。因为答卷内容与上面皇帝出的那段话文不对题，而且有不当数处：其一，“第二甲第五名”当为三甲第一百五十五名。其二，“武宗”为正德皇帝死后的庙号，此处不当有“武宗”二字。其三，“应殿试人张白溪”，应写本名张景华，不能用字号。按要求应填三代角色，即其曾祖父也都应写上去，名下应注明存或殁，此卷没有。其四，年龄不对，张景华中进士时是三十三岁，不是二十二岁。其五，其父官职不对，张辅本无官，大理寺右寺丞是赠官，是他死后多年，于嘉靖十一年因景华官大理寺右寺丞而赠的。在景华考进士时不可能有“大理寺右寺丞”一说。其六，籍贯住址只需填到县，不会到村的。其七，书法拙劣，间有涂改。其八，文中有错字、漏字、衍字。其九，款式也不对，遇有应慎重处，如“皇帝”等语，应有若干抬头另行，而此全无。其十，文中有“世宗肃皇帝”语，“世宗”“肃皇帝”为正德以后的嘉靖皇帝的庙号和谥号，是嘉靖皇帝去世以后由大臣们议定的，正德时人怎逆知嘉靖以后的事？则作此文者当为隆庆以后的人。今从网上查得，此原为万历二十六年（1598）赵秉忠的状元卷。原件藏山东省青州市博物馆，网上有复制件出售。又有厉保津《赵秉忠状元卷注释》一书，远方出版社2003年出版，网上亦有售。

接下来是新科进士的一系列活动。《明武宗实录》卷一一〇：“辛巳（三月十八日），赐唐皋等三百九十六人进士及第、出身有差。壬午（三月十九日），赐进士恩荣宴于礼部，命新宁伯谭佑侍宴。癸未（三月二十日），赐状元唐皋朝服冠带，及诸进士宝钞。乙酉（三月二十二日），状元唐皋率诸进士上表谢恩，明日诣先师孔子庙行释菜礼。”张景华为新科进士之一，当然参加了上述活动。

# 任吉水县知县

正德十一年丙子（1516），张景华三十五岁。出任江西吉水县知县。[①] 张是正德九年三月中的进士，到此年才授以官职。这段时间可能在京某部观政，类似今天的实习或见习，或者由于其他什么原因耽搁了。

张景华在吉水县办的第一件事是重修吉水县城。《江西通志》卷五记载："吉水县，南唐保大八年，解世隆始筑城……正德间，闽广寇发，知县朱寅兴筑，甃以砖石，周围一千二百二十五丈，高一丈七尺，厚八尺。门五，覆以楼，东文明，西文峰，南文沙，北文江，东北文昌。复构二小亭于东西水门上，设警铺二十一间。罗侨记之。十年，雨圮，知县张景华重修。"

张景华修城是有长远考虑的，主要是防御朱宸濠谋反。《大清一统志》卷一四一："（张景华）知吉水县，……策宸濠必反，预完城垒，卒不能攻。"《山东通志》卷二十八之三："知吉水县，……时宸濠蓄逆，景华策其必薄吉州，请筑砖城，以固捍御，其后赖以无虞。"康熙《郯城县志》卷七《人物志·乡贤》："初筮仕吉水令，……时宸濠蓄逆，公策其必薄吉州，请筑砖城，以固捍御，卒之难发而城可恃，绩用章焉。"乾隆《郯城县志》卷九《人物志·名贤》："知吉水县，……时宸濠蓄逆，景华策其必薄吉州，请筑砖城，以固捍御，其后赖以无虞。"乾隆《沂州府志》卷二十五《人物上》："令吉水时，宸濠蓄逆，景华请筑砖城备之，卒赖焉。"

朱宸濠蓄逆谋反是有历史原因的。其一，朱宸濠是朱元璋的第十七个儿子朱权的五代孙。朱权封宁王，封地原在大宁（今内蒙古

---

① 道光《吉水县志》卷十九《秩官志·明知县》："张景华，郯城人，进士，正德十一年（1516）任。"

宁城），其地处喜峰口外，属古会州之地，东连辽左，西接宣府，为一大镇。朱权拥有甲兵八万、战车六千，所属朵颜三卫骑兵均骁勇善战，人咸谓“燕王善谋，宁王善战”。靖难之役中朱棣绑架朱权反叛建文帝，许诺事成之后，平分天下。朱棣用朱权的精兵夺得天下，即位后，不肯兑现承诺，将朱权改封于南昌。朱权无法，只好将心思寄托于道教、戏剧、文学，最后郁郁而终。据说他临终时向子孙诉说其对朱棣的仇恨，从此种下祸根，导致历代宁王与朝廷之间都矛盾重重。朱宸濠继承宁王王位后，记住了其祖的遗训，总认为现在的皇帝是谋逆上台的，江山应有他家一半。朱棣食言，一直亏欠他们家。朱棣既能以藩王（燕王）夺取皇位，当然宁王家也应当可以。

其二，那时皇帝是明武宗朱厚照，当时流传着一种说法，朱厚照不是皇后亲生之子，而是宫女郑金莲所生，来路不正，而且当时宫中即有所传言，时称“妖言”。大致言武城尉军余郑旺，有女郑金莲，卖给高通政家为婢女，后入宫为周太皇太后宫人，为弘治所幸生子，被张皇后掠为皇太子，即正德皇帝朱厚照。郑旺托熟人和太监打听，并炫耀自己是皇亲。事发后熟人、太监以妖言被斩。此事沈德符（1578—1642）的《万历野获编》有所记载①，当时官员陈洪谟（1476—1527）的《治世余闻》也有类似记载②。说有个编修叫王瓒，在司礼监教书出来时，“在左顺门，见红毡衫裹一妇人，不见其面，只见二小足。有人随去，见二内使押送赴浣衣局。守者俱起立迎入，待之异常”。后知与郑旺事有关，事发后内批：太监“刘林使依律决了”，郑女送浣衣局，“郑旺且监着”。陈洪谟认为：“时论以为旨意发落，意自可见。若果妖言，旺乃罪魁，不即加刑，又郑氏止云‘郑某已发落了’，‘已发落了’尤为可疑。”据说郑金莲

① 见沈德符《万历野获编》卷三《宫闱·郑旺妖言》。

② 见陈洪谟《治世余闻》下篇卷四。

被弄到浣衣局后，服苦役折磨而死。此事在《明实录》中也有记载。[①] 郑旺妖言事的真伪后人存疑，但对正德皇帝却造成了很大影响，因为朱宸濠视之为重要“把柄”。他起兵造反即自称“太后有旨召我”。事见嘉靖九年。

其三，明武宗是一个荒唐皇帝，不务正业，而且一直没有自己的儿子。朱宸濠因此以为有机可乘，便生非分之想，政治野心大发。

朱宸濠想学明成祖朱棣起来造反，贿赂近臣刘瑾、钱宁和伶人臧贤等人，窥探朝廷虚实；蓄养亡命之徒，强夺官民，劫掠商贾，密谋起兵，企图谋夺皇位。正德十四年（1519）六月，朱宸濠起兵十万造反，杀死江西巡抚孙燧、江西按察副使许逵。以李士实、刘养正为丞相，以王纶为兵部尚书，发檄各地，指斥朝廷。略九江，破南康，出江西，占安庆。赣南巡抚王守仁闻变，急忙赶到吉安（张景华治理的吉水县即属吉安府），与知府伍文定征集军队攻克南昌。朱宸濠起兵谋反仅四十三天，即失败被俘，被废为庶人，论罪伏诛，封国被废除。张景华早就预见到这一点，所以修筑吉水城预防，虽然此时张景华已丁忧回家，但城防却起到了很大作用。江西按察副使许逵事后面我们还要讲到。

张景华治理吉水县的另一政绩是“广开财源”。《大清一统志》卷一四一：张景华“知吉水县，广开财源”。怎么“广开财源”，可惜没有具体的记载。

张景华治理吉水，最被人称道的是判案精明，“剖决如流”。《山东通志》卷二十八之三：“知吉水县，剖决如流。”康熙《郯城县志》卷七《人物志·乡贤》：“初筮仕吉水令，剖决如流，民有鬼神破胆之谣。”乾隆《郯城县志》卷九《人物志·名贤》：“知吉水县，剖决如流，民有鬼神破胆之谣。”但《郯城县志》与《吉水县志》都无关于张景华判案的具体记载，且无实际事例。张氏后裔有

① 见《明孝宗实录》卷二一九和《明武宗实录》卷三十一。

这样一则传说：

据都堂（张景华）族系十六世、十七世孙张伟栋、张重森、张重民介绍：都堂在担任江西吉水县令期间，破案率是非常高的。其平反冤狱、惩恶扬善、净化民风、维护社会治安是都堂政绩的重要方面。都堂上任不久，就遇到一宗非常棘手的“白书生案”。主要案情是：一个白姓书生路过吉水县城东关一李姓居民门口，被该户的李小姐失手泼了一身脏水，李小姐连连道歉，并要求白将长衫脱下浆洗。此时正值盛夏，白书生不久将晾干的衣衫穿好道谢离去。此事恰巧被北街的王屠户（名彪）看在眼里。王屠户原知李小姐幼年丧母，同其父相依为命度日，现探知近日李小姐的父亲做小买卖未归，顿起歹意，当天夜里就越墙拨开李小姐的房门，以李小姐同白书生有私情，如若不成就自己的“好事”便传扬出去相威胁。李小姐极力反抗，结果被王屠户强行奸杀。次日李小姐尸身被邻居发现报到县衙。都堂初依据线索拘讯白书生，白书生以实情相告被暂时收监。王屠户为人凶狠刁滑，作案现场未留下有价值的痕迹，加大了破案的难度。都堂经过多日详细地查访分析，认定是王屠户所为。在拘讯王屠户时，王矢口否认。都堂大怒，喝道：“吾夜梦一猛虎，身上插着三支箭向我扑来，虎为百兽之王，王姓也；虎插三支箭，乃彪也，莫不是神人示警？大胆王彪，还不给吾从实招来！”王屠户毕竟做贼心虚，于是低头认罪服法，白书生当庭无罪释放。都堂“断案决狱鬼神破胆之誉”的评说大概是由此类所破案件而来。张伟栋、张重森说，民间关于都堂破案有鬼神相助的传说，实际上是不存在的。①

---

① 张则明：《张都堂及其轶事考略》，《白溪漫稿》附录，天马出版有限公司，2008 年 3 月。

这虽然是个传说，也能反映一些真实情况的影子。

张景华在吉水深得民心，离任时民众纷纷遮道挽留，有人绘《卧辙图》表示怀念。张氏后裔至今尚传说此事。

> 都堂在任县令期间，廉洁勤政，关心民众，惩恶扬善，兴修水利，发展生产，可谓政绩卓著，深得民心。其族系十六世、十七世孙张伟栋、张重森介绍，正因如此，都堂调任时，众多百姓哭拜于县衙门前进行挽留。此情此景被路过的丹青名手看在眼里，欣然挥毫泼墨，题名《卧辙图》，赠给都堂留念。此图世代保存于北涝沟村的祠堂内，至1943年郯城第一次解放时，落入现在花园乡冯庄村的张明先手中。其子张伟汉证实，此图在他家一直保存到1966年初“破四旧”时，因害怕招祸焚毁。[①]

正德十三年戊寅（1518），张景华三十七岁。本年八月七日，张景华父亲张辅（1443—1518）去世。[②] 张景华按照封建礼制离开吉水任回家丁忧，[③] 作《吉水丁忧回》诗，载《白溪漫稿》，诗云：

---

① 张则明：《张都堂及其轶事考略》，《白溪漫稿》附录，天马出版有限公司，2008年3月。

② 世德堂《张氏族谱·张氏宗派世系表》：“三世辅，行一，字廷佐，小字福增。赠河南道监察御史，继赠大理寺右寺丞。生于正统癸亥七月八日，卒于正德戊寅八月七日，享年七十六岁。配吉氏，小字灯生，赠孺人，继赠宜人。生于正统己巳八月卅日，卒于正德己卯正月十八日，享年七十一岁，子三：景芳、景华、景美。”

③ 《国朝列卿记》卷一〇一《总督漕运兼抚凤阳尚书侍郎都御史年表》：“张景华，字时美，山东兖州府剡［郯］城县人，正德甲戌进士，除吉水县知县，十三年丁忧。”

客船觉梦三年苦，霜树号风两岸闻。
望里不知先下泪，哀中安敢细论文。
归舟飞渡西江水，离思空怀日暮云。
琴鹤相随人已去，清名千古与谁群？

大约张景华到吉水做官，父母没有随任，都已七十向外的人了，在家与景华的哥哥、弟弟们一起生活，所以有“觉梦三年苦”的感受。船行时两岸是“霜树号风”，不知父亲去世时的后事情况，也未得见上一面，便泪流满面。一心只要“归舟飞渡”，家中还有年迈的母亲，因而“离思空怀日暮云”啊！我在吉水三年，现在回家，唯一琴一鹤相随，千古的清名留给别人去评论吧。

祸不单行，张景华在家中守制的第二年，即正德十四年己卯（1519）正月十八日，母亲吉氏（1449—1519）也去世了。不到半年时间父母相继离世，是一件令人惨痛的事情。好在两段守制时间连在一起，免得以后再因丁忧离任。按照礼制，丁忧要三年，实际只要二十七个月就行了（不包括闰月）。从本年正月算起，要到正德十六年四月结束。

## 任监察御史

正德十六年辛巳（1521），张景华四十岁，被行取巡视中城监察御史。①

世德堂《张氏族谱·张氏宗派世系表》：“初授江西吉水县知县，行取四任御史：巡视中城、山西巡按、南畿刷卷，掌河南道。”

---

① 《国朝列卿记》卷一〇一：《总督漕运兼抚凤阳尚书侍郎都御史年表》：正德“十六年起复升河南道监察御史”。按据世德堂《张氏族谱》所载，应先任巡视中城监察御史，非河南道监察御史。

有人误以为张景华在吉水当了四任知县，做了十二年。其实是“四任御史”，即“巡视中城、山西巡按、南畿刷卷，掌河南道”等，并非四任知县。

明代吏部铨选有“行取”制度，地方州县官员若治绩良好、才能出众者，经保举由朝廷行文调至京师任职，补授科、道或部属官职，称为“行取”。这说明张景华在吉水治绩不错，可以直接进京为官，可惜因丁忧耽误了三年。但朝廷没有忘记他，一经丁忧期满，立即进行“行取”，回京做监察御史。

明代设都察院，掌弹劾及建言，设左右都御史、左右副都御史、左右佥都御史。又设十三道监察御史一百一十人，为正七品官，分地掌管监察，称为“巡按御史”。巡按御史官位虽不高，但权势颇重。据《明史·职官志二》所载：“十三道监察御史，主察纠内外百司之官邪，或露章面劾，或封章奏劾。在内两京刷卷，巡视京营，监临乡、会试及武举，巡视光禄，巡视仓场，巡视内库、皇城、五城，轮值登闻鼓。在外巡按，清军，提督学校，巡盐，茶马，巡漕，巡关，攒运，印马，屯田。师行则监军纪功，各以其事专监察。而巡按则代天子巡狩，所按藩服大臣、府州县官诸考察，举劾尤专，大事奏裁，小事立断。按临所至，必先审录罪囚，吊刷案卷，有故出入者理辩之。”

张景华回京时，正赶上正德皇帝驾崩和嘉靖皇帝继位，朝廷中为正德父母如何上尊号的事，即“议大礼”事吵得不亦乐乎，他是监察御史，也得上疏参与争大礼。

“议大礼”“争大礼”是怎样一回事？古代皇帝传位顺序是皇帝死了传位给儿子，没有儿子就传位给弟弟，这就叫“父传子”和“兄终弟及”。明武宗朱厚照没有儿子，也没有兄弟在世，就按《皇明祖训》在皇族中选中了朱厚熜。朱厚熜是明宪宗之孙，明孝宗之侄，兴献王朱佑杬次子，明武宗的堂弟，也符合“兄终弟及”的规矩。正德十六年（1521）三月明武宗驾崩，朝廷派人迎接朱厚熜即位。

以内阁首辅杨廷和为首的朝中大臣认为，朱厚熜应以明孝宗为皇考，自己父亲兴献王改称“皇叔考兴献大王”，母妃蒋氏为“皇叔母兴国大妃”，祭祀时对其亲生父母自称“侄皇帝”。说穿了，就是要他称孝宗为父亲，称自己的父亲为叔叔。朱厚熜绝不接受这样说法。嘉靖三年（1524）正月，群臣又一起集体谏诤，反对朱厚熜以兴献王为皇考。此次进言之人均被斥责、罚俸甚至罢黜。最后双方妥协，朱厚熜勉强同意称父亲为“本生皇考恭穆献皇帝”，母亲为“本生母章圣皇太后”。但宗法上他还是需要称孝宗为“皇考”，称孝宗的张太后为“母后”，事实上还是被过继到了孝宗名下。七月十二日，明世宗诏谕礼部，他要在十四日为父母上册文，尊生父为皇考，群臣哗然。随后两百余位朝廷大臣在左顺门跪请世宗改变旨意。朱厚熜震怒，令锦衣卫逮捕为首者八人，下诏狱。众臣更为激动，冲至左顺门前擂门大哭，朱厚熜再下令将五品以下官员一百三十四人下狱拷讯，四品以上官员八十六人停职待罪。七月十六日，明世宗为母亲上尊号“章圣慈仁皇太后”。七月二十日，明世宗下令逮捕的反对此事的大臣中，四品以上官员停俸，五品以下官员当廷杖责。廷杖中活活打死的有十六人。从此以后，反对议礼的官员纷纷缄口，为时三年的“大礼议”以朱厚熜获胜告终。

张景华参与争大礼是在明世宗朱厚熜刚做皇帝的时候，问题还未像后来那么严重。当时张景华是监察御史，上书言事是他的职责所在，必须要有一个态度。大约他后来意识到，称不称“皇”字不必过于拘泥古法，还不是皇帝说了算，所以后来他可能没有过度参与，也未因此事受到处罚。

嘉靖二年癸未（1523），张景华四十二岁，正月，奉敕以御史勘蓟州团营牧马草场。[1]

团营，明代京师军队组织。明初，京师军马分别隶属于五军、神机、三千营，虽各有总兵等统领，事实上各不相关，一有调发，只得挑选凑拨以行，所以兵与将互不相知；且平日不司攻杀击刺之法，骤然临敌，就难于抵御。自土木之役明军惨败，英宗朱祁镇被俘，京军三大营五军、三千、神机损失殆尽。景泰时，兵部尚书于谦在诸营中选取胜兵十五万，分十大团营，各设都督以统率之。其管队把总、大小总兵官，各量其才器谋勇而任用。成化三年（1467）又选京卫胜兵八万，其外卫分两班，每班四万，与京卫轮番上，共十二万，分为十二团营。这就是团营的由来。

军队需要大量马匹，政府即分配任务给各地军民饲养。团营的战马，一是由屯军牧养，以供边镇所需。“官牧之地曰草场，或为军民佃种曰熟地。”[2] 自永乐十二年（1414）开始，蓟州以东至山海关之间的卫所，所辖不承担战备任务的屯军，每人饲养种马一匹，田租全免。二是由京营、边镇所属军士牧养。京畿地区的在役战马，包括京师团营骑操马万匹，还有旗手卫等亲军上直官马。每年春末至秋，非战备值勤马匹，均在划定草场放牧，同时停支草豆。后来蓟州百姓的田地，多被放马草场的卫所军官侵占，又侵占御马监及神机营的草场、皇庄，贫民失业，草场的数额也较原来大为减少。

《明史》志六十八载：“按明世马政，法久弊丛。其始盛终衰之故，大率由草场兴废。太祖既设草场于大江南北，复定北边牧地……荒闲平野，非军民屯种者，听诸王驸马以至近边军民樵采牧放，在边藩府不得自占……其后庄田日增，草场日削，军民皆困于孳养……而占佃已久，卒不能清。”

---

① 《明世宗实录》卷二十二：“嘉靖二年正月癸卯朔，癸丑，敕靖远伯王瑾、御史张景华，勘蓟州团营牧马草场。”

② 《明史》卷九十二《兵四·马政》。

蓟州，古称渔阳、无终子国、无终邑，唐朝始设蓟州。明代蓟州属顺天府，治渔阳，下辖玉田、遵化、丰润、平谷四县。今为天津市蓟州区，位于天津市最北部，地处京、津、唐、承四市之腹心。地势北高南低，呈阶梯分布。南部为平原，属于暖温带半湿润大陆性季风气候，四季分明，阳光充足，热量丰富，适合农牧业，当年多为军营牧马草场。

《明世宗实录》卷三十五记载：嘉靖三年（1524）春正月丙寅朔，辛卯，监察御史张景华勘察以后向朝廷回报说："团营草场本为牧马而设，近被指挥王翱、高泽、盖彪等乘机规利，将征收子粒银两捏报侵费。"明代军队基本单位为卫，卫的长官为指挥使。这些指挥军官经常侵占公家的草场，谋取私利。

朝廷让兵部复议，结果皇帝又派遣张景华同户部主事冯辙、兵部主事王德明、团营靖远伯王瑾勘处。他们将各营草场顷亩子粒银数，并节年侵渔员役，备细查核，整理上报。众议认为，近今膏腴田地半为牧地，军赋役繁重。前都御史李贡建言，将荒闲地土招人耕种，征租以助买马，本救毙善策也。今乃转为各营妄费之资，法纪安在？宜行各巡抚督，令顺天、保定二府，严行所属，将子粒银两随粮征收解部，转发太仆寺贮备买马。兵部同意如上意见。皇帝却认为，草场地土既已勘明，王翱、高泽、盖彪等事远人众，姑宥之。子粒征纳，俱照旧行。

张景华不满对团营牧马草场事所做的处理。《明世宗实录》卷三十六记载，嘉靖三年二月丙申朔，己亥，御史张景华说：臣先奉命勘处团营牧马草场，清查子粒银数，指出其中的积弊。事既查明，却不处理，一切照旧，为什么还要派我去勘查呢？现在各官侵费罪状既明，今一概释之，他们今后将更加肆无忌惮。兵部亦言各营子粒等银，遣官清查，岁得一万五千余两，即量扣各营支费外，存者不下万金。请发太仆寺，贮以待易马。皇帝都不听。这事就这样不了了之。

这一年，张景华作五言绝句诗《甲申过南宫》，诗云：

暑雨南宫路，清河及早来。

空嘶粳作廪，未见稻花开。

南宫县今为县级南宫市，西汉初置县，明代属真定府冀州。清河县，汉高祖置清河郡，明代属广平府。今此二县均在北京西南，都隶属于河北省邢台市。诗题中有纪年甲申，即本年。其时为夏天，天下着“暑雨”，稻花尚未开放。不知张景华因何事经过南宫、清河二地，可能是为“南畿刷卷”[1] 而来。“畿”为京城的附近地区，“南畿”为京城的南部。“刷卷”是稽查各所属衙门处理政务和审理刑狱案件的情形，有无拖延枉曲。明代统治者为了避免衙门政务有滞留或错失之事，定期地向有关机构派遣提调官或御史，稽查并查核账册案卷，称之为刷卷。御史刷卷是由明代御史机构主导的制度，属于明代监察体制下的行为。例如《警世通言·苏知县罗衫再合》：“你受恁般冤苦，见今刷卷御史到任，如何不去告状申理?”是这一制度在戏剧小说中的再现。

本年顷，张景华经过山东峄县，结识峄县知县张景，称张景“政事严明，豪强屏迹，民咸称颂之”。

李濂《嵩渚文集》卷九十六《明故中顺大夫陕西按察司副使张君墓志铭》：“往余佥晋臬时，巡按御史郯城张公景华谓余曰：‘属过峄县，有令张某者，政事严明，豪强屏迹，民咸称颂之，非君之乡人乎?’余对曰：‘然，是吾同举乡闱者也。其人慎廉隅，有志操，兹发诸政事者，固其素养哉。’”

---

① 世德堂《张氏族谱·张氏宗派世系表》曾记载张景华“南畿刷卷”。

光绪《峄县志》卷十九《职官考列传下》："张景，汝阳人，嘉靖二年以进士任。刚毅明辨，迎事而决，小民善抚摩，左右胥吏豪强，一以严绳之，不少假借，公庭肃然，奸猾屏息。然事上官有礼，每谒候必正冠敛衽而进。谓诸生曰：事上当如此。居二年，调阳曲县，擢监察御史。"《明清进士题名碑录索引》："张景，河南汝阳民籍（顺天府大兴），嘉靖二年三甲第一百五十三名进士。"

张景华大约本年在山西任监察御史，①② 参与了山西乡试。康熙《郯城县志》卷七《人物志·乡贤》："按三晋，主乡试事，所选并勋业人豪。"按张景华以监察御史巡按山西，不可能"主"乡试，主试官当由朝廷另行委派高级别官员如侍郎、学士担任。他可能参与了乡试的一些事务，如监临之类。

山西阳曲县大难治，张景华希望张景能到阳曲来当知县，张景果然调来阳曲。李濂《嵩渚文集》卷九十六《明故中顺大夫陕西按察司副使张君墓志铭》："往余佥晋臬时，巡按御史郯城张公景华谓余曰：……郯城公怃然曰：'阳曲为晋省剧邑，敝且久矣，安得精白如峄县者以宰之乎。'无几，得邸报，铨部以峄县才力堪治剧邑，调阳曲。郯城辄又大喜，曰：'张君来矣，阳曲其治乎。'越两月君至。"

道光《阳曲县志》卷四《职官·明知县》："张景，嘉靖四年任，河南汝宁进士，升山东道御史，详《政略》。"下一任崔廷槐，嘉靖七年任。卷十二《政略》："知县张景，河南汝宁人，嘉靖四年以进士任。精敏刚洁，甫下车，问民疾苦，抑豪纵，搜蠹慝，声价赫然，期年政化大行。"

---

① 《钦定四库全书·（雍正）山西通志》卷七十八《职官六》："张景华，进士，嘉靖时任巡按山西御史，山东郯城人。"按嘉靖间以御史官山西者张景华为第一人，故其任职时间当在嘉靖初年。

② 世德堂《张氏族谱·张氏宗派世系表》："四世景华，初授江西吉水县知县，行取四任御史：巡视中城、山西巡按、南畿刷卷、掌河南道。

李濂（1488—1566），明代官员，学者。字川父，祥符（今河南开封）人。尝中进士而授沔阳知州，后迁宁波同知、山西佥事，后罢归。有文才，罢归后更努力于学，居里中四十余年，著有《医史》十卷。袁喜生《李濂年谱》：李濂任山西按察司佥事是在嘉靖二年三月，嘉靖五年正月罢归。上文中张景华对李濂自称“属”，此时张景华当在山西任御史，李濂是山西按察佥事，正好是张景华的上司。

嘉靖四年乙酉（1525），张景华四十四岁，作《乙酉正月七日，颠守邀过土台观烟火》诗。诗云：

> 浴沂[①]世远何人继，蒙老谷泉兴异哉。
> 少长倚阑烟火近，主宾傍醉笑谈开。
> 春光荏苒惊初度，官事因循愧菲材。
> 附骥且图瞻懿范，夜深安步下高台。

此诗是在山西所作，但不知土台在何处，“颠守”为何许人。首联讲人物和背景，但均不清楚。颔联讲人群有“少长”，“主宾傍醉笑谈”，气氛很好。颈联讲“春光”，说明季节是春天，与正月七日相合。“初度”，即生日，这天正好是一个人的生日，我猜应当就是张景华的生日。因为下一句“官事因循愧菲材”是诗人自谦语，并且是紧接上句而讲的。《张氏族谱》中只说张景华生于“成化壬寅”，未讲几月几日，如果我猜得没错的话，张景华的生日就是正月初七。尾联是客套话，他应邀来此是“附骥”“蒙老”的，他们夜晚同在一个高台上观看烟火。

---

① “浴沂”谓在沂水洗澡，语出《论语·先进第十一》：子路、曾皙、冉有、公西华侍坐。子曰：“何伤乎？亦各言其志也。”曰：“莫春者，春服既成，冠者五六人，童子六七人，浴乎沂，风乎舞雩，咏而归。”夫子喟然叹曰：“吾与点也！”后多用“浴沂”比喻一种怡然处世的高尚情操。

这里有两个人，一个是“蒙老”，一个是“谷泉”。原诗“蒙老”后原有小字“毕中丞”，“谷泉”后原有小字“储道长”。现在就说说这两个人。

“蒙老”就是毕中丞，即山西巡抚毕昭，中丞是对巡抚的俗称。毕昭是山东新城人，康熙山东《新城县志》卷七《人物志》记载：毕昭“字蒙斋，天性淳笃，弱冠魁于乡，弘治己未登进士，授工部主事，迁员外郎，出守汝宁。以佥都御史巡抚山西，母疾乞终养归。家居二十余年，闲居僻处，而为国为民之意无异廊庙。晚年方欲大用，毕昭已前卒，朝议惜之”。

据吴廷燮《明督抚年表》卷二，毕昭于嘉靖二年至四年任右副都御史巡抚山西。张景华与之有互动，说明张景华本年在山西任巡按御史。

乾隆《太原府志》卷二十九《职官三》云：“毕昭，进士，嘉靖时巡抚山西都御史，山东新城人。”紧接在后面的是“张景华，进士，嘉靖时巡按山西御史，山东郯城人”，也说明他们是同时在山西为官的。

“谷泉”是储良材，字邦抡，广西柳州马平人。正德十二年（1517）进士。嘉靖三年（1524）巡按山西。曾刻《释名》八卷。六年（1527），以御史巡视京营。七年，巡按江西。八年，张璁、桂萼被劾，良材以张、桂党被黜。张景华称他为“储道长”，此道长并非道教里的道长，而是同道中的长者。他们这时一道在山西任巡按御史。

本年八月，张景华以监察御史[①][②]参与了山西乡试。康熙《郯城

---

① 《钦定四库全书·（雍正）山西通志》卷七十八《职官六》：“张景华，进士，嘉靖时任巡按山西御史，山东郯城人。”按嘉靖间以御史官山西者张景华为第一人，故其任职时间当在嘉靖初年。

② 世德堂《张氏族谱·张氏宗派世系表》：“四世景华，初授江西吉水县知县，行取四任御史：巡视中城、山西巡按、南畿刷卷、掌河南道。”

县志》卷七《人物志·乡贤》云："按三晋，主乡试事，所选并勋业人豪。"

按：明代各省乡试考官，景泰三年（1452）至嘉靖七年（1528），由布政司和按察司会同巡按御史在本省教官中，推举五十岁以下、三十岁以上，"平日精通文学、持身谦谨者"的教官充任。① 张景华以监察御史巡按山西，不大可能"主"乡试。但他是由朝廷委派到地方的，必须参加乡试的重要工作，起着举足轻重的作用。他是监试官，也是决定考官人选的官员，所以说他"主乡试事"也是有原因的。

明代制度，乡试在各省省会举行，每三年一次，逢子、午、卯、酉年举行，又叫乡闱。考试的试场称为贡院。考期在秋季八月，故又称秋闱。本年为乙酉年，正是乡试大比之年。

本年九月，张景华与太原知府黄卿共同重刊《尔雅注》，并作有《尔雅注序》，张汉乐先生托人找到了嘉靖刻本《尔雅注》张景华序的图片，行书写刻，似依张景华的手书墨迹摹刻。

文字不长，现全文抄录于此：

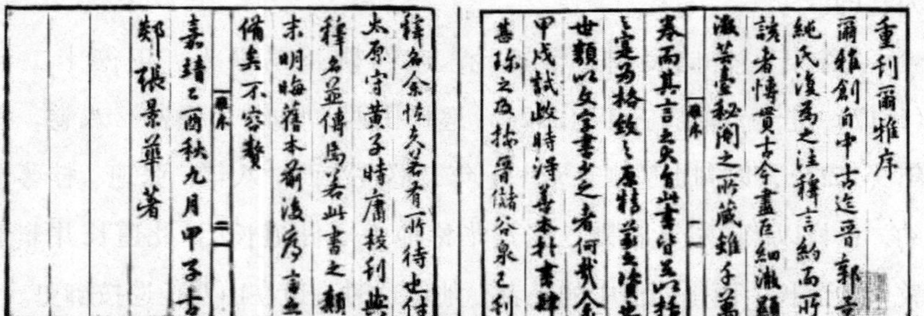
重刊爾雅序
爾雅創自中古迄晉郭景
純氏復爲之注釋言約而所
該者博貫古今盡在細微顯
微若臺秘閣之所藏雖千萬
雅序　一
卷而其言之失有此書皆足以括
之寔爲格致之原精義之瓊也
世類以文字書少之者何哉余
甲戌試政時得善本於書肆
甚珍之及按晉[illegible]谷泉[illegible]刊
釋名余[illegible][illegible]若有所待也付
太原守黄子時庸校刊與
釋名並傳焉若此書之類
末明晦舊本翻後序[illegible]之
備矣不容贅
雅序　二
嘉靖乙酉秋九月甲子古
鄴張景華著

张景华所作《重刊尔雅序》

① 《明史》卷七十《选举二》：各省乡试，"令布、按二司同巡按御史，推举见任教官年五十以下、三十以上，文学廉谨者，聘充考官。于是教官主试，遂为定例"。又见《大明会典·乡试》。

《尔雅》创自中古，迨晋郭景纯氏复为之注释，言约而所赅者博，贯古今，尽巨细，澈显微。芸台秘阁之所藏，虽千万卷，而其言之大旨，此书皆足以括之。实为格致之原，精蒙之资也。世类以文字书少之者，何哉？余甲戌试政时得善本于书肆，甚珍之。及按晋，储谷泉已刊《释名》，余怪夫若有待也。付太原守黄子时庸校刊，与《释名》并传焉。若此书之颠末明晦，旧本前后序言之备矣，不容赘。嘉靖乙酉秋九月甲子，古郑张景华著。

此序的开头是对《尔雅注》这本书的评价。接着是说《尔雅注》是他在试政时在书摊上买到的，是他让太原知府黄时庸重刻的。所谓“试政”即“观政”，士子进士及第后，有些人并不立即授官，而是被派遣至六部九卿等衙门实习政事，这就是明代进士观政制度，有类于今天的实习、见习。张景华正德九年甲戌中进士后，直至十一年才授吉水知县，中间他做了什么？“试政”二字解开了这个谜，其间他就是在试政。

序的第三层意思是说，储谷泉也刻印了一本书叫《释名》。《释名》也是与《尔雅》类似的书，专门训解事物名称的缘由。后来有人将它改名为《逸雅》，与同类书《尔雅》《小尔雅》《广雅》《埤雅》合成一部书，为《五雅全书》。储谷泉刻此书在上一年十二月，张景华刻《尔雅注》在本年九月，[①] 都是由太原知府黄卿办的，所以

---

① 储良材《刻释名序》云：“《释名》者，小学文字之书也。古者文字之书有三焉：一体制，谓点画有纵横曲直之殊，若《说文》《字原》之类是也；二训诂，谓称谓有古今杂俗之异，若《尔雅》《释名》之类是也；三音韵，谓呼吸有清浊高下之不同，若沈约《四声谱》及西域反切之文是也。三者虽各自名家，要之，皆小学之书也。夫自六经出而《尔雅》作，《尔雅》作而《释名》著……付太原黄守刊布焉。……凡读《尔雅》者皆当参览，其可以小学之书而忽之哉！嘉靖甲申冬十二月既望，谷泉储良材邦抡父撰。”全文见本书《张景华有关资料辑录》。

张景华说“怪夫若有待也”，而《尔雅注》能“与《释名》并传焉”。

太府知守黄卿（1485—？），字时庸，号海亭。山东益都县人。正德三年（1508）进士，历任南京刑部郎，出为太原府知府，浙江右参政、江西左布政使。与陈经、杨应奎等结为“海岱诗社”。著有《海岱会稿》《编苕集》等。乾隆《太原府志》卷二十九《职官三·知府》云：“黄卿，进士，嘉靖二年至八年任太原知府。”光绪《益都县图志》卷二十二《选举》云：“黄卿，正德丁卯举人，戊辰进士。”卷三十五《列传》云：“黄卿，字时庸。父信，见《孝义传》。卿正德三年进士，历武进县知县，迁应州知州，报至皆以能称。升南京刑部郎，擢太原知府，修废决滞，五阅月而郡大理。汾河决，城将垫，具词祭告，水徙三里，民以为神。升浙江右参政，调陕西，再调江西，晋布政使。嘉靖庚子岁饥，发帑赈之，全活万众。是岁入觐，道卒。卿嗜学，老而弥笃。有《编苕集》《编苕诗话》《闲抄漫记》《拟珠集》等书。”雍正《山西通志》卷八十八：“黄卿，益都人，嘉靖间以进士，任太原府知府，博学有操行，重农桑，崇学校，慎刑狱，黄土塞大水漂没居民以千计，掩骸赈恤，不遗余力。民舍火将延及学宫，泣拜祷，风反火熄。在任六年，擢浙江参政，后累官江西布政使，祀名宦。”

张景华重刻的《尔雅注》，所用原本是他从书摊上买到的。据说是明景泰间马谅刻印的，在诸家书目著作中有记载的。

清莫友芝《郘亭知见传本书目》卷三《经部十》：“嘉靖乙酉，张景华刊《尔雅注》三卷，与雪窗本合。亦附音释于注下。雪窗本误处，此有不误，盖从景泰马谅本出也。”莫友芝（1811—1871）字子偲，自号郘亭，又号紫泉、眲叟，贵州独山人。晚清金石学家、目录版本学家、书法家，宋诗派重要成员。家世传业，通文字训诂之学，与遵义郑珍并称“西南巨儒”。

今人董恩林《〈尔雅郭注〉版本考》：“又有嘉靖四年（1525）张景华、黄卿重刊景泰马谅刻本。每半叶九行，行二十字；注双行，亦二十字。卷首附张景华序云：‘付太原守黄子时庸校刊，与《释名》并传焉。’①”

潘景郑《著砚楼书跋·明景泰本尔雅单注》：“又有明景泰七年和阳马谅刊本三卷，流传未广；嘉靖乙酉张景华补刊印行，据为己有；后来藏家，多别马、张为两本，讹矣！道光乙酉金陵陈宗彝得马本重刊，今亦不多见矣。余所藏马谅一本，已是张景华补刊之帙，刷印亦不清朗。前有张氏自序，不及刊刻缘由；马谅跋则附印于后；其中卷尾叶，字体不类，当是补刊之叶，又脱去河曲、九河诸条，经独山莫楚生先生以朱笔补写于后。张氏草率补刊，其痕迹犹可寻见焉。此书得自独山莫氏。”

潘景郑（1907—2003），原名承弼，江苏吴县人。藏书家，版本鉴定家。“宝山楼”藏书的拥有者之一。是潘世恩（1769—1854）的后裔。莫棠（1865—1929），字楚孙，一字楚生，贵州独山人。晚清大儒、藏书家莫友芝九弟莫祥芝的第三子。

嘉靖五年丙戌（1526），张景华四十五岁，三月，在京任会试监试。《明世宗实录》卷六十二记载：嘉靖五年三月，郭勋在恩荣宴上争座次。张景华《纠劾狂悖武臣以正纪纲疏》记载：“臣监试，亦得与宴席之末。”事见本年五月。

四月，又到山西太原，参与武举乡试，以御史监试。十八日，见贡院中有二槐树，有所感而作《双槐解》。载康熙《郯城县志》卷十《艺文》，全文见本书《张景华的著作》一章。

文章开头交代时间、地点、事件：四月十八日，为山西“武举末场之期也”，他与练湖子“陛辞”入院监试事。练湖子不知何许人，待考。“陛辞”是官员离开朝廷，上殿辞别皇帝，有时皇帝还要做点指示。这表明皇帝对他的差事十分重视。对于官员来说，是一

① 《文献》2000年第一期第一百一十八页。

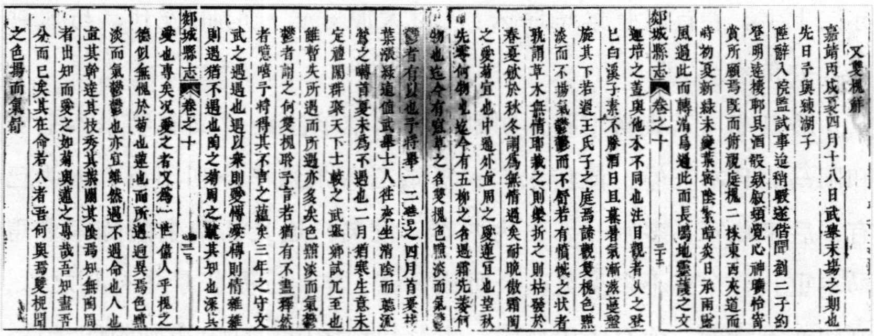
雙槐解
嘉靖丙戌夏四月十八日武舉末場之期也
先日予與臻湖子
匯辭入院監試事竣稍暇遂偕聞劉二子約
登明遠樓聊具酒殽欵敘頓覺心神曠怡寄
賞所願焉既而俯視庭槐二株東西夾道而
峙初夏新綠未變葉密陰繁障炎日承雨露
風過此而轉淸烏過此而長鳴地靈護之文
鄭城縣志 卷之十 三十
運培之蓋與他木不同也注目觀者久之登
巳白溪子素不勝酒日且暮暑氣漸滋蔓盤
旋其下若過王氏子之庭焉諦觀雙槐色黯
淡而不揚氣鬱鬱而不舒若有憤懣之狀者
孰謂草木無情耶栽之則榮折之則枯發於
春夏斂於秋冬謂爲無情過矣耐晚傲霜陶
之愛菊宜也中通外直周之愛蓮宜也望秋
先零何物也迄今有五柳之名遇霜先萎何
物也迄今有宜草之名雙槐色黯淡而氣鬱
鬱者有以也予將舉一二誌之四月首夏甘
葉漲綠適值武舉士人往來坐消陰而聽流
鶯之囀首夏未爲不遇也二月猶寒生意未
定禮闈群聚天下士較之武舉鄉試亢至也
雖暫失所遇而所遇亦多矣色黯淡而氣鬱
鬱者謂之何雙槐聆予言若猶有不盡釋然
者噫嘻予將得其不言之蘊矣三年之守文
武之遇遇也遇以衆則愛博愛博則情雜雜
則遇猶不遇也陶之菊周之蓮其知也深矣
鄭城縣志 卷之十 三一
愛也專矣況愛之者又爲一世偉人乎槐之
德似無愧於菊也蓮也而所遇迥異焉色黯
淡而氣鬱鬱也亦宜雖然遇不遇命也人也
直其幹達其枝秀其葉闊其陰焉知無陶周
者出知而愛之如菊與蓮之專哉吾知盡吾
分而已矣其在命若人者吾何與焉雙槐聞
之色揚而氣舒

张景华所作《双槐解》

件值得自豪的事情。同时也说明张景华是从北京来的。上年在山西公事办完没有留在太原，而是回京了，本年朝廷另派他来山西为武举考试监试的。

他与姓闻和姓刘的二人，登上明远楼，“聊具酒殽欵叙，顿觉心神旷怡，寄赏所愿焉”。监试官为明、清科举考试中特设之官，分为内、外监试。外监试掌纠查考场，属外帘官；内监试掌纠察阅卷事，属内帘官，各设二员。各省乡试以按察司官员或御史充任，大约他是外帘官。他的岗位在考场外，所以能到明远楼上饮酒。明远楼在贡院之中。①

他在楼上俯视这二株槐树，“东西夹道而峙。初夏新绿未变，叶密阴繁，障炎日，承雨露。风过此而转清，乌过此而长鸣。地灵护之，文运培之，盖与他木不同也”。盘旋其下，若过王氏子之庭焉。“王氏子”指贵家子弟。②

① 乾隆《太原府志》卷十一《学校·贡院》：明远楼额曰“为国荐贤”，又曰“日监在兹”。瞭望楼四，额曰东观、西璧、斗横、宿曜。

② 《南史·王僧虔传》：“僧虔金紫光禄大夫僧绰弟也。父昙首，与兄弟集会子孙，任其戏适。僧达跳下地作彪子时，僧虔累十二博棋，既不堕落，亦不重作。僧绰采蜡烛珠为凤皇，僧达夺取打坏，亦复不惜。伯父弘叹曰：‘僧达俊爽，当不减人，然亡我家者，终此子也。僧虔必至公，僧绰当以名义见美。’”明高启《戏婴图》诗：“庭前王氏子，陌上卫家郎。弱草身眠软，芳英手弄香。”

他看到这双槐，“色黯淡而不扬，气郁郁而不舒，若有愤惋之状者”。便发感慨：“孰谓草木无情耶？栽之则荣，折之则枯，发于春夏，敛于秋冬，谓为无情，过矣。耐晚傲霜，陶之爱菊宜也；中通外直，周之爱莲宜也。望秋先零，何物也，迄今有五柳之名；遇霜先萎，何物也，迄今有窗草之名。”“五柳”谓爱菊的五柳先生陶渊明，“窗草”指爱莲的濂溪先生周敦颐。南宋吴锡畴《春日》诗有“一窗草逆濂溪老”。

经张景华接着说，双槐“色黯淡而气郁郁”是有原因的。“四月首夏，□叶涨绿，适值武举，士人往来坐清阴而听流莺之啭”，不能说未遇到知音。又如二月犹寒，礼闱群聚天下文士，较之武举，虽暂失所遇，而所遇亦多矣。那么为什么要“色黯淡而气郁郁”呢？双槐听了我的话好像不怎么认可。噢！我知道其中原因了。三年一次乡试，文武士人遇到知遇，遇以众则爱博，爱博则情杂，杂则遇，犹如不遇也。陶渊明之于菊，周敦颐之于莲，其知遇很深，其爱护很专。况且所爱之人，又为一世之伟人。而我槐树之德，似无愧于菊也、莲也，而所得到的知遇怎么这样的不同？“我色黯淡而气郁郁”若有愤惋之状，不是应该的吗？

张景华说，虽然得到知遇与未得到知遇是命也，人也，但像槐树这样“直其干，达其枝，秀其叶，阔其阴”，怎么知道会没有陶渊明、周敦颐这样的人出现，知而爱之如菊与莲之专呢？既然知遇与否在于命与人，与我自己有什么关系？只要“吾知尽吾分”即可。双槐听了张景华的解说以后，不再“若有愤惋之状”，而心里坦然，便“色扬而气舒”了。

《双槐解》是一篇寓言说理文章。一个人能否得到知遇，在于自己的命运机遇，能否遇到能懂你的人。在得到知遇之前，光“有愤惋”是不行的。如果能“耐晚傲霜”“中通外直”，自然会遇到陶渊明、周敦颐这样的“一世之伟人”。这大概是张景华个人的感慨和自勉。

五月，张景华回京，在京论劾郭勋，康熙《郯城县志》卷七《人物志·乡贤》：“入为侍御史，时武定侯怙宠骄恣，众莫敢言，公独抗疏论之，直声震于朝廷。”郭勋“自劾求退”，皇帝“不允辞”。①

郭勋（1475—1542），明初开国勋臣武定侯郭英六世孙，于正德三年（1508）承袭武定侯爵位。世宗继位，命掌团营。“大礼议”起，揣测帝意，支持皇帝尊自己父亲为皇考的意见，于是大得宠幸，督理禁军。加至太师，进封翊国公。他挟恩宠，揽朝权，擅作威福，网利虐民，京师店舍多至千余区，为廷臣所恶，言官交章论劾，皇帝都不管。后来刑科都给事中高时上疏告发郭勋贪纵不法十数事，嘉靖二十年（1541）九月十二日，诏郭勋下锦衣卫狱，论死，次年（1542）十月九日死于狱中。那是后话了。

张景华弹劾郭勋的奏疏题为“纠劾狂悖武臣以正纪纲疏”。②

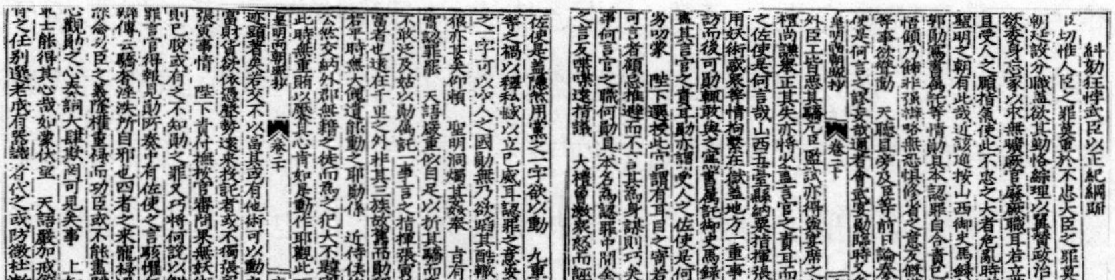


张景华奏疏《纠劾狂悖武臣以正纪纲疏》

① 《明世宗实录》卷六十四：“嘉靖五年五月癸未朔，丙申，武定侯郭勋为御史张景华等所论，自劾求退。且言即今太平盛世，固当任文臣所为。上曰：卿世有勋劳，朝廷任以兵政，岂宜因人言遽自疑阻。宜益用心操练人马，不允辞。”

② 《纠劾狂悖武臣以正纪纲疏》载《皇明两朝疏抄》卷二十《纠劾二》，《续修四库全书》第四百六十五册，《史部·诏令奏议类》。全文见本书《张景华的著作》一章。

《疏》的开头就说："臣切惟人臣之罪，莫重于不忠，大臣之罪，莫重于欺罔。"点明了郭勋是"不忠"与"欺罔"的，尤其是"立党比报恩怨，且受人之颐指气使，此不忠之大者"。接下来他在《疏》中主要说了两件事，一是李福达案，二是会武宴争论座次事。

李福达案在明代是一大案，《明实录》中有详细记载，《明史纪事本末》中也有专篇记述。现根据这两文献简述如下。

《明世宗实录》卷六十六、《明史纪事本末》说，李福达，山西代州崞县人，一名李午。他跟着王良谋反，事发，被遣戍山丹卫。他逃了回来，改名李五，住到陕西洛川县。与其叔父李越搞白社妖术，称为弥勒佛教，诱愚民，啸聚数千人，大掠州县。已而官兵追剿，福达又逃脱，到徐沟县，变姓名为张寅。又挟重赀入京，窜入匠籍，输粟为山西太原卫指挥。以道家烧炼术，往来武定侯郭勋家。在山西被仇家薛良举报，福达惧，逃入京师。官司捕其二子按系之，山西巡抚毕昭也参与审理。会御史马录按山西，复穷治之。郭勋写信要马录不要追查，马录不从，判福达谋反罪，妻子缘坐。并且弹劾郭勋与逆贼结党，将其嘱托的手书信件交了上去。

郭勋诡称因为自己在"议大礼"问题上支持了皇帝的意见，因而受到人忌恨，马录是受人"佐使"的。张景华义正词严地说："御史马录据实论劾，亦尽其言官之责耳，勋亦谓受人之佐使，是何言哉！""是何言之谬妄哉！"

会武宴争论座次事是这样的，《明世宗实录》卷六十三记载："嘉靖五年四月癸丑朔，辛巳，取中武举五十名，赐宴。兵部命大学士费宏主席，兵部列武定侯郭勋坐在尚书之下。勋上疏争之，以为朝廷莫如爵，每年圣驾视牲，及大祀天地，臣班在尚书右，今会武宴坐不宜独诎下。尚书李越等附议言：中府之会武宴，犹礼部之恩荣宴也，[1] 恩荣宴以礼部为主，会武宴以中府为主，故皆序于各部尚书之次。礼以义起见，有嘉靖二年宴图可证，此不足引团营故事争也。上从勋言。”

张景华说：郭勋会武宴争论座次，“内外臣工皆恶其骄亢。臣监试亦得与宴席之末，拳拳以循礼尚谦，举正其失，亦将少尽言官之责耳。而勋谓臣受人之佐使，是何言哉！”郭勋“具本名为认罪，中间全无引咎负忒之言，反喋喋远指‘议大礼’曾激众怒，而诬臣等受人之佐使，是盖隐然用‘党’之一字，欲以动九重之听，以中臣等之祸，以释私憾，以立已威耳，认罪之意安在哉？古称‘党’之一字，可以空人之国，勋无乃欲蹈其酷辙耶？其雄猜阴狠亦甚矣”。

张景华说：张寅是个拿钱买来的纳粟官，远在千里之外，不是郭的三族故旧，而勋称与之素识。如果不是平时给郭大笔送礼，郭能为之犯大不韪，写书求解？观此一事，郭勋的贪鄙之迹就暴露无遗了。像这样“奸巧富财货，欲依凭声势，远来投托者，恐怕不独张寅一人而已”。

张景华说：陛下深念功臣之义，隆权重禄，而功臣或不能尽体陛下之心。观郭勋之心，奏词大肆欺罔可见矣。希望皇上“严加戒饬，仍革去提督之任，别选老成有器识者代之，或防微杜渐之义也”。

嘉靖皇帝决定亲自审理这起案件，并且最终结果是认定张寅不是李福达，被无罪释放。于是一大批办案人员遭殃了，首当其冲的就是认定张寅是李福达的马录。当时借机弹劾郭勋的所有人，都被

---

① 郭勋在恩荣宴上也争座次，《明世宗实录》卷六十二：“嘉靖五年三月甲申朔，辛丑，赐进士龚用卿等三百名及第出身有差。是日赐宴礼部，命武定侯郭勋侍。勋因奏历年赐宴主席大臣位次居中，今宴图乃左右列坐，臣无足齿，奈辱朝命何。得旨：如旧规行。比入宴，礼部设席仍左右分列，勋不得已就左席。已复疏争之，上责礼部不奉诏令，自后务遵故事，毋再争扰。”

嘉靖皇帝给处理了。嘉靖六年九月便结案了，以嘉靖皇帝和郭勋大获全胜告终。直到三十年后隆庆初年，李福达的孙子李同也因为被人举报学习妖术被抓，他才承认了自己的爷爷张寅就是李福达，案子才翻了过来。

这个案件中，众多言官如监察御史、给事中，以及其他办案人员，都受到处罚，特别是马录，被“发烟瘴地面永远充军”。而张景华却没有受到伤害，可能他并未参加具体办案的缘故。那个山西巡抚毕昭曾参与审理此案，他与马录等人不同，认为李福达不是张寅，符合嘉靖皇帝的心意，所以虽乞休在家，也“免罪还职役”。

本年因事经过南旺，作七言律诗《丙戌七月过南旺有感》，诗云：

平明舒望日，湖水拍天流。
渔舟轻似叶，村落远如浮。
客况无聊赖，宦情多愤愁。
悠然云外者，仿佛是群鸥。

南旺为山东汶上县的一个镇，位于任城、嘉祥、梁山、汶上四县交界处。京杭大运河于此流过，南旺地段是一个制高点，俗称水脊，因此，这段运河因水浅难以通航。明朝初期，宋礼、白英利用大汶河上的坎河口修筑戴村坝，截住大汶河之水，又从戴村坝至南旺开挖一道小汶河，这样引汶济运，大运河才能通行。南旺是大运河的一个重要战略节点。诗中讲他的官船经过南旺湖，看到一艘艘渔船像是树叶，村落像漂浮在水上一样，感到自己仿佛是云外的鸥鸟。虽是“无聊赖”“多愤愁”，但全诗还是很轻松的。

嘉靖七年戊子（1528），张景华四十七岁。张景华在御史任上，这年中作了许多诗，其中有《戊子九月九日不见菊花》诗。诗云：

开遍菊花未见菊，重阳疑不到茅屋。
昨夜飞鸿带霜信，春属公共秋何独。
黄菊香从栽处香，重阳非是厌僻庄。
来年春雨学陶令，多种黄花候重阳。

张景华是位很爱菊的人，曾自号菊轩。这年重阳时候到处菊花都开了，就是他的茅屋中的未开。大雁昨夜已经飞来了，怎么节候就不对了呢？春天的节候还是同他处一样的，怎么秋天就单独不一样了呢？难道重阳讨厌我这偏僻的山庄？来年春雨季节我要学陶渊明，仍然多种菊花等候重阳开花。可见他对菊花爱得这么深，这么执着。从此诗意看来，似乎这时张景华正在自己老家家中，不知是因公路过还是由于其他原因在家。

又作《戊子咏雪效欧体》诗，诗云：

海云飞布北风吹，六出冰花数亦奇。
鹅鸭声随寒影夜，山阴兴为故人时。
远沾僧舍茶烟润，密压庭除松叶垂。
晚来企足清江上，作伴渔舟尚未移。

又：

冻云四合天初雪，融水新茶亦可烹。
密度虚窗光烛夜，寒侵邃阁暖犹冰。
随风倏忽平沟壑，障日黄昏失草亭。
愿作竹楼高数尺，蒲团兀坐听来清。

所谓“欧体”，即“白战体”，亦称“禁字体”，简称“禁体”。一种遵守特别禁例写作的诗。据宋代欧阳修《雪》诗自注、《六一诗话》及宋代诗人苏轼《聚星堂诗叙》所记，其禁例大略为不得运用通常诗歌中常见的名状体物字眼，如咏雪不用玉、月、犁、梅、练、絮、白、舞等，意在难中出奇。或者是限定某些字必须入诗。现存的禁体诗以宋代欧阳修的《雪》[①] 为最早。禁体诗始于宋代欧阳修而得名于苏轼。

张景华的这首咏雪诗就是所谓“欧体”，全诗无一字与雪性状有关。“北风吹”后即将下雪，“六出冰花”就是雪花。“山阴兴”指访友、会友的兴致，典出《兰亭集序》。“茶烟润”“松叶垂”“企足清江”“作伴渔舟”皆因有大雪，而诗中无一“雪”字。又一首中“可烹”的是融雪，“光烛夜”是雪所反映，“暖犹冰”是因雪寒；“平沟壑”“失草亭”皆为雪所掩盖。“竹楼高数尺”是雪所加，“蒲团兀坐”为雪所阻。全诗把雪景、雪夜描绘得淋漓尽致。

嘉靖八年己丑（1529），张景华四十八岁，在家养病一年。次年嘉靖九年庚寅（1530）四十九岁，病愈回朝复职。[②] 五月，向朝廷反映有司不谙律例，滥受词讼。

《明世宗实录》卷一一三：“嘉靖九年五月庚寅朔，丙辰，御史张景华言：天下有司不谙律例，滥受词讼，株连蔓引，或至数岁不决，刑罚不中，上干和气。御史熊爵亦言：今小民或以诖误触法，

---

① 欧阳修《雪》：“新阳力微初破萼，客阴用壮犹相薄。朝寒棱棱风莫犯，莫雪𦃃𦃃止还作。驱驰风云初惨淡，炫晃山川渐开廓。光芒可爱初日照，润泽终为和气烁。美人高堂晨起惊，幽士虚窗静闻落。酒垆成径集瓶罂，猎骑寻踪得狐貉。龙蛇扫处断复续，猊虎团成呀且攫……”张景华另有诗《学欧禁休物语用正韵》即此类诗，疑“休”当作“体”，见《白溪漫稿》。

② 《国朝列卿记》卷一〇一《总督漕运兼抚凤阳尚书侍郎都御史年表》：“嘉靖八年养病，九年复原职。”

或连引坐系，或官吏失入，豪猾煅炼，数岁之后，有司即知其枉，莫肯为理，甚至杀人以媚人，生者抱恨，死者含冤。伤和致灾，莫此为甚。事下刑部复议，刑部请敕有司，务讲读例律，听断出入，不得越法，徒流以下亟与竟结，不得留滞。其死罪有冤，连逮家属证佐者，奏办勘问，无过半年，违者论如律。”皇帝同意了这个意见。

## 任大理寺右寺丞

嘉靖九年（1530）八月，张景华升任大理寺右寺丞。①《明史》卷七十三《职官二》：大理寺“掌审谳平反刑狱之政令。……左、右寺分理京畿、十三布政司刑名之事。凡刑部、都察院、五军断事官所推问狱讼，皆移案牍，引囚徒，诣寺详谳”。大理寺设左、右寺丞各一人，正五品。从正德十六年行取监察御史，至本年嘉靖九年，已经过了漫长的八九年时间，才从正七品升至正五品。

次年，张景华作七言律诗《庚寅吊许忠烈汝登》，诗云：

西江六月暗风沙，回首燕山道路赊。
养乱淮南谋可寝，临危晁错策空嗟。
平生正气今无歉，此后烈声日自遐。
江上新祠荣崇赠，暮云低绕噪寒鸦。

“许忠烈汝登”指许逵（1484—1519）。《明史》第一百七十七卷《列传·忠义》：“许逵，字汝登，河南固始人。正德三年进士，授乐陵知县。”抗击流寇，做出巨大贡献，迁山东都指挥佥事，政绩优越，升为江西按察副使，名震朝野。正德十四年，连同江西巡抚

---

① 《明世宗实录》卷一一六：“嘉靖九年八月戊午朔，辛巳，升河南道御史张景华为大理寺右寺丞。”

孙燧，被宁王朱宸濠所杀。嘉靖帝继位后，追赠左副都御史、礼部尚书，谥号忠节。诗题中“忠烈”误，应当为“忠节”。《明世宗实录》卷三亦云：“正德十六年六月辛巳朔。甲辰，赠前巡抚江西都察院右副都御史孙燧礼部尚书，谥忠烈；前江西按察司副使许逵都察院左副都御史，谥忠节。建旌忠祠于南昌，命有司春秋致。”故诗的尾联有“江上新祠荣崇赠，暮云低绕噪寒鸦”语。

顺治《固始县志》卷六《选举》：“许逵正德丁卯举人。”卷七《人物》：“许逵，字汝登，号奮轩。正德末任江西副使，宸濠反，称太后有旨召我。巡抚孙公曰，愿出旨以观。宸濠曰：‘许副使如何？盖素忌公威名，姑试其向背也。’公瞋目应声：‘天无二日，国无二王，我唯有赤心耳！’濠怒曰：‘我弗敢杀汝耶？’公曰：‘汝能杀我，天子亦能杀汝。特先后间耳！’宸濠大怒，并缚之，曳出斫其颈，屹不动。贼众共推抑令跪，卒不能，遂死，年三十六。”明徐咸《徐襄阳西园杂记》卷下载王廷相《南昌行，为固始许汝登作》云：“君不见，河南许汝登，皎皎真丈夫，口中舌可断，万岁不肯呼。”《明武宗实录》卷一七五：“正德十四年六月癸亥朔，丙子，宁王宸濠反。巡抚江西都御史孙燧、按察司副使许逵死之。……当时布政使梁辰、胡濂，按察使杨漳等一大批人，对宸濠皆稽首称呼万岁。”

张景华对许逵这么尊重，并作诗凭吊是有原因的。第一，正德六年对付刘六、刘七的攻城，给他以深刻的印象。《明史》许逵本传云：许为乐陵知县，“六年春，流贼刘七等屠城邑，杀长吏。诸州县率闭城守，或弃城遁，或遗之刍粟弓马，乞贼毋攻。逵之官，慨然为战守计。……时知县能抗贼者，益都则牛鸾，郯城则唐龙，汶上则左经，浚则陈滞，然所当贼少。而逵屡御大贼有功，遂与鸾俱超擢兵备佥事”。这在前面我们已经提到过。第二，正德十二年许逵任江西按察副使，当时“名震朝野”[①]。景华十一年至十三年任江西吉

① 《明史》卷二八九《许逵传》。

水知县，修城防朱宸濠叛乱，在对待朱宸濠问题上立场是一致的，说不定他们还见过面。第三，本年张景华任大理寺右寺丞，可能因公事经过许逵家乡固始，因而有所感触而写下了这首诗。

嘉靖十年辛卯（1531），张景华五十岁。三年考满，于正月十九日，得圣旨进阶奉政大夫，妻子陈氏封为宜人。宜人是五品官的命妇。

网上有文云：“近日，在山东郯城县发现了一道五百多年前明朝嘉靖皇帝朱厚熜颁发给时任都察院任右佥都御史张景华的圣旨。这道圣旨用绢帛材质制作，因年代久远颜色变得有些黯淡，圣旨的一些部分也出现了磨损。绢帛上是一排排整齐小楷，落款为‘嘉靖十年正月十九日’。”圣旨开头是“奉天承运，皇帝制曰”。“张景华后裔张先生说，据家族里老辈儿人说，张家曾有过多份圣旨，由于年久战乱和‘文革’，现在只保存下来这一份原件，代表了家族荣耀，所以张先生家一直妥善珍藏着。”① 张则明《郯地张氏的历史与文化》记载圣旨内容，全文抄录于下：

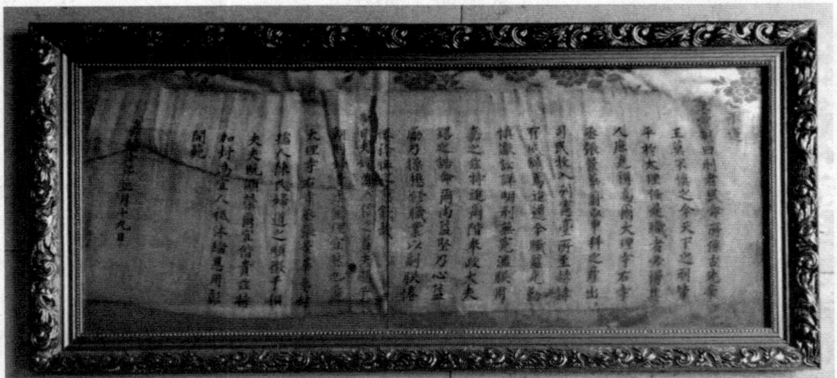

嘉靖皇帝圣旨

① 其中“时任都察院任右佥都御史”误。嘉靖十年张景华刚任大理寺右寺丞，十三年升誊黄右通政，当年九月方升为都察院右佥都御史，故当为“大理寺右寺丞”。

奉天承运，皇帝制曰：刑者，民命所系，古先帝王莫不慎之。今天下之刑，皆平于大理寺。任是职者，必得其人，庶克称焉。尔大理寺右寺丞张景华，蔚以甲科之彦，出司民牧，入列宪台，所至赫赫有成绩焉。迨迁今职，益克勤慎，谳讼详明，刑无冤滥，朕用嘉之。兹特进尔阶奉政大夫，赐之诰命。尔尚益坚乃心，益励乃操，懋修职业，以副朕拳拳矜恤之意。钦哉！

制曰：夫妇为人伦之首，夫显于朝，则妇贵于室，理宜然也。尔大理寺右寺丞张景华妻，封孺人陈氏，妇道之顺，征于相夫，夫既显荣，尔宜偕贵。兹特加封为宜人。祗沐皇恩，用彰阃范。

嘉靖十年正月十九日

张则明附注云："该道圣旨，1938 年至 1953 年期间，由原临沂兰山区土地所长张都堂十八世裔孙张则祥保管，1938 年之前由张则祥之父、祖保管，1953 年至今，先后由北涝沟村的张则顺、张则民保管。现已严重受损，面目全非。"

根据大明会典规定，明代文官封赠，一品赠三代，二品、三品赠二代，四品至七品只赠父母与妻室。生曰封，死曰赠。按照"所生母未封赠，不得先封其妻"的规定，应当先赠张景华父母官。乾隆《郯城县志》卷八《选举·封赠·明》："张辅，都御史景华之父，赠御史，加赠大理寺寺丞，妻吉氏赠宜人。"此事当与上面封自己夫妻同时事。近得张汉乐先生发来这一诰命图片，全文录之如下：

奉天承运，皇帝制曰：朕祗复旧典，大祀告成。嘉与群工，均受藩厘之祝。矧兹俊彦，为我理臣，可无恩命，以追崇其所自哉。尔赠文林郎河南道监察御史张辅，乃大理寺右寺丞景华之父。孝友之行，孚于乡邦，余情所钟，发祥厥子。乃能奋登甲科，声于重位，以有闻于时。两被宠章，光耀泉下，天之报善，不爽若此哉。兹特赠为奉政大夫大理寺右寺丞。尚克歆承，以昭不朽。

制曰：子由母贤，母缘子贵，人伦之善道，国家之令典也。尔赠孺人吉氏，乃大理寺右寺丞张景华之母，慈仪夙著，训子有成，载锡纶章，以申追卹。兹特加赠为宜人。九原有知，口宠命其未艾哉。

嘉靖十年正月十九日

这两项诰命是同一天颁发的，但从顺序上来说，后者应当在前，前者在后，以合“所生母未封赠，不得先封其妻”的规定。另外说明，在张景华任河南道监察御史时已受到封赠一次，父、子受封赠文林郎，母、妻封赠孺人。

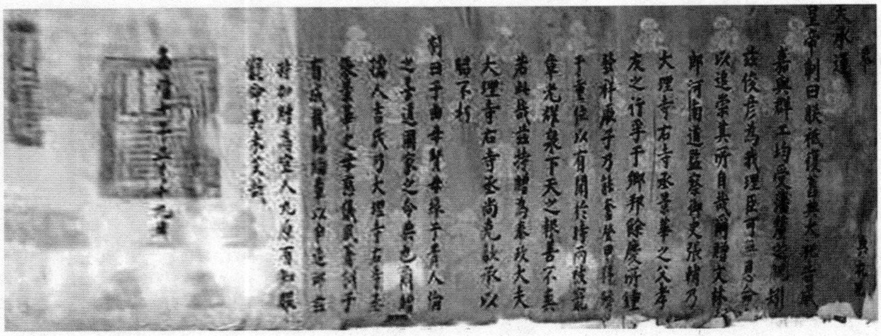

张汉乐先生提供的诰命图片

大理寺是审理案件的机构，寺丞应当参与办案。嘉靖十二年癸巳(1533)，张景华五十二岁。六月，会同抚按官会勘赵府庶人朱佑棕案。

要知道朱佑棕案的来龙去脉，先得从明代王府制度说起。历代帝王除留一子为太子，准备继承皇位，其余的儿子都封为亲王，在全国各地建立王府，让这些王爷们到各王府去居住，世代相传。明太祖朱元璋有二十六个儿子，除朱楠以外其余都封为王，其中第九子朱杞，洪武四年（1371）被封在河南彰德。彰德战国时属魏，后属赵，所以称为赵王。朱杞受封当年即夭折，未到彰德赵王府即断后。明成祖永乐二年（1404），朱棣分封自己的第三子即朱元璋的孙子朱高燧为赵王，到彰德做藩王，谥号“简”，历史上称他为赵简王。朱高燧的分封实质上是一次赵王的续封。

明朝的彰德府，地处晋冀鲁豫四省交界，扼守河南北大门，古代称相州，北宋初年设置彰德军，金代明昌三年（1192），升相州为彰德府，明代因之。下辖一州六县，一州指磁州（今河北磁县），六县是指安阳、汤阴、临漳、林县、武安和涉县。彰德府府治在今天的河南安阳。安阳曾是三千年前的殷商都城，后又做过曹魏、后赵、冉魏、前燕、东魏、北齐六朝的都城。赵王府实际就在安阳。

有明诸藩，分封而不裂土，列爵而不临民，食禄而不治事，且不可参合四民（即士农工商）之业，但能世袭罔替。皇帝诸子封亲王，亲王嫡长子为王世子，长孙立为世孙，世袭王位。亲王诸子封为郡王，嫡长子为郡王世子，嫡长孙则授长孙。郡王诸子授镇国将军，孙辅国将军，曾孙奉国将军，四世孙镇国中尉，五世孙辅国中尉，六世以下皆奉国中尉。亲王每岁米一万石。郡王米二千石。镇国将军一千石，辅国将军八百石。《明史》卷一〇三《诸王世表四》、卷一一八《诸王三》：洪熙元年（1425），朱高燧被分封到彰德为赵简王，宣德六年卒。次子朱瞻塙袭封为赵惠王，景泰五年卒。长子朱祁镃袭，为赵悼王，天顺四年卒。其庶子朱见灂袭，为赵靖王，弘治十五年卒。其庶三子朱佑棌袭，为赵庄王，正德十三年卒。其子朱厚煜袭，为赵康王。赵惠王之次子为临漳郡王，其庶孙朱佑椋按例封辅国将军。他为赵庄王佑棌族兄弟，赵康王厚煜族叔，因为“数犯法，与有司为难。厚煜庇佑椋，佑椋卒得罪，并见责让”。

明代诸王府子孙多有不法之事，与民争地纠纷不断，官府管了就与官府作对。朱佑椋就是一个典型的麻烦制造者。《明世宗实录》数有记载，其书卷二云：正德十六年五月壬申，“临漳王府辅国将军佑椋，招聚奸徒刘得、赵节等，多为不法，横虐小民。有司按其事，辄为椋所胁，即藩维大吏，亦往往有被诬讦者。巡按河南御史汪渊列状以闻，诏捕得等治罪，自今奸徒投入各王府，拨置为非者，抚按官径自捕治毋贷”。

《明世宗实录》卷五十四又云：嘉靖四年八月丙午，“初，赵府辅国将军佑椋，数纵家人萧禄等贼杀不辜，憾知府张惠捕治其家人，乃摭惠微事，私诣阙上之。其侄奉国将军厚熇厚烛为之党助，赵王厚煜亦疏庇佑椋，有诏逮问张惠及萧禄等，法司具狱词。上诏革去佑椋禄米三之一，厚熇厚烛各夺禄米二月。以敕切责赵王，谪发萧禄等戍极边。知府惠亦以行事不当，降为河东都转运盐使司同知”。

为讨得皇帝欢心，好减轻对自己的处罚，朱佑椋还为镇压农民造反捐禄米助饷。《明世宗实录》卷九十三：“嘉靖七年十月己未，赵府辅国将军佑椋奏，山西潞城贼众凭恃山险，官军屡战不胜，乞亟命晓畅谋略文臣一员，往督军务，仿成化间项忠攻石城之法，分为数路，约日并进。且今春夏亢旱，军费不赀，小民赋税或不能给，请以一岁禄米助军饷。”果然，嘉靖皇帝认为“佑椋捐禄供军，有体国恤民之忠，令写敕褒奖”。并将原来所革“禄米如旧关支”。朱佑椋吃小亏占了大便宜。

八年之后，朱佑椋恶性不改，闯了大祸，被削去赵府临漳王府辅国将军爵位，降为庶人，迁发高墙禁住。庶人就是普通老百姓，不再是辅国将军了。“高墙”在朱元璋老家凤阳，是一座专门关押龙子龙孙的监狱。

朱元璋曾定下规矩：宗室犯罪，不用依照《大明律》处罚，而是送入高墙圈禁。因此这所监狱被称为“凤阳高墙”，由皇帝亲信太监管理，并配专门守卫军队。一旦被投入高墙，运气好的有生之年还能放出来，但连续几代被囚禁的也不鲜见。比如建文帝之子朱文圭，两岁起就被朱棣关入凤阳高墙，五十七岁才被放出，已成白痴。很多皇族犯罪后，宁死也不愿进凤阳高墙。比如，归善王犯罪被收押，事先没告诉他目的地，等归善王看见凤阳高墙，立即一头撞死。再如，徽王得知嘉靖帝将把他关入凤阳高墙，立即砍死妻子，自缢而亡。所以明代宗室一提高墙即风声鹤唳，闻风丧胆。

朱佑棕数次犯法，最为严重的是，《明世宗实录》卷一四九记载：嘉靖十二年四月丁亥，“革汤阴王府辅国将军佑棕禄米三之一。佑棕性素贪残，收集市井恶少百十辈，私刻关防，置牢狱，于太行尖站口创立山寨。诏纳四方亡命，又于磁州高舆琉璃各马头水陆所辏，私立榷场，岁攘利不赀。久之，益无忌惮，纵横搪朴，小民遭之，无不倾家荡业，免死为幸。尝怒民殷祥，登时掠死，纵奴断其首，残其面目肢体弃之，大为一方害。有司者稍稍诘及，群小掠即愤怒侵轹，屡入京讦奏，诬蔑风宪。佑棕强执孀嫂，留奸府中，而又攘夺其财，私用炮炙之刑，致人堕指。佑棕亦复挟取其资，祸连亲党，皆致颠沛。事闻，屡下抚按逮其党鞠治。棕又辄夺去。至是巡抚都御史吴山、巡按御史王仪备疏其罪状以闻，且言佑棕之恶，屡征不悛夺禄不足以示警，请加革削。佑棕事虽有间，而民怨亦深，请加罚治。其煽诱党羽，已各按罪如律。辅导等官，亦宜正其失职之罪。都察院复从其请，遂削夺之”。

《明世宗实录》卷一五一：“嘉靖十二年六月壬申朔。庚子，赵府庶人佑棕潜入京上疏言，顷抚按官奏臣罪状，皆革前往事，业已蒙恩夺禄。而按臣王仪、听前御史胡效才挟私面嘱，复为捃摭入奏。都御史毛伯温、前按河南时以臣，阻其擅用肩与，迄今为恨。得奏，亟为题复，致臣重谴，迁发高墙。臣尝建醮祈祷皇嗣，而彰德府知府王天民，谩言讪诮，无人臣礼。臣欲奏之未果，天民乃更仇。臣被罪日，为天民所迫，控诉无由，故敢冒死入奏，乞遣官按其事之先后，以白其冤。愿停子奉国将军厚□及女泰和县君禄，以赎其罪。”

这一条最狠，嘉靖皇帝酷信道教，朝事不问，一直在皇宫建醮，受到朝臣的反对，甚至“讪诮”。难得朱佑椋对我这么忠心，还受到地方官员的“讪诮”，那还了得！朱佑椋抓住了嘉靖皇帝的心理软肋，使案件有了转机。不知他得到什么高人指点。

嘉靖将案件交给法司讨论，法司认为朱佑椋先后事状质证，俱在彰德，宜遣法司及锦衣卫官各一人往勘。于是上命大理寺右寺丞张景华，及锦衣卫指挥佥事陈寅，往同抚按官会勘。命令将王天民逮捕下狱，从公究诘，奏请处分。派人送朱佑椋还府，令伯温、仪各回籍听勘，果有报复冤抑等情，并从参奏。

《明世宗实录》卷一五五：嘉靖十二年十月己卯，处理结果还未出来，嘉靖首先抓住河南彰德府知府王天民不放，将王追赴诏狱鞫之，后因未查出实质问题，便将王天民罢黜为民。

《明世宗实录》卷一五七：到了嘉靖十二年十二月，张景华的调查结果出来了，认为“佑椋残贼杀人，及诸奸利不法罪，皆有迹，第在革前，当从轻典”。嘉靖将佑椋释放，“免发高墙，革禄米三之一”。朱佑椋逃过了这一劫。但嘉靖怒气未消，又处理了一批相关官员：“黜前巡按河南御史苏州府知府王仪为民，革原任都察院右副都御史毛伯温职闲住，降巡抚河南右副都御史吴山秩三级，调外任。”这场闹了多年的案件，至此便结束了。该处罚的没罪了，办案的官员却都受到削职、降级处理。张景华的勘查认为朱佑椋是皇帝处罚之前犯的，但也未说不要处罚，更没说要处理办案人员。张景华无能为力，皇帝圣旨最大。

## 升任誊黄右通政、顺天巡抚

嘉靖十三年甲午（1534），张景华五十三岁，这年升任通政司誊黄右通政。[1]

誊黄，旧时皇帝下的诏书，由礼部用黄纸誊写，叫誊黄。按说这是礼部的事，官也应是礼部的官。不一定，这叫“誊黄右通政”的官，它就不是礼部的官，而是通政使司的属官。万历《大明会典》：誊黄右通政使，“明成化二年（1466）设，一人，正四品，列衔通政使司”。张景华官又升了一级。

明代通政使司设通政使，掌受内外章疏敷奏封驳之事，凡四方陈情建言，申诉冤滞，或告不法等事，于底簿内誊写诉告缘由，呈状以闻。但誊黄右通政使不参与通政使司的事务，也就是说他是通政使司的另类。做什么？“掌记录武官贴黄，卫所官袭替缘由，以备征选事。”实际上是为兵部做事的官。《大明会典》卷一二二：所谓贴黄，明初设置军职黄簿以便稽考，即武职人员的档案簿。簿中“备开脚色。凡姓名，旧名，年甲，贯址，从军归附来历，征克地方，杀获次数，受赏名目，升授职役，调守卫所，并给授诰敕。俱要细开”。平时誊黄右通政掌管武官升迁事宜，哪个卫所的指挥使退休了或者死了，便要在黄簿中选出几个候选人，在他们的名册上贴上黄封，即贴黄，然后再呈到兵部去，由兵部挑出几个呈送皇上，皇上再最终选出一些来进行任命。每次武科考试也要参与。万历《大明会典》：“凡武举，正德十三年题准，委官一员，与兵部属官收掌试卷，凡写武官诰敕，誊黄监生旧用八十名，后定为四十名，俱从兵部送用。天顺八年，令会同兵部堂上官选取。成化十三年题准，以二十五名写诰，十五名转送通政司誊黄，凡行移各衙门，俱从通政司转行。”这一官职大约与相关部门重叠，于万历九年（1581）革除了，存在了一百一十五年时间。

---

① 《国朝列卿记》卷一〇一《总督漕运兼抚凤阳尚书侍郎都御史年表》：嘉靖“十三年升誊黄右通政”。

张景华《白溪漫稿》中有一首七言律诗作于此时，题为《甲午，誊黄科和管平田壁上韵》，诗云：

禁城侵晓望嶙峋，环绕楼台紫气新。
太液溶溶鱼戏藻，上林郁郁鸟呼亲。
长廊检册日亭午，朱户看花气转春。
揭壁大篇情景异，才名久已重三秦。

誊黄科可能与誊黄业务有关，管平田是何许人不清楚，反正此诗是本年（甲午）春天在京城所作，和的是管平田书于壁间的诗，当时张景华正任誊黄右通政。首联说的是紫禁城的风光，颔联讲的是太液池和上林苑，也都是京城景物。颈联“长廊检册”可能是做誊黄办公的事。尾联则是应酬管平田的话，管可能是三秦人。

《白溪漫稿》中另一首五言律诗《甲午春晓，出西长门安，同王蒲湾观柳》也是此年春天作的，诗云：

绿柳浮春色，花香出禁墙。
连镳清望眼，共语阔愁肠。
凤阙云初敛，西山气更昌。
濠梁约未遂，空吹鬓苍浪。

诗的首联写的是“绿柳”“花香”的春色中，张景华与王蒲湾二人“连镳”出了京城西安门，目的是“观柳”。“凤阙云初敛，西山气更昌。”他们是到了西郊，向前看是隐隐西山，回首望是皇城凤阙。“濠梁”典出《庄子·秋水》，庄子与惠子游于濠梁之上，庄子曰：“鯈鱼出游从容，是鱼之乐也。”惠子曰：“子非鱼，安知鱼之乐？”庄子曰：“子非我，安知我不知鱼之乐？”他们见鯈鱼出游从容，因辩论鱼知乐否。后多用来比喻别有会心、自得其乐之意。大约他俩虽未得观柳乐趣，春风吹乱鬓发，白白地跑了一趟，但还是心有所得的。

誊黄右通政没干多长时间，于当年九月，张景华即升任都察院右佥都御史，整饬蓟州边备，兼巡抚顺天。① 大约他曾到蓟州处理过马政草场事务，熟悉那里的情况和业务，所以派他来当这个官。

他的职责范围较广，下辖五个兵备道、两个府、若干个卫所和城堡。《明督抚年表》卷一《顺天》："整饬蓟州等处边备，兼巡抚顺天等府地方。统蓟州兵备、昌平兵备、永平兵备、密云兵备、霸州兵备五道，顺天、永平二府，长陵等九陵卫，蓟州等九卫，抚宁等六卫，密云中后等十卫，大宁都司之营州前屯等卫所城堡。"《明会典·都察院》：成化八年，以畿辅地广，从居庸关中分为二巡抚：其东为整饬蓟州等处边备，巡抚顺、永二府都御史，以居庸等关隘隶之，驻遵化，遂为定设。虽为顺天巡抚，但上班办公地点并不在北京，而是在遵化。

按《明史》卷七十三《职官二》：都察院左右佥都御史，正四品。明代巡抚有数个等级别，有正二品、正三品和正四品，此为最低等，官升了，品级未升。虽所管辖的范围与其他巡抚相比相对小一些，但毕竟是巡抚，也是一个方面大吏了。

在顺天巡抚任上，张景华肯定处理了不少公务，但未见具体记载。他此时作了多首诗，载于《白溪漫稿》。其中有《因雁之来往而思往事，甲午曾过口外烧荒见之》，诗云：

喜峰口外风烟惨，山木苍苍鸟鹊无。

① 《明世宗实录》卷一六七：嘉靖十三年九月甲子朔，丙寅，升通政使司右通政张景华为都察院右佥都御史，整饬蓟州边备，兼巡抚顺天。《国朝列卿记》卷一〇一："本年（嘉靖十三年）升都察院右佥都御史巡抚顺天等处地方。"

禽类依人情自乐，离群何与月同孤。

喜峰口是蓟州镇十二路关口之一，在遵化东北宽城境内，出口即到长城之外，即所谓口外，因而地理位置很重要。“烧荒”，为我国古代防范骑兵入侵的一种措施。秋日纵火焚烧野草，使入侵骑兵缺乏水草，无从取得给养。《日知录·烧荒》引《英宗实录》：“御虏莫善于烧荒，盖虏之所恃者马，马之所恃者草。……乞敕边将，遇秋深率兵约日同出数百里外纵火焚烧，使虏马无水草可恃。如此则在我虽有一时之劳，而一冬坐卧可安矣。”明方逢时《烧荒行》：“汉家御虏无奇策，岁岁烧荒出塞北。”秋天以后，张景华到喜峰口巡察，看到大雁南飞，口外开始烧荒，烟雾一片，愁云四起，景象可谓灰暗。山上树木光秃秃的，没鸟鹊降落。禽类都是依人而活动，一旦离群就似孤月悬于口外。多年以后仍记得这一幕惨淡景象。

又作《次蓟州公馆张道长壁间韵忧旱》诗，诗云：

旱久春郊浑似秋，无端揽辔作东游。
路旁杨柳空舒眼，山外梨花自点头。
暮雨有无决丰歉，人情反复隐戈矛。
天高风伯难为讼，安得悬河慰我愁？

因为久旱，春天郊外像秋天那样萧瑟，全因无雨。全诗反映诗人“忧旱”的心情，盼望上天悬河下雨，解决旱灾，以慰民心。又作《辽阳事令人抑郁难堪，鲁都掌科言之甚悉，纪网法度赖此犹未泯也。适闻蝉声，口占以见意》诗，诗云：

日夕蝉声急更长，人情却恶类颠狂。

祝融威作满天热，赖尔呼秋气转凉。

“辽阳事”为何事不清楚，待考。“鲁都掌科”是一位姓鲁的都给事中，是他给张景华讲了那些“令人抑郁难堪”的辽阳事情，引起诗人的心情不安。于是一切都不顺眼了，对蝉鸣更是心烦。蝉叫得太急太长，你那么癫狂干什么？天气又是这么炎热，有本事你快点叫老天转凉吧！

嘉靖十四年乙未（1535），张景华五十四岁，上疏《题山海沿边策应军马哨瞭墩军添给粮草》。① 这是我们见到的，他在顺天巡抚任上唯一的与公务相关的记载，但未见全文。他的提议得到兵部议准：“今后官军在百里之内者，俱不许关支，出百里之外者，不分旗军头目，止许支口粮一升五合，马一日支料豆三升，草一束。其余差遣探听巡逻哨瞭，俱月粮内自备，不许另支行粮。”②

## 在家养病六年

此年七月，张景华以疾告休，得到批准。③ 九月，他从遵化直接出发回家，作了一首七言律诗《乙未重九日出遵化东归》，诗云：

蓟门烟雨喜初开，多病侵寻愧谫材。
图便原非出处约，养高岂向拙迂来。
防边空有及时疏，忧国难堪到处灾。

---

① 《万历会计录》卷十九《永平镇沿革事例·俸粮》：嘉靖十四年，巡抚张景华《题山海沿边策应军马哨墩军，不分百里内外添给粮草疏》。然未见该疏全文。

② 《续四库全书》史部·政书类，第八百三十二册。

③ 《明世宗实录》卷一七七：嘉靖十四年七月庚申朔，己巳，巡抚顺天都察院右佥都御史张景华以疾告休，许之。

命许归田恩亦重，草堂三径久生苔。

诗的首联讲自己多病，才能也浅薄，当官原非为了谋取好处，乞休退隐也不是因为拙迂。在防边方面我及时向朝廷上疏，但仍发生许多灾害。现在皇上允许我归田，恩重如山，我家那草堂久未洒扫，肯定生了不少苔藓。这时如释重负，心情大好，蓟门的烟雨也晴朗了。

他的好友林希元知道后，作了二首五言古诗《清源得张白溪巡抚致政报，奉寄二首》：

秋风日夜凉，路柳何萧瑟。
物汇有变迁，岁序忽代易。
念我同心友，此时在岩石。
轩冕非为累，投簪何太急。
江山阻且深，相从无羽翼。
梦想寄遐思，临风长叹息。

人情贵苟得，嗜进不为异。
夜行忘漏尽，昏乞眈墦祭。
大道久陵夷，颓风同波逝。
伊人骋高尚，辞荣若蝉蜕。
青阳未即暮，幽情有谁契。
矫矫中丞风，可以震百世。[①]

林希元（1482—1567），字茂贞，号次崖，福建同安县人。[②] 明

---

① 诗载《林次崖文集》卷十七、《四库全书存目丛书》集部第七十五册。
② 民国《同安县志》卷二十八《人物·乡贤》有传。

正德十一年（1516）中举，次年连捷进士。初督学岭南，继授大理寺评事。林希元为人耿直，“凡事只论道理，不问利害”。上书直言，揭露宦官搜刮地方民财，贿赂朝廷权幸。奏疏有“纵鹰犬以鱼肉吾民”之句，触怒了朝廷，被解官归家。嘉靖九年（1530），后由正直朝臣举奏，复起为南京大理寺丞，同一天张景华任北京大理寺丞。嘉靖十四年（1535），林希元又因上疏得罪，谪知钦州，大约途经清源时，得知张景华辞职的消息而作此诗。他与张景华年龄一样大，为“同心”之友，他认为当官没有牵累，何必这么早辞官。我俩地隔遥远，无法跟从你一起走，只有梦想遥思临风叹息。人都希望得到不该得到的东西，认为这是在追求上，不以为不对。世道久已变化，真是世风日下。但你还是很高尚的，辞官就像金蝉脱壳，很轻松。年龄还不算大，早早回家归田，谁能懂你的心情。你巡抚大人的风格高尚，可以名震百世。这是一个知心同事对张景华的理解和评价。

张景华很重视孝道，这是出于天性。小时候父亲生了病，他侍候在父亲身边，父亲忧郁叹息，他便忘寝废食，为父亲担忧。他很重孝友，哥哥有了错误，父亲便要责打他，景华便哭着请求代替哥哥受罚。①

大约在嘉靖十五年（1536），张景华曾撰写过一篇《孝妇冢碑记》，② 阐述了他对孝道的见解。文章开头便说：“孝之道大矣哉！《经》曰：‘夫孝，天之经也，地之义也，人之行也。’③《吕氏春秋》

---

① 康熙《郯城县志》卷七《人物志·乡贤》：张景华，“性资凝，重孝友，幼侍父病，忧吁辄废寝食。父以过挞长兄，则号泣为之代责”。

② 载乾隆《郯城县志》卷十一《艺文》，又见《古今图书集成·职方典上》第二百四十五卷、乾隆《山东通志》卷三十五之二十、乾隆《沂州府志》卷三十二《艺文》。乾隆《沂州府志》题作“汉孝妇冢碑记”。

③《经》指《孝经》，语出《孝经·三才章第七》。

郯城縣志 卷之十 二十二

孝婦塚碑記 都御史漢景華撰

孝之道大矣哉經曰夫孝天之經也地之義也人之行也呂氏春秋曰凡理國家者必先務本務本莫過於孝夫孝三皇五帝之本務而萬事之綱紀也執一術而百善至其道非眇小矣若漢東海之婦以孝稱非女中之舜參耶按漢史于定國傳載東海有孝婦者少寡無子養姑甚謹姑欲嫁之不肯姑謂鄰人曰婦事我勤苦我哀其無子守寡也久以老累壯奈何後自縊死姑女告吏婦殺我母吏捕孝婦孝婦辭不殺吏驗治孝婦自誣服具獄上府定國父于公時爲郡決曹以爲此婦養姑十餘年以孝聞必不殺也太守不聽于公爭之不能得乃抱其具獄哭於府因辭疾去太守竟論殺孝婦郡中枯旱三年後太守至卜筮其故于公曰孝婦不當死前守強斷之咎儻在是乎於是太守殺牛自祭孝婦冢因表其墓天立大雨歲熟郡中以此大重于公第不知何以失其姓氏縣志謂爲竇姓者

郯城縣志 卷之十 二十三

未然也嗚呼予於此益見孝道之大而天人相與之際捷於影響矣堪輿渺邈人生其間海之杯水倉之稊米耳若婦盡孝顧棠不孝之戮天即爲之枯旱三年及其誣辯而事顯也天立雨一人之身其孝至於動天地感鬼神道有大於孝者乎天也人也高下大小勢若離逖然逆天則旱順則雨有感必應無毫髮爽天人之理果有異乎因思夫天下之事[illegible]若變而已孔子曰五刑之屬三千而

罪莫大於不孝婦之以不孝死亦事之至變者也天道福善禍淫安在哉雖然亦千百中之一二耳使天道又憒無知焉遊弗早順弗雨爲善者可息歟是故君子爲善惟求盡其分之當然得失利害之不在我者無恤也孝婦以誣受戮人皆冤之然其心俯仰無愧亦含笑入地矣詎知其冤耶予於此復有說焉凡禍福之來有所自君子不恃智以防之特其無致禍患之道耳孝婦之誣所以成之者

郯城縣志 卷之十 二十四

人也姑氏昧於愛郡守失於察脫姑氏知守節之可尚不自縊而昧於愛郡守知于公之平恕不偏聽而失於察孝婦何自蒙誣哉此又可以爲古今鑒也沂二守李君秉王山人來署縣事詣塚致祀惟見塚前有東藩憲副吉豐公公曷躬書漢孝婦塚四大字勒諸石而其事之顛末無文以載之遷請於予曰漢孝婦名與天地相悠久塚獨無文以揭揚之一亦大缺典也何以風名教于久舊世道之感閒而大睹其義傳曰言之無文行之不遠不揣無文敬爲之記

康熙《郯城县志·孝妇冢碑记》

曰：凡理国家者，必先务本，莫过于孝。夫孝三皇五帝之本务，而万事之纲纪也。执一术而百善，至其道非眇小矣。”① 他信奉《孝经》的说法，孝是第一要义，是天经地义的，世间万事孝为先。有此一善，其他道理都是小道。孝于亲就能忠于君，国家就能治理好。他认为汉代东海妇以孝被人们称道，就是妇女中像尧舜一样的圣人。

接着根据《汉书·于定国传》介绍了东海孝妇的事迹：汉朝时

① 《吕氏春秋》《孟春纪卷一·孝行览第二》原文：“凡为天下，治国家，必务本而后末。所谓本者，非耕耘种植之谓，务其人也。务其人，非贫而富之，寡而众之，务其本也。务本莫贵于孝。人主孝，则名章荣，下服听，天下誉；人臣孝，则事君忠，处官廉，临难死；士民孝，则耕芸疾，守战固，不罢北。夫孝，三皇五帝之本务，而万事之纪也。夫执一术而百善至，百邪去，天下从者，其惟孝也！”

候，东海郡有一个孝顺的媳妇，很早死了丈夫，又没有儿子，婆婆劝她改嫁，她不肯，奉养婆婆十分恭谨。婆婆对邻人说：“媳妇奉养我勤劳辛苦。我已经老了，何必吝惜剩下的年月，长久连累年轻人呢?”就上吊自杀了。她的女儿告状到官府说：“媳妇杀死我母亲。”官府拘捕了孝妇，酷刑拷打，非常狠毒。孝妇受不住酷刑的苦楚，被迫供认承受被诬陷的罪名。当时于公当狱吏，说：“这个妇人奉养婆婆十多年，因为孝顺，名声传遍四方，必定不会杀害婆婆。”太守不听他的意见。于公争辩，意见还是没有得到采纳，他抱着定案的文书，从官府哭着离开了。太守杀了孝妇。从此以后，东海郡遭大旱灾，三年不下雨。后新任太守到职，于公说：“孝妇不该死，前任太守冤枉杀了她，灾祸应当是从这里来的。”太守立即亲自去祭奠孝妇的坟墓，于是在她的墓上设立标志作为表彰。天上立刻下起雨来，这一年庄稼大丰收。因此地方上很尊重于公的功德。

以上引《汉书·于定国传》这段文字，在康熙《郯城县志》中有之，是孝妇的核心事迹，乾隆《郯城县志》中狠心删去，不知是何缘故。

孝婦塚碑記 邑人 張景華
孝之道大矣哉經曰夫孝天之經也地之義也人之行也呂氏春秋曰凡理國家者必先務本務本莫過於孝夫孝三皇五帝之本務而萬事之綱紀也執一術而百善至其道非眇小矣若漢東海之婦以孝稱非女中之舜參耶按漢史于定國傳載東海孝婦第不知何以失其姓氏縣志謂爲竇姓者未然也嗚呼予於此益見孝道之大而天人相與之際捷於影響矣堪輿郯邈人生其間海之杯水倉之稊米耳若婦盡孝顧蒙不孝之戮天即爲之枯旱三年及其誣辯而事顯也天立雨一人之身其孝至於動天地感鬼神道有大於孝者乎天也人也高下大小勢若離逖然逆天則旱順則雨有感必應無毫髮爽天人之理果有異乎因思夫天下之事常者變兩端而已孔子曰五刑之屬三千而罪莫大於不孝婦之以不孝死亦事之至變者也天道福善禍淫安在哉雖然亦千百中之一二耳使天道又懵無知爲逆弗旱順弗雨爲善者可怠歟是故君子爲善惟求盡其分之當然得失利害之不在我者無恤也孝婦以誣受戮人皆寃之然其心俯仰無愧亦含笑入地矣詎知其寃耶予於此復有說焉凡禍福之來有所自君子不恃智以防之恃其無致禍患之道耳孝婦之誣所以成之者人也姑氏昧於愛郡守失於察脫姑氏知守節之可尚不自斃而昧於愛郡守知于公之平恕不偏聽而失於察孝婦何自蒙誣哉此又可以爲古今鑒也沂二守李君秉玉山人來署縣事詣塚致祀惟見塚前有東蕃憲副吉豊公公勗躬書漢孝婦塚四大字勒諸石而其事之顛末無文以載之還請於予曰漢孝婦名與天地相悠久塚獨無文以揭揚之亦一大缺典也何以風名教予久畜世道之感聞而大韙其義[illegible]曰言之無文行之不遠不揣無文謹爲之記

乾隆《郯城县志·孝妇冢碑记》

张景华说，不知孝妇何以失其姓氏，《县志》说是姓窦，好像不对。按此《县志》不知指何《县志》，今见乾隆《郯城县志》未见有此记载。晋干宝《搜神记》卷十一：长老传云："孝妇名周青，青将死，车载十丈竹竿，以悬五幡，立誓于众曰：'青若有罪，愿杀，血当顺下；青若枉死，血当逆流。'既行刑已，其血青黄缘幡竹而上，极标，又缘幡而下云。"此称孝妇为周青，元关汉卿杂剧《感天动地窦娥冤》则称孝妇为窦娥。明隆庆《海州志》卷七《人物志·女德》、卷十《词翰志》刘昭《汉东海孝妇窦氏祠记》，均称"孝妇东海人，姓窦氏"。可能是受关汉卿杂剧的影响，所以张景华认为不对。

张景华认为，孝道之大，能天人相与影响。世界很大，人生其间，如海中一杯水，仓中一粒米。像孝妇尽孝，虽蒙"不孝"之名被杀，天即为之枯旱三年。及其冤枉澄清，天就下雨，其孝至于动天地，感鬼神，天道有比孝更大的吗！逆天则旱，顺天则雨。有感必应无毫发爽，天人之理没有什么不同。孔子曰："五刑之属三千，而罪莫大于不孝。"① 墨、劓、刵、宫、大辟五刑之类律令有三千条，其中最大的罪是不孝。要挟君主的人目中无上，非议圣人的人目无法纪，否定孝道的人目无亲情，无上、无法、无亲就是社会大乱之道。假使天道又懵懂无知，逆弗旱，顺弗雨，岂为善者可以不讲究？百善孝为先，君子为善，惟求能尽其分，做得正确，至于得失利害与否我可以不顾。孝妇以诬陷被杀，人皆冤之，然孝妇心中俯仰无愧，亦可含笑九泉了。

张景华认为，孝妇冤案教训是深刻的。凡祸福之来都是有原因的，孝妇被诬陷是人为造成的，小姑氏昧于对其母的爱，郡守失于明察。假如不是如此，孝妇怎么能被诬陷！这应该为古今引以为鉴戒的。东海孝妇的故事对后世影响深远，关汉卿在此基础上创作出了中国十大悲剧之一的《窦娥冤》。

---

① 语出《孝经·五刑章第十一》《曾子·仲尼闲居》。原文："子曰：'五刑之属三千，而罪莫大于不孝。要君者无上，非圣人者无法，非孝者无亲，此大乱之道也。'"五刑指墨、劓、刵、宫、大辟。

关于撰写这篇碑记的原因和经过是这样的。沂州同知江西玉山人李秉，来郯城暂时代理郯城知县。他到孝妇冢前祭祀，看见冢前只有一块石碑，上面有山东按察“副使吉丰公公勖躬书”[①] 的“汉孝妇冢”四大字，却没有文字叙述孝妇的事迹。他对张景华说：“汉孝妇名与天地相悠久，她的墓上没有宣传的文字，亦一大缺憾也，何以宣扬名教？”张景华听了认为很对，便恭敬地写了这篇碑记。

关于这篇作品的写作时间，暂时无法准确认定。按说是能定下来的，只要查到李秉署理郯城的时间即行。然而查阅《郯城县志》《沂州府志》，都没有找到记载。考虑到明代沂州治临沂，查《临沂县志》，在明代沂州职官中也未查到。又考虑到李秉是玉山人，查阅江西《玉山县志》，在选举、人物中也都未找到。现在只能从张景华这方面来考虑，能请张景华来写，肯定主要是看在张景华的名望。大约不会是吉水知县丁忧在家的时候，可能是在顺天巡抚病休在家，即嘉靖十四年至二十年，或者在漕运总督罢职回家以后，即嘉靖二十三年以后。姑暂定于嘉靖十五年，待得到新的证据以后修正。

嘉靖十七年戊戌（1538），张景华五十七岁，在家养病，作《戊戌元日邀县学诸君》诗，诗云：

上日西庄路，东风快马啼。
春回柳眼细，暖入草心齐。

---

① 康熙《郯城县志》卷七《人物·汉孝妇》云：“景泰三年，按察司副使彭勖立石表其墓。”按彭勖，字祖期，江西吉安永丰人。《明史》卷一六一有传：永乐十三年乙未进士，亲老，乞近地以养，除南雄府教授。正统初，以杨士奇荐，召授御史。母忧归，起复，升刑部主事，改考功郎中，出为山东按察副使。以直不容于时，致仕归。有《书传通释》六卷，《山东郡县通志胜略》九卷。光绪《吉安府志》卷二十八《人物》有传。康熙《山东通志》卷二十四《职官一·副使》：彭勖永丰人，由进士，正统间任。

土润开耕种，山清试采跻。

一樽椒柏酒，仙木傍门低。

在一个农历大年初一，张景华邀请县学的几位先生游玩。春天，骑着快马奔走在村庄的路上，早春初生的柳叶细细的如人睡眼初展，暖风吹拂着新生的草芽。化冻的泥土湿润，人们开始耕种，山道清爽，樵夫开始攀登。“椒柏酒”，即椒酒和柏酒。古代农历正月初一用以祭祖或献之于家长以示祝寿拜贺之意。古代风俗，元旦用桃木板悬挂门上，以辟邪鬼，称仙木，这里实指春联。这是一首新春贺年的诗。

郯城县儒学是张景华的母校，与母校的诸君有交往是正常的事情。张景华中了进士，当了大官，为母校增了光，县学的诸先生也感到荣光，来看看张景华也是正常的事情。何况张景华一直关心家乡的教育事业，曾修过书院。乾隆《郯城县志》卷六下《学校志》记载：“书院一，旧在西县北七十里磨山下，世传曾子游学处。元至正二年，江西提举管文通建，名曰宗圣堂。成化间移建县北门内，邑人张景华增修，改题曰一贯书院。”虽然书院与县学并非一家，但对读书人来说是一回事，所以这些先生与张景华有来往也是理所当然的。后来张景华由漕运总督罢职回家，他们仍有来往，好像都在新年正月里。见后文嘉靖二十七年，那一年正月还邀请了知县陈大人。

嘉靖十九年庚子（1540），张景华五十九岁，因病在家。又游览望海楼，作《庚子岁三月二十日游望海楼》诗，诗云：

百里平山石突出，屹然千丈插云霄。

望海名香留孔迹，龙王碑古自元朝。

地连胜概皆环拱，气接沧溟可画描。

东风乐与游人便，登罢神怡万虑消。

马陵山是百里平山，孔望山屹然突出，插入云霄。望海楼在其中，因孔子望海得名而名留千古，龙王碑是元朝留下的古物。这里众山环拱，气接沧溟，登山后令人心旷神怡，万虑俱消。

嘉靖二十年辛丑（1541），张景华六十岁，在家养病。此年三月游艾山，作五言律诗《辛丑三月十六日游艾山》，诗云：

绝顶高千丈，登攀乐未休。
小山相对立，间水各分流。
望目凭空远，闲情傍鸟浮。
自足真难事，何惭马少游。

按：乾隆《郯城县志》卷十收入此诗，“望目”作“望日”，“自足真难事”作“物外浑无事”。卷二《舆地》：“艾山，在县西南七十里，与邳州接界。”明清时属郯地，现属邳州。诗中云，此山很高，激起攀登的乐趣。两座小山相对矗立，中间一条溪水分流。张目远望，与飞鸟相傍，闲情无限。人生知足也是不易做到，跟马少游相比惭愧啊。马少游，是汉将马援的从弟。其志向淡泊，知足求安，无意功名，他认为优游乡里即足以了此一生。追求过多，自找苦吃。[1] 后世把马少游作为士人不求仕进、知足求安的典型。如刘禹锡诗云：“一以功名累，翻思马少游。”林则徐诗云：“养生欲学嵇中散，知足谁如马少游。”

张景华意犹未尽，又作了一首七言律诗《辛丑三月十六日游艾山》，诗云：

---

① 《后汉书》卷二十四《马援传》：马援谓官属曰：“吾从弟少游常哀吾慷慨多大志，曰：‘士生一世，但取衣食裁足，乘下泽车，御款段马，为郡掾史，守坟墓，乡里称善人，斯可矣。致求盈余，但自苦耳。’”

西去艾山三十里，暮春亲友约登游。

势连淮海根盘远，气扼邳徐秀发幽。

花柳绕堤香细细，牧樵寻侣乐悠悠。

仆儿日宴莫相促，戴月归乐得自由。

艾山离家也就三十里地，暮春时节相约亲友一起去游览。此山势连淮海，气扼邳徐，花柳绕堤，一个六十岁的老者与牧樵为侣，其乐悠悠。他叫跟从的人不要着急，难得这么快乐自由，老夫我今天要玩个痛快，准备披星戴月而归。

就在张景华三月里游玩得不亦乐乎的时候，朝廷中有人推荐他回朝工作。这时，给事中与十三道御史奉旨推荐不在职官员，供朝廷任用，张景华大名在列。

《明世宗实录》卷二四七："嘉靖二十年三月丁亥朔，癸丑，六科给事中邢如默等十三道御史贾准等奉旨论荐，原任户部尚书李廷相，刑部尚书唐龙，右侍郎屠侨，南京礼部右侍郎吕楠，南京都察院右都御史何瑭、万镗，都察院右副都御史韩邦奇，右佥都御史张景华，南京太常寺卿魏校，大理寺少卿顾佖，南京国子监祭酒王道，南京太仆寺少卿郑本公，辽东苑马寺卿王崇庆，翰林院编修杨名，户科都给事中张汉卿，左给事中郑一鹏，礼科给事中钱微，贵州道监察御史郭弘化，四川道监察御史宋邦辅，直隶松江府知府聂豹，浙江嘉兴府知府何祉，江西吉安府知府叶应骢，各才行可录。章下吏部，因疏各履历奏请起用。诏廷相，龙，侨，景华，佖，道，本公，崇庆，豹准复职叙用。余报罢。"张景华虽被推荐，但未被起用。

到了五月，消息传来，张景华知道自己被推荐，作了一首《辛丑五月闻荐》诗，诗云：

五载江湖远，几番荐疏虚。
盛时安器使，久病恋庄居。
动静惟疏懒，良朋自咈吁。
复叨录用荐，龌龊似辕驹。

从嘉靖十四年到本年，已处江湖之远五年多了，“几番荐疏虚”说明这不是第一次被荐用了，已有“几番”了。盛世之时朝廷都是量才录用人员，而我却因久病蛰居在山庄之中。我自知我很疏懒，而良朋却不以为然。今承有人推荐，只恐我道德文章不足，应事能力有限，不能担当大任。“龌龊”，自谦思想不纯正。“辕驹”，即“辕下驹”，指车辕下不惯驾车之幼马，亦比喻自己是才能不大之人。

同时又作了一首七言律诗《闻荐》，诗云：

僻庄五载心多梗，荐疏十番行与违。
莺啭东园春过早，冻开陇亩麦生微。
牧童牛背歌为乐，渔子江干钓息机。
击壤老人谁共我，燕山遥望庆云飞。

“荐疏十番”是说已被推荐十次了，当然这可能是个概数，诗中的数字往往是虚的，但也说明被推荐很多次了。下面是其庄居生活：鸟儿在东园鸣叫，春天已过了，田里麦子已经起身了。牧童在牛背上快乐地歌唱，渔人在水边钓鱼。正当我与老人们击壤之时，京城的祥云已经飞来了。“击壤”是一种投击土块的游戏，后改用木屐、砖块等物，后世儿童玩的搬砖打瓦大约是其余绪。击壤与投壶相似，是士大夫的一种休闲游艺方式，也是太平盛世的民间游戏。① 这体现了张景华自由自在的生活状况。

八月，兵部推荐张景华督理大同粮饷。《明世宗实录》卷二五二："嘉靖二十年八月甲寅朔，甲子（十一日），（虏犯大同等处）给太仆寺马价银一万两，命户部遣官往理粮饷。已而兵部又请命大臣一员，前去督理粮饷。因推原任都御史翟鹏，张景华，翟瓒。上命即起用翟鹏以原职赴北直隶、山西、河南等处剿虏，兼督兵饷。"这次被荐虽仍未立即使用，但也列入了备用名单。②

又过了十九天，到了这个月的三十日，六科给事中，十三道监察御史又疏荐张景华等可用。《明世宗实录》卷二五二："嘉靖二十年八月甲寅朔，癸未（三十日），吏部复御史周亮奏谓，今丑虏桀骜，督抚之任选择宜豫，请令两京科道官从公论荐本部，仍疏名上请诏如是。六科给事中邢如默等奏荐：见任尚书毛伯温，刘天和，参政于敖，张邦教，起用尚书唐龙，都御史张景华，翟鹏，守制尚书张润，按察使李宗枢，原任右都御史万镗，侍郎高公韶、关秸，都御史陈九畴、韩邦奇、翟坟，按察使陈大纲，布政司参议王洙，御史程启充、王潢，段汝砺俱可用。十三道监察御史疏荐亦同。"

## 升任都察院副都御史、漕运总督

到了九月乙未（十二日），张景华才正式被起用，而且还升了一

① 东汉刘熙的《释名》中讲道："击壤，野老之戏。"晋人皇甫谧《高士传》中也记述了尧时存在的击壤游戏，说尧出游于田间，路见"壤父"一边击壤，一边歌唱。"帝尧之世，天下太和，百姓无事。壤父年八十余而击壤于道中，观者曰：'大哉！帝之德也。'壤夫曰：'吾日出而作，日入而息，凿井而饮，耕田而食，帝何德于我哉！'"

② 《明世宗实录》卷二五二："景华，瓒命吏部速取至京，以备任用。"

级，升任右副都副史，入都察院任职。[①] 按《明史》卷七十三《职官二》：都察院左右副都御史，正三品。

张景华刚回到北京，本月二十九日，给事中余爌又奏荐张景华改任巡抚蓟州都御史，未被批准。[②] 大概因为刚被任命，不能朝令夕改。

明年，即嘉靖二十一年壬寅（1542）四月，张景华为原太仆寺少卿黄嘉宾（1469—1541）墓志篆盖，署名“赐进士第通议大夫都察院右副都御史郯城张景华篆盖”。据《明史》卷七十二《职官一》记载：文官之散阶四十有二，以历考为差。正三品，初授嘉议大夫，升授通议大夫，加授正议大夫。张景华为通议大夫正是三品的散阶。他任右副都御史时间是上一年九月至本年十月，十月以后则为左副都御史了。而黄嘉宾卒于上年八月，嘉靖二十三年冬安葬，所以将张景华书写篆盖时间定于本年。

该墓志 1975 出土于嘉祥县黄岗村，高 66 厘米，宽 72 厘米，现藏于嘉祥县武梁祠内。墓志铭通常是由两块方形石板构成，一块大字篆书“××墓志铭”，称篆盖。另一块小字正楷文章，介绍墓主人生平事迹，称墓志铭。两块面对面合在一起，用铁箍箍好放在墓穴中。

黄嘉宾墓志铭

① 《明世宗实录》卷二五三：“嘉靖二十年九月甲申朔，乙未，改致仕佥都御史张景华为右副都副史。”《国朝列卿记》卷一〇一：“二十年起用，补都察院右副都御史佐理院事。”

② 《明世宗实录》卷二五二：“壬子，给事中余爌奏：边务举，皆由抚臣。……宜以都御史曾铣任大同，张景华任蓟州，……其曾铣见抚山东，张景华见任右副都御史，难遽更改。”

在墓志开头处，首先书写制作墓志铭的人员职衔与名字。第一行是撰文者工部尚书郑绅，直隶涞阳人。第二行是书丹者即书写墓志铭的人，为户部尚书陈经，山东益都人。第三行是篆盖者张景华，所书篆书玉箸体，竖写，四字一行，共五行二十个字，文曰“明故致仕中宪大夫太仆寺少卿麟薮黄公墓志铭”。从碑上拓片照片看，张景华的篆书是不错的。

黄嘉宾是怎样的一个人？光绪《嘉祥县志》卷二《选举》记载：黄嘉宾，正德癸酉举人，甲戌进士。任河南府推官，迁兵部主事、员外郎，历任太常寺丞，尚宝寺、光禄寺少卿，改太仆寺少卿，致仕。卷八《人物二》云：黄嘉宾字国贤，初为河南府推官，断狱明决，庭无留讼，人比之包待制。及迁兵部主事，历员外郎，持正不阿，人不敢以私干。会武宗西狩，未几复南巡，嘉宾皆上疏切谏，议论激烈，声色俱壮，上怒，两受廷杖。得不死，言事愈励，以故名震天下。终太仆卿，致仕。自奉甚约，乡人称焉。道光《济宁直隶州》卷七《选举》、卷八《人物二》基本同上。据《太仆寺少卿黄嘉宾墓志铭》[①]：黄嘉宾，明山东嘉祥人，字国贤，号麟薮。正德八年举人，九年进士，嘉靖元年（1522）迁兵部主事，升员外郎。四年（1525）升任太常丞，后因事得罪了宰相张时，被降职为尚宝丞。以谏武宗西游南巡，两被廷杖。十二年（1533）升任太仆寺少卿，十八年（1539）告老还乡。二十年（1541）秋卒。

据焦竑《国朝献征录》卷六十七孙升撰《掌通政司事工部尚书赠太子少保郑公绅神道碑》，为墓志铭撰文的郑绅（1479—1559），明保定府涞水人，字公珮，号敬庵。正德九年（1514）进士。授户部主事，历鸿胪寺卿、通政使，官至工部尚书，掌通政司事。居官

① 载李恒法、解英华编著《济宁历代墓志铭》第一百二十二至一百二十四页。

清慎，性孝友。

据焦竑《国朝献征录》卷39严嵩撰《资德大夫正治上卿太子少保兵部尚书东渚陈公经神道碑》，为墓志铭书丹的陈经（生卒年不详），字伯常，号东渚，益都人。正德九年（1514）进士。累官至户部尚书、礼部尚书和兵部尚书，加太子太保。性耿直敢言。任兵部尚书时，俺答汗常侵犯西北边境，他为御敌，“殚心筹画，至忘寝食”。后因触犯宰执，辞职回家。旧志称道他“立朝三十年，门无私谒，卒后囊无私遗”。他工诗文，善草书。诗作存世的见《海岱会集》。

以上三人，连墓主人死者一共四人，年龄上有大小：死者黄嘉宾（1469）最大，撰文的郑绅（1479—1559）第二，书丹的陈经（？—1550）[①] 生年不明，可能第三，张景华（1482—1555）最小。官职上有高低：郑绅、陈经二人都是尚书，正二品，但在散阶上有差别。正二品的散阶是：初授资善大夫，升授资政大夫，加授资德大夫。郑绅是资善大夫，陈经是资政大夫。所以郑绅最高，陈经次之。张景华是正三品，排第三。死者黄嘉宾是“中宪大夫太仆寺少卿”，据《明史》卷七十四《职官三》：太仆寺少卿正四品。中宪大夫也是四品的散阶，因此他官最小。但他们有一个共同点：是一个圈子里的人，都是正德九年的进士。在封建时代同年是很重要的社会关系。而且这时他们都在京城为官。本年四月，黄嘉宾之子黄咸立尊遗命“匍匐入京师”，请其父亲的三位同年，一起完成墓志铭的制作。特别是张景华与黄嘉宾还有一层关系，他俩都是山东人，且同为山东兖州府人。在明代兖州府下辖济宁州和沂州，黄是济宁州嘉祥县人，张是沂州郯城县人，他们是老乡。加上张景华的书法水

① 《明世宗实录》卷三五七记载：黄嘉宾嘉靖二十九年二月卒于家，赐祭葬如例。

平不错，所以黄家请张景华为之篆盖。

嘉靖二十一年壬寅（1542）三月，总督宣大缺人，又有人推荐张景华去担任，亦未果。①

四月，张景华又引疾乞休，未获准。② 刚起用半年怎么又请病假呢，当然不会得到批准。

不管张景华如何不想当官，他的官运依然亨通。十月，又升任都察院为左副都御史，总督漕运，并巡抚凤阳，提督南京粮储。③ 他的品级仍然是正三品。

漕运总督，开府驻淮安，与其他巡抚总督一样，提督江北军务，拥有一定的兵权，所以又称漕帅。漕运总督驻节山阳，总督天下漕运事务。凡湖广、江西、安徽、浙江、南直隶（清代称江南）各省设立粮道，由漕运总督节制，负责征集应征调的漕粮。这些省的粮艘衔尾至淮安，淮安设有盘粮厅，粮船均于此接受漕运总督查验，方能由运河北上。山东、河南两省的粮船虽不经此地，但亦必须按漕督的统一要求，由其下属官员督查，准时办好漕粮差事。淮安是全国漕运的指挥部，漕运之都。

明代的漕运总督的全衔一般情况下是"都察院×副都御史、总督漕运，兼提督军务④、巡抚凤阳等处地方"，也就是说，他兼任一

---

① 《明世宗实录》卷二五九："嘉靖二十一年三月辛巳朔，壬午，升整饬北直隶山西河南军饷右佥都御史翟鹏为兵部右侍郎，兼都察院左佥都御史总督宣大军务兼理粮饷。"当时宣大总督员缺，皇上命会推才略着闻者二三人上报给他选用，仍戒其不得阿私滥举。吏、兵二部推荐掌都察都院事兵部尚书毛伯温，右副都御史张景华及翟鹏，皇上选用了翟鹏。

② 《明世宗实录》卷二六〇："嘉靖二十一年四月辛亥朔，丙子，都察院右副都御史张景华引疾乞休，不允。"

③ 《明世宗实录》卷二六七："嘉靖二十一年十月丁丑朔，甲申，升都察院右副都御史张景华为左副都御史，……总督漕运，并巡抚凤阳，提督南京粮储。"《国朝列卿记》卷一〇一："二十一年，改本院左副都御史总督漕运兼理巡抚。"

④ 张景华任漕运总督时头衔没有"提督军务"，却多了个"提督南京粮储"。

个巡抚，像一个普通巡抚那样管理一块地方。是因为在明代凤阳是皇帝的老家，虽然明明开府淮安，却不称淮安巡抚而称凤阳巡抚。但是，有时人们还是称他为“淮抚”，而不称“凤抚”。“等处”是指哪些“处”呢？是淮安府、扬州府、凤阳府、庐州府，和州、滁州、徐州，总称四府三州。庐州府、和州、滁州在今安徽，庐州府即今之合肥。它包括了长江以北整个淮河中下游地区。所以淮安俨然是一个行省，漕运总督不光是一个专业官员，也是一个方面大吏，而淮安则俨然是一个准省级城市。漕运总督有兵权，战时可以负责指挥打仗，人称“漕帅”。明代领兵打仗的一般是总督、巡抚，都是文官，具体作战的是武官。张景华任漕运总督期间天下太平，他实际上没有指挥过打仗。

嘉靖二十二年癸卯（1543），张景华六十二岁。六月，他给朝廷上书，请给以该卫给军羡余银传补粮米漂流。《明世宗实录》卷二七五：嘉靖二十二年六月甲戌朔，庚辰，漕运都御史张景华上疏：“凡粮米漂流，请给以该卫给军羡余银传补，每石折银七钱解库，载入议单，永为遵守。”皇帝采纳了他的意见。可惜此疏全文现在无法找到。

“羡余”是在正赋外增征附加额，这部分收入除去实际耗费和归州县官吏支配的以外，其余的解送上司，名为羡余。过去漕船过淮过湖过闸，遇风浪危险，经常翻船漂没漕粮，由押运的兵丁负责赔偿，兵丁不堪其苦。用“羡余”来弥补损失，是一件大好事。

张景华不但对漕运事务关心，对地方上的事情，特别是人民生活与灾荒，也十分关心。他所巡抚的四府三州中，淮安府有十一个州县，其中包括山阳（今淮安区）、清河、盐城、安东、桃源（今泗阳）、沭阳、宿迁、邳州、睢宁、海州、赣榆。安东就是今天的涟水，在张景华任漕运总督期间，“安东等州县，连岁旱荒，人民饥馁。卖妻鬻子，号声相彻于里闾；扶老携童，菜色并僵于道路。剥木皮，茹草实，四郊尽枯槁之形；骨鬼瘠，步蛇行，列村皆饿殍之状。白骨揞乎沟壑，死人至以泽量”。他作了《乞赈安东等处饥民疏》① 上书皇帝，他说：“今天下群黎，靡匪含哺鼓腹，而独此数处，偏坐向隅之悲。”这样的情况不是“太平之世所宜有”的。经调查，“各州县俱有预备仓，多者积谷至三四千石，少者不下数百石。又有存留余剩银两，不系正项之内，俱可易粟赈济”。祈求皇上“哀此孑遗之氓，俯垂旷荡之恩，准令臣转行所属灾伤州县，查报贫难下户，流离饥民，计口而赈之。俾枵腹垂亡者，犹获须臾无死。幸见德化之成，地方幸甚”。

乞賑安東等處饑民疏

邑人 張景華

臣聞涸轍之魚求活於升斗之水棲苴之草待命於滴瀝之濡切見安東等州縣連歲旱荒人民饑餒賣妻鬻子號聲相徹於里閭扶老攜童菜色韮僵於道路剝木皮茹草實四郊盡枯槁之形骨鬼瘠步蛇行列村皆餓莩之狀白骨揞乎溝壑死人至以澤量今天下群黎靡匪含哺鼓腹而獨此數處偏坐向隅之悲豈太平之世所宜有哉查得各州縣俱有預備倉多者積穀至三四千石少者不下數百石又有存留餘剩銀兩不係正項之內俱可易粟賑濟懇祈聖明哀此孑遺之氓俯垂曠蕩之恩準令臣轉行所屬災傷州縣查報貧難下戶流離饑民計口而賑之俾枵腹垂亡者猶獲須臾無死幸見德化之成地方幸甚

张景华所作《乞赈安东等处饥民疏》

安东向北即是海州、赣榆，都地处海滨。那里“濒海之地，斥房之区，咸水易于杀稼，连年荐被旱荒”。老百姓交不起地租，而官府追逼又紧，朝不谋夕。“自嘉靖某年起，至某年止，积欠正赋银若干，掌印官见奉题准住俸严追，闾阎之民，嗷嗷汹汹，聚族而号呼曰：‘天乎！吾侪小人，朝不谋夕，且将操瓢为沟中瘠矣，上之人胡不闻，而故令逼我！’”张景华作《议处海赣等州县逋税疏》上书皇帝，② 他说：“臣闻之不胜咨嗟，不胜惶惧。”他认为在这种情况下

① 《乞赈安东等处饥民疏》载乾隆《郯城县志》卷十一《艺文》。见本书《张景华的著作》。

② 《议处海赣等州县逋税疏》载乾隆《郯城县志》卷十一《艺文》。见本书《张景华的著作》。

向老百姓追逼地租，就是竭泽而渔、燔林而狩。“竭泽而渔后必无鱼，燔林而狩后必无兽，矧以督责敲朴之威，加于枵腹待哺之民”，岂不是要加速老百姓逃亡吗？

他向皇帝提出一个解决的办法，他说

議處海贛等州縣逋稅疏　張景華
題爲議處災傷地方拖欠銀兩以足國賦以安民生事竊以
郯城縣志　十三
海州贛榆等州縣瀕海之地斥鹵之區鹹水易於殺稼連年
薦被旱荒自嘉靖某年起至某年止積欠正賦銀若干掌印
官見奉題准住俸嚴追閭閻之民嗷嗷洶洶聚族而號呼曰
天乎吾儕小人朝不謀夕且將操瓢爲溝中瘠矣上之人胡
不聞而故令逼我臣聞之不勝咨嗟不勝惶懼夫竭澤而漁
後必無魚燔林而狩後必無獸矧以督責敲朴之威加於枵
腹時哺之民寧不速之逃亡乎查得淮安府所屬州縣俱有
漕運衙門贓罰銀兩幷缺官俸糧柴薪夫馬等項上年俱聽
撫按衙門公費正用之銷竊念漕河事務自有歲辦供應加
意節縮則一年可足一年之用困苦小民饔飧已稱匱乏復
徵積負則十室將有九空之虞合無候題准日行令府屬將
前項贓罰缺官銀盡數開報比照海贛等處拖欠之數責令
該府起解戶部准補本州縣上年末完錢糧其拖欠民戶懇
祈明旨免追本州縣掌印官俱各開俸庶殘民獲被曠蕩之
恩而守令無隳撫字之職

张景华所作《议处海赣等州县逋税疏》

淮安府所属州县，俱有漕运衙门赃罚银两，并缺官俸粮柴薪夫马等项资金，以前都是听抚按衙门公费开销了。而漕河事务，朝廷每年都有固定拨款，只要加意节约开支，则一年可足一年之用。困苦小民吃饭已成问题，还要征缴积年所欠地租，老百姓则有逃亡，将有十室九空的情况出现。应当不要等到皇上批准，即时行文淮安府，将前项赃罚、缺官银两，尽数开报，比照海赣等处拖欠之数，责令该府起解户部，抵算本州岛县上年未完钱粮。其民户拖欠地租，恳祈明旨免追。本州岛县掌印官俱各捐出俸银救灾，这样的话“残民获被旷荡之恩民，而守令无隳抚字之职”。

张景华对于安东、海赣的意见无疑是正确的，方法也是极为妥当的，反映了他治国理政的才能。

这年，张景华到凤阳巡视，作《舟泊濠梁》诗，诗云：

水落滩高及岸难，濠梁舟泊伴风烟。

翘首中都惊入望，紫云千里接幽燕。

漕运总督张景华的官船停泊在濠河桥边，水浅滩高船无法靠岸，在风烟中漂泊着。濠河一名石梁河，在今安徽凤阳县境内，东北流至临淮关入淮河。中都即凤阳，明代都城有首都北京和留都南京，凤阳是朱元璋的老家，曾打算在此建都城，后虽未建成，仍名中都。他在船上抬头一望，凤阳即在目中，这里的王气与北京一样，千里相接。这里是他巡抚治理的地方。

瓜洲是长江北岸小镇，江北多条河流入江之处，即唐代白居易的《长相思·汴水流》中“汴水流，泗水流，流到瓜州古渡头。吴山点点愁”的那个地方。运输江南漕粮的船只，过了长江便由瓜洲入运河北运，是漕运工作的一个重要节点。到瓜洲检查督运，是漕运总督的职责。张景华曾到过瓜洲，并作过《早发瓜洲》诗。诗云：

片帆侵晓破烟涛，万里南游兴独豪。
龙虎双环京阙壮，金焦齐峙海门高。
穴中无地藏魑魅，天上何人秉邛旄。
慷慨尊前还剑舞，太平功业看吾曹。

张景华是北方人，到瓜洲对他来说是“南游”，他看到漕艘横渡长江，风帆片片，乘晓风，破烟涛，气势非凡，便游兴甚豪。他看到江对过留都南京虎踞龙蟠十分壮丽，金山、焦山对峙，如同大海之门。高兴起来饮酒舞剑，大发感慨：我正在做这“太平功业”啊！

嘉靖二十三年甲辰（1544），张景华六十三岁，四月，因顾寰事被劾。皇帝下旨令张景华冠带闲住。

《明世宗实录》卷二八五：嘉靖二十三年四月己巳朔，癸巳，“刑科给事中王交，劾总督漕运镇远侯顾寰索漕粮常例，怨言腾沸，总督右副都御史张景华督理弗严，迹涉隐纵，乞赐惩戒。诏寰回京听勘，景华策励供职。已，吏科给事中何云雁复劾，景华纵恣苛虐。吏部言，景华屡经论列，难以展布。诏冠带闲住”。

顾寰是明代功臣顾成之后，而且政绩也是不错的。《明史》卷一四四《列传》第三十二《顾成传》：明初顾成助朱棣有功，封镇远侯。从弟溥嗣，掌五军右掖。子仕隆嗣，正德初，出为漕运总兵，数请恤军卒。镇淮安十余年，以清白闻。卒赠太傅，谥荣靖，子寰嗣。顾寰（1503—1581）字君锡，初为红盔将军侍卫，后为南京守备，审定狱案，平反甚多。嘉靖十七年（1538），总督漕运，请减免受灾处漕运。献皇后梓宫赴承天，漕舟以避梓宫后期者三千。而江南北多灾伤，寰请被灾地停漕一年，令改折色，军民交便，又建议漕政七事。二十九年（1550）出镇两广，定安南内乱。三十三年（1554），奉命总督京营戎政，对营务多有建言。后加太子太保。再镇淮安，抵御倭寇有功。此后告老致仕，后加少保，赠太保，谥“荣僖”。有《漕河总录》二卷，今已佚。

按“漕政七事”，焦竑《国朝献征录》卷七谢廷谅《镇远侯荣靖公顾仕隆、镇远侯荣僖公顾寰》有详细记载。原文如下：

一谓有司当交兑时，擅系官军诣簿对颂，系旬月曾不得脱身而供王事，愁苦无所诉。今后一切词讼，俱俟役竣，会漕司问理，无得径自拘系。一谓运官赴尚书，期毕其役于治粟内史，其他寺署候交钪席等务，可不谓非王事哉，而概以后期参究，非人情也。米入仓之期不失，可幸无罪矣。一有司审编旗甲，须核户丁报漕司如有逋逃侵盗者选编者一体连坐安所逃罪。一轻赍银抵都方给予，有起剥无办者，将米价贱鬻，比入太仓而廪不足。此辈冥顽无知，宜听把总酌量疏实以报。一各仓交粮，宜用刮铁收受，禁军人无得高下其手，或多增斛面，以致亏耗。一每廒交席六千，止用三千，不用者朽。今但将三千随米交仓，余令折银交库。一运官犯法，惩创则有漕司。刁军擅赴隔别衙门挟告，何也，罔上行私，冠履倒置，渐不可长。奏入，

诏悉如议行之。[1]议行，而谤兴矣，失职有诛，侵官有罚，
漕事肃清。权行州域，而竟逐于京师，伉厉于官署。驰骛
于洲渚者，飞语中公。言官不察，厚诬公，波及张总督，
总督竟罢斥。

文中云“驰骛于洲渚者，飞语中公”，指那些靠在漕运中作弊，无法再从中牟利的“漕蠹者”，便造谣生事，攻击顾寰“索漕粮常例，怨言腾沸”[2]，“贪污不职，受赃以万计”[3]，“言官不察，厚诬公(顾寰)”。

《献征录》说此事“波及张总督，总督竟罢斥”。查顾寰前后三次在淮安任漕运总兵，与其共事的姓张的总督只有张景华一人。则此“张总督”就是张景华了。当然，“漕政七事”也就发生在顾寰与张景华共事期间，即嘉靖二十二三年。顾寰的被诬，连累了张景华。

---

① 百度百科“顾寰”词条称援引《大明世宗肃皇帝实录》卷二七八记载：“嘉靖二十二年九月……户部议复漕运右副都御史张景华会同镇远侯顾寰等所上事宜：一、有司当交兑时，擅系官军，致误粮运。今后一切词讼，俱候完粮日，知会漕司问理，不许径自拘系。一、运官完粮之后，又有各衙门交砖席等事，不可并算迟误日期。今后查参违限，但以粮米入仓之日为期。一、审编旗甲，须选丁力相应人户，呈报漕司。如有弃船侵盗等弊，将原选官员一体连坐。一、轻赍银到京方给，遇有起剥无办，致将船米贱折，临仓挂欠，今后宜听把总官勘实动用呈报。一、各仓交粮宜用刮铁收受。禁约军斗人等，不许高下其手，及多增斛面，以致亏累。一、每廒交席六千领，用之不尽，积朽可惜。今后止用三千领，随粮交仓，余令折银交库。一、运官有不法事情，待粮完日，漕司告理，不许刁军擅赴隔别衙门挟告，以遂己私。奏入，诏悉如议。”观其内容与《国朝献征录》大致相同，然查今《明世宗实录》卷二七八中并无此条。

② 《明世宗实录》卷二八五：“嘉靖二十三年四月己巳朔，癸巳，刑科给事中王交劾总督漕运镇远侯顾寰，索漕粮常例，怨言腾沸。”

③ 《明世宗实录》卷三〇三：“嘉靖二十四年九月戊子，先是，刑科给事中王交劾奏：漕运总兵官、镇远侯顾寰贪污不职，受赃以万计。”

张景华被令“冠带闲住”，并非因为本身有什么过错，而是因为得罪了权臣严嵩。过庭训《本朝分省人物考》卷九十五云：“严氏柄国，荐绅贿赂辐辏其门，景华一无所馈。严以双缣遗之，报如其物，严氏大恨。”《山东通志》卷二十八之三亦持此意见：“时严嵩柄国，缙绅贿赂辐辏其门，景华一无所馈，严以双缣问之，报如其物。严氏大恨，讽言官以蜚语中之，罢归卒。”张景华也做得出来，严嵩送他两匹缣，他回礼也是两匹缣（报如其物），虽然不是原物退回，也与原物退回差不多，所以严嵩很生气。也可以看出，张景华多么蔑视严嵩。

严嵩（1480—1567），是明朝最大的奸臣。他字惟中，号勉庵、介溪，江西分宜人。举弘治十八年（1505）进士，改庶吉士，授编修。迁吏部左侍郎，进南京礼部尚书，改吏部。诸宗藩请恤乞封，挟取贿赂。子世蕃又数关说诸曹。南北给事、御史交章论贪污大臣，皆首嵩。因为严嵩擅长撰写青词①，其他人写的都不如皇帝之意，因而得到嘉靖皇帝的宠爱。其实严嵩“无他才略，惟一意媚上，窃权罔利。他所不悦，假迁除考察以斥者甚众，皆未尝有迹也”，被抄家时，“黄金可三万余两，白银二百万余两，他珍宝服玩所直又数百万”。②

严嵩贪污受贿严重，据说“往岁遣人论劾，潜输家资南返，辇载珍宝，不可胜计，金银人物，多高二三尺者，下至溺器，亦金银为之”，“广市良田，遍于江西数郡。又于府地之后积石为大坎，实以金银珍玩，为子孙百世计”。③ 刑部主事张翀揭发他说：“户部岁

---

① 是道教举行斋醮时献给上天的奏章祝文。一般为骈俪体，用红色颜料写在青藤纸上，故称青词。嘉靖皇帝笃信道教，好长生术，宫中每有斋醮，就命词臣起草青词。

② 《明史》卷三八〇《列传》一九六《奸臣·严嵩》。

③ 《明史》卷二一〇《王宗茂传》。

发边饷，本以赡军，自嵩辅政，朝出度支之门，暮入奸臣之府。输边者四，馈嵩者六。臣每过长安街，见嵩门下无非边镇使人。未见其父，先馈其子。未见其子，先馈家人。家人严年，富已逾数十万，嵩家可知。私藏充溢，半属军储。边卒冻馁，不保朝夕。”①

严嵩家藏这么多财宝全靠贪污受贿。诸宗藩请恤乞封，他也敢挟取贿赂，何况普通官员。他公开索贿，未达到目的他就不高兴，“他所不悦，假迁除考察以斥者甚众，皆未尝有迹也”。他将你官罢掉你还找不到他栽赃的证据。外官进京都要给严嵩送银子，否则就没有你好果子吃。

张景华也不能例外，也得向他行贿。他怕张景华不明白，就先送张景华两匹缣，一是向张示好，希望张成为他的党羽；二是以红小豆引白鸽子，希望张景华感到荣幸，有更大的回报。张景华不吃他那一套，回送的礼物也是两匹缣。严嵩认为还没有人敢跟他这么做，张景华敢于这样干，胆子不小。于是便将他列入“假迁除考察以斥者甚众”中去，给他个“冠带闲住”。②

严嵩除了擅长青词外，身份也是十分显赫。他这几年官职正节节上升。据《明史·宰辅年表二》，嘉靖二十一年（1542）七月，首辅夏言革职闲住，八月，严嵩加少保、太子太保、礼部尚书兼武英殿大学士入阁为副宰相。当时宰相只有翟銮和他二人。嘉靖二十三年（1544）八月，翟銮被罢，九月，严嵩加太子太傅，晋吏部尚书兼谨身殿大学士为首辅，即正宰相。增加吏部尚书许赞、礼部尚书张璧二人入阁，与严嵩一同参与机务，但明世宗遇事只召严嵩一人商议。此时严嵩为皇帝以下第一人，权势熏天，如日中天。张景

---

① 《明史》卷一九二《张翀传》。

② 过庭训《本朝分省人物考》卷九十五：“严嵩柄国，缙绅贿赂，辐辏其门，景华一无所馈。严以双缣遗之，报如其物。严氏大恨，讽言官以蜚语中之，景华罢归。”

华竟敢如此蔑视严嵩，不被罢职才是怪事。也可以看出张景华行事是如何正直不苟。

严嵩要惩治张景华，但从张景华身上找不到毛病，便迂回作战，指使人从顾寰身上下手，以“督理弗严，迹涉隐纵”为“理由”，令言官轮番攻击，想将张景华挤走。但这个理由不充分，皇帝没有听取，只让顾寰“回京听勘”，而张景华“策励供职”，继续当漕运总督。严嵩不死心，又指使吏科给事中何云雁再次弹劾，说张景华“纵恣苛虐”。因为张景华无大实质性问题，吏部不好说罢职，只好说“屡经论列，难以展布”工作，来个“冠带闲住”。即免去张景华现任职务，保留官员身份品秩和官服，回家去反省待命。

对于张景华来说，罢职没有什么了不起的。在荣辱去留问题上他有自己的看法。他有一首诗《荣辱》谈到了这个问题。诗云：

荣辱原无定，于身各有因。
可荣不可辱，伟哉辟谷人。

诗中反映，张景华认为一个人的荣辱是由多种原因决定的。荣不可以强求，辱是可以避免的。不能强求荣华富贵而辱没自己的灵魂，贬损自己的节操。我要像庄子所说的那样，不食五谷，吸风饮露，乘云气，御飞龙，而游乎四海之外，① 做一个辟谷人，摆脱一切荣辱是非。

说是本年四月被劾，“冠带闲住”，但没有立即离开淮安，下任

---

① 《庄子·逍遥游》：“藐姑射之山，有神人居焉。肌肤若冰雪，淖约若处子；不食五谷，吸风饮露；乘云气，御飞龙，而游乎四海之外。”此为辟谷之始。注云圣人虽在庙堂之上，其心无异于山林之中。寄生万物之上，而神超六合之表。

总督周用至七月始任命，[1] 上任还要有一段时间，他还在漕运总督任上。大约令他“冠带闲住”的正式命令还未到达，或者就让他就在淮安“闲住”，暂理漕务。所以到了六月，又上疏要求退休。他的七言律诗《嘉靖甲辰年六月乞休》两首中说到此事，诗云：

衰病违心空浩叹，乞休疏已达重瞳。
田高禾黍耕耘里，树密庄居隐见中。
艾小两山迷远近，白溪一水绕西东。
内台起用成何事，泉石烟霞气味同。

又：

迂拙欲求寡过难，此心原不避訾殚。
如山舟可涉沧海，似栎材何免素餐。
积毁从他销骨势，乞归又得老身闲。
雀罗门外桑麻友，岂独王良贲往还。

前一首首联说自己衰病违心出山做官，现在弄成这个样子，我只有“浩叹”了。我乞休的报告已送达皇上那儿了。重瞳，就是一个眼睛里有两个瞳孔，在上古神话里记载有重瞳的人一般都是圣人，这里代指皇帝。颔颈二联是想象中的家乡事情：农民在禾黍地里耕耘，我那庄居在茂密的树丛中隐约可见。“艾小两山迷远近，白溪一水绕西东。”这是说他家乡的美景“艾小两山”和“白溪秋月”。尾

① 《明世宗实录》卷二八八：“嘉靖二十三年七月戊戌朔，丙午，吏科都给事中卢勋奏：凤阳巡抚总督漕运，其任至重，属者员缺，多就近推补，似非为官择人之意。请敕吏部会同九卿科道，从公推举三四员上请。上是其言，令吏部照旧从公推举才望素著者二三人上请，如所举不当，科道官即时纠奏。于是吏部推工部尚书总理河道周用，上允之。命用以原职兼都察院右都御史总督漕运兼巡抚凤阳。”

联说，被那些御史和同僚们推荐起用我，也就是如此而已，还不如回家享受泉石烟霞的生活。

后一首是写个人的内心感受。我这个人比较迂拙，想不出过错是难的，但也不怕别人说坏话。我坐得正稳如泰山，舟船可渡沧海，才能虽差，我能勤慎工作，就不是尸位素餐。积毁销骨，随他去吧，我辞官回家了，落得我“老身闲”。“雀罗门”即门可罗雀，形容冷落的门庭或失势之家，现在我没有逐势的宾客了，但我有桑麻之友。王良字仲子，两汉之交东海兰陵人。多次被朝廷征召为官，任上恭谨节俭，妻子儿女不进入官舍，盖布被，用瓦器。妻子穿着布裙在田里干活。后来王良因病回乡，一年后又被征召，朋友不肯见他，说：“没有忠言奇谋而得到高官，就这样时而征召时而辞职，来来往往折腾，你就不怕麻烦啊？”于是就拒绝接待王良。王良很惭愧，自那以后再也不接受征召。[1] 张景华要以王良为榜样，决心不再接受征召。

这一年大旱，作《甲辰夏旱得雨》诗，诗云：

> 旱魃频为厉，愁怀日夜萦。
> 云驰天欲动，雷震雨如倾。
> 酷暑应全减，遗禾或未登。
> 嗷嗷民待哺，仓库亦虚名。

从前面张景华给朝廷上的关于安东、海赣的两篇奏疏中知道，近年来淮安府遭遇很大的旱灾，所以诗的首联即讲“旱魃频为厉”，引起诗人“愁怀日夜萦”。云雾动天而来，雷声一震大雨倾盆，酷暑应该全部消退。但还有庄稼未有收获，青黄不接，老百姓嗷嗷待哺，而仓库里亦无存粮啊。这反映了张景华一片忧国忧民的情怀。

---

① 王良事载《后汉书》卷二十七《王良传》。

重阳节到了，作《寓淮安都府重阳后三日菊未开》诗，诗云：

年年菊绽傍重阳，节过如何尚未芳。
嗟尔后期若弃信，笑他先物又无章。
容心百物应多坠，通变哲人是所常。
不后不先跟脚定，临歧安用叹亡羊。

菊花每年都在重阳时节绽放，今年已经过了重阳还不开放，可叹你失信了。而其他物种抢先也违反常理，但总的来说还是正常的，也就是脚前脚后的事，用不着大惊小怪的。又作《寓淮安都府，重阳遣怀用正韵》诗，诗云：

淮阴候代复重阳，篱畔黄花自耐霜。
何处登高乐燕饮，此心防患苦灾伤。
落英餐罢香仍在，旧帽着来情未央。
卧病秋深宵更永，沭沂水近是家乡。

这是一首思乡遣怀之作。诗中说我现在在淮安未回家的原因，是在等待新官来代替我。眼看重阳又到了，菊花已开满篱畔。想去登高燕饮，但我心里满是灾荒的景象。赏菊与餐菊是重阳的乐事，屈原的《离骚》中，就有“夕餐秋菊之落英”的餐菊记载。落帽龙山也是重阳故典。[①] 秋深了，对我一个有病的人来说，夜晚显得很长，不禁思念沭沂河畔的家乡。

---

① “龙山落帽”典出自《晋书》卷九十八《孟嘉传》：“为征西桓温参军，温甚重之。九月九日，温宴龙山，僚佐毕集。有风至，吹嘉帽堕落，嘉不之觉。”桓温叫人取来帽子还给他，并叫一个参军写一篇文章嘲讽孟嘉，放在孟嘉座位上。孟嘉回来看见文章后，立即写了一篇文章作为回答，文笔非常优美，满座的客人都赞不绝口。

又作《思乡用正韵》诗。诗云：

眠怕抚台秋夜梦，倦思望海暮春游。
铄金销骨徒为谤，问舍求田得自由。
出处在人俱有命，寻常反己可忘忧。
欲归羁绊难为去，不是嗒然不豫谋。

诗人说，我在巡抚任上睡眠就怕秋夜做梦，老是回忆暮春在望海楼的游览。“铄金销骨”典出《史记·张仪列传》：“众口铄金，积毁销骨。”比喻毁谤太多，使人无以自存。尽管严嵩等人对我诬陷诽谤，其奈我何！我可要自由自在地回去“求田问舍”喽。在朝在野都是由命运来决定的，认清这个道理就没有什么忧愁的了。眼前羁绊还没有解决，只好耐心等待，我懊丧也是没有用的。

又作《寓淮安思归用正韵》诗，诗云：

淮阳羁解其归矣，亲友约全亦快哉。
分外毁誉原不论，个中萧散有何猜。
延年药物得相近，傍水群鸥可与偕。
最喜北园多种木，千株丛绕构书斋。

淮阳、淮阴皆淮安之别称。诗中说，在淮安为官的羁绊已经解放，我可以归田了，约会亲友是一快乐之事。当前是毁是誉不去理会，今后潇洒闲散是肯定的。有病延年药物随身携带，我将与水滨鸥鸟为伴。我家北边的园子种了不少树木，围绕着我的书斋，我要去读书了。请注意，张景华这次归田回家，究竟是“罢职”还是“乞休”？若说是“罢职”，他早就该在四月回家了，怎么到六月还要“乞休”？康熙、乾隆两《郯城县志》皆说是“乞休”回家的，大约“闲住”期间还要暂理公务。

到这年的冬天才离开淮安，淮安的士民挽留他，为他送行。有人将这场景绘了一幅图画，要供奉在祠堂里。他在画上作了一首七言古诗，题为《甲辰冬离淮，淮民图像，因赋此以冠诸图端》，诗云：

淮民何为图我像，歌谣叹息知我心。
安抚岁余不忍舍，忠厚人情无古今。
迂直动辄与物忤，入祠又将议浅深。
不如随我东归去，朝夕相伴乐清吟。①

淮安的士民为什么要为我画这幅图？你们发出的为我叹息之声，说明你们很懂我的心情。我在这里当官两年多时间，已经有了很深的感情，不忍心就这样分别了，你们这样的忠厚人情为古今所无啊。我这迂直性情经常得罪人，将画像放入祠堂有可能引起争议。不如将它给我，我带着它回家去，与我朝夕相伴，乐得清闲吟咏。

临行前，文学大师吴承恩代表淮安府学的师儒，作《大中丞白溪张公归田障词》② 赠予张景华。

江淮旧俗，大户及官宦人家凡有添丁、升迁、寿诞等喜事，有赠“贺障”相庆的习俗。贺障，又叫锦障，可以用布匹、绸缎，配上一篇华美的障词。③ 障词是一种以词为基础，前面有四六骈文称“引”或“序”，介绍受主的事迹，最后缀一阕词。

---

① 天马出版有限公司版《白溪漫稿》此诗后注云：“张景华后人于此诗作后八年，传抄之诗作如下：‘淮民何为图吾像，歌谣叹兮知俺心。安抚岁余不忍舍，忠厚人情悟古今。欲知动辄迂囫囵，入此［祠］文将议浅深。不如随我东归去，朝夕相伴乐清吟。嘉靖壬子年四世祖白溪公。’”

② 载刘怀玉《吴承恩诗文集笺校》卷四，上海古籍出版社 1991 年 5 月。本书《张景华的著作辑录》中有转载。

③ 段朝端《楚台闻见录》：“射阳先生文集，寥寥无多，内有障词数篇。‘障词’二字，不解其文；询诸笏山先生，亦云未闻。昨阅阎氏谱双溪家传，内有云‘府君凡典礼，必购高文巨笔，以重其事，如吴郡沈石田山水、文衡山草书、吴射阳锦障词，多藏于家’云云。始悟其义，盖言词之书于屏风者耳。”

该障词前的“引”可分几个层次：首先是“开府通津，即是江湖之长；归田盛世，谁知社稷之臣”。是说张景华开府淮安，便显赫方面大吏，盛世归田，谁知道你原来是位社稷大臣。

接着是讲张景华的为官经历：“甲科豹变，基雅望于清琴；风纪鹰扬，振灵声于绣斧。历登台省，载肃朝廷。转执法于台躔，藉观风于节镇。”由科甲出身，当过一任知县，然后行取为一名御史，成为风纪之官，扬历台省，为朝廷肃清不良之风。接着是升官巡抚，为一方节镇。

然后是“控兹四郡，康我群生。禹金铸粹，难藏魑魅之形；楚玉流光，自息氛祲之气。宽徭节费，止役蠲工。官无强贾，九式而通市廛；肆禁奸私，一言以定泉货。绝枭卢于游手，伏虎兕于豪胥。巫风永革，宁闻小海之歌；伎藉俱空，尽变大堤之俗。风移斋祀，迹扫优伶。负刍之辈靡惊，刻木之徒敢肆。畜闸水以利漕舟，何知大吏；清邮符而安驿传，岂顾私交。柏霜气劲，纤尘不入乎垂帘；海月心悬，一字无求于秉轴。风行暗室，声动邻封”。这是说在淮安政绩：你像大禹铸的铜鼎，能避却横行灾祸。[①] 你是上天赐予楚州的宝玉，自能熄灭氛祲之气。[②] 宽免徭役，节约开支，停止不必要的工程。政府不强买强卖，以九式均节财用。禁绝一切奸私，保障物价稳定。禁止赌博和游手好闲，处理一切豪强胥吏。革除巫风，传唱小海之歌，[③] 清空伎籍，改变了大堤[④]之俗。整顿斋祀，绝迹优伶。作乱之人不敢胡来，吏役之流不敢放肆。亲自管理闸坝之水，以利

---

① 王充《论衡·乱龙篇》卷四十七：“禹铸金鼎象百物，以入山林，亦辟凶殃。”

② 唐肃宗时上天赐楚州女尼真如八件宝物，楚州知州转献皇帝，“自后兵革渐偃，年谷丰登，封域之内，几至小康”。见《太平广记》卷四〇四《宝五·杂宝下》。

③ 《小海唱》是古代吴人悼念伍子胥的歌曲。

④ 《大堤曲》：南朝乐府旧题，乐府清商曲辞。起于梁简文帝，又作《襄阳曲》，李白、李贺等沿用，写一女子对丈夫的恋情。

漕艘行驶，别人不知道他就是总督大人。清理邮传保证驿传畅通，不讲私人情面。平常正气凛然，无事即垂帘[1]休闲，一尘不染。海月心悬，一字无求于当权者。风行暗室之中，官声传遍相邻地方。这一段很关键，是对张景华在淮的政绩最好的叙述和总结。

接着是讲想象张景华辞职回乡之事。“醉乡可卧，独甘江上之醒；巧宦相妍，无改山中之拙。”形象地体现了张景华归隐时能保持清醒头脑，出仕则能保持纯朴本性的品质。“果来官谤，大郁舆情。”归隐是由于“官谤”，令人郁闷不解。“返老臣于绿野，犹怀当宁之恩；结小隐于沧洲，又遂投簪之志。任怨丘山，逆知今日；誓心天地，敢负平生。何伤日月之明，行致风雷之变。顾草芥之万钟，何加于我；指松菊之三径，自适其天。”我虽还乡不当官了，仍然记住皇上的恩情。我隐居于乡村，实现了归田的愿望。这说明张景华归田后心情坦荡，恬然自适。

其后是写障词的缘由：淮安府学师生人等，“久承仕学之规，式奉修齐之训。眷言违隔，靡遂瞻依。衮衣故里，难为诣阙之留；祖帐都门，载下临岐之拜。敢论国是，共怅民悰。鼓钟咏德，能忘雅颂之音；丝竹宣情，聊致俳谐之语”。说明张景华在淮与府学师生交往很好，深受师生们的爱戴。

最后是一首词《沁园春》，词曰：“宦海堪惊，日日风波，浮沉未量。叹汗马元功，已尘青简；蹇驴孤馆，未熟黄粱。主管篱花，平章溪月，更有谁人话短长？从前事，算来无愧，归去何妨。东皋云暖茅堂，看鱼出寒罾稻上场。有栗里渊明，一床琴酒；成都诸葛，二顷农桑。五凤高楼，谁为柱石？大泽深山锁栋梁。明朝有，鹤书来到，莫闭山庄。”

---

① 放下帘子，谓闲居无事。《南史·顾觊之传》：“觊之御繁以约，县用无事。昼日垂帘，门阶闲寂。”

该文对仗精工，语言铿锵有力，用典圆熟自然。虽是罢官归隐之作，却毫无悲戚凄凉之意，而是以一种积极豁达的态度对待之。四六序文对张景华政绩的颂扬也符合实际，并非阿谀奉承之词。而在《沁园春》词中，说张景华将像陶渊明那样生活，将像诸葛亮追求的那样，有二顷农桑清闲自在。“大泽深山锁栋梁，明朝有鹤书来到，莫闭山庄”句，更是表达了作者希望当权者能重新起用张景华的美好愿望。

淮安人还为张景华建遗爱祠，编写《怀恩录》。乾隆《沂州府志》卷二十五《人物上》记载：“严嵩柄国，遂乞休。所在建遗爱祠，有《怀恩录》颂其德。”康熙《郯城县志》卷七《人物志·乡贤》记载：“淮士民建遗爱祠，次《怀恩录》以颂功德。”可见张景华在淮颇有功绩，淮人对张景华十分爱戴。可惜遗爱祠不知所在，《怀恩录》也未流传下来，否则我们可以看到张景华在淮更多的言行往事。

张景华在淮安与地方人士有广泛的接触和交往，其中有原河南巡抚潘埙。潘埙（1476—1562），字伯和，号熙台，淮安城内人。正德二年举人，三年进士，授给事中。历官开州同知、南京太仆寺寺丞。嘉靖六年升浙江右布政使，七年正月升任都察院右副都御史，巡抚河南地方。八年三月被勒令致仕。屡荐不起，一直在家。他与在淮历任官员都有交往，其中包括与张景华。当张归田离淮时，潘埙作五言古诗《白溪中丞东归奉赠》。诗云：

昨朝南郭游，尘雾眯我目。
□榛塞路岐，行迈心刺促。
沙虫巧射人，狐狸竞驰逐。
有声动地来，其风清以肃。
黪噎豁然开，百怪俱潜伏。

日月临覆盆，阳春蔼蔀屋。
浮云变幻多，阴晴那可卜。
风雨入晦冥，烟萝翳空谷。
援琴鼓猗兰，抱膝待朝旭。

沙虫，《太平御览》卷九一六引《抱朴子》：“周穆王南征，一军尽化，君子为猿为鹤，小人为虫为沙。”（按：今传本《抱朴子》无。）① 吴承恩在《二郎搜山图歌》中说：“民灾翻出衣冠中，不为猿鹤为沙虫。”以周穆王南征喻朝中诸臣君子少，小人多。潘埙的意思相同，说朝中有很多小人，那些老于世故者在朝中钻营驰逐，一片乌烟瘴气。你动地而来，肃清了风气，乌云豁然开朗，百怪躲藏起来。晴空朗朗，春光照亮了我的茅屋。但浮云变幻，世事难料，突然风雨大作，天地陷入晦冥，烟萝掩盖了空谷。我要援琴鼓一曲《猗兰》，抱膝待明朝旭日升起。《猗兰》是古琴曲名，又名《猗兰操》。相传最早是孔子所作，琴曲似诉似泣，如怨如愤，在兰的身上寄托了自己全部的思想感情。此曲多抒生不逢时、怀才不遇之情。潘埙巡抚在青羊山之役中，立下了汗马功劳，理当受赏，继续升迁。但结果正好相反：勒令致仕，永不叙用。这与张景华遭严嵩排斥一样，无可奈何。他们是同病相怜。

张景华与潘埙家人也有所接触，十分赏识潘埙之次子潘采（1521—1577）。胡效忠《锡川潘子墓志铭》：“巡抚中丞白溪张公慎许可人，独于世修加物色焉，手书‘存省扩充’四字赠之，期以圣学也。”

按：潘采，字世修，别号锡川，世为山阳人，河南巡抚潘埙之子。胡效忠，刑部侍郎胡琏之次子，字汝臣，号三洲，正德十四年

① 苏兴《吴承恩年谱》嘉靖十八年条下。

举人，官顺天府通判。其弟效诠为潘采妹婿。

张景华在淮安期间，与漕运总兵官万表（1498—1556）关系很好。万表，字民望，号九沙山人、鹿园居士，浙江鄞县人，祖籍安徽定远。明正德十四年（1519）中武举第一，次年成进士。慕诸葛武侯为人，书“宁静淡泊”四字于座右。好读书，通经典，与罗洪先、王畿等往来，宣扬阳明学说，为浙中王门中坚之一，学者称鹿园先生，号为儒将。为漕运参将者二，漕运总兵挂印者二，长期在淮安为官。嘉靖二十五年又任漕运总兵官，[1] 押运漕粮北上，途经钟吾即宿迁，写了一封信《与白溪张公》，遣人送至郯城问候张景华。信中云：

> 某昔叨侍教，未久即违，殊切瞻恋。后以病归山中，人事俱废，旷问阙然。顷复被命，承乏于淮，怀仰遗风，益兴山斗之望。淮人之思公，如凤鸟一鸣，为希世之瑞耳。盖时久脂韦尚同，而公以直道行之，固与时违，其于地方国计，真诚恳切，持法据义，裨益多矣。公所抚之地，所督之士，颂言啧啧，无处非碑也。兹北上道过钟吾，咫尺不能趋侍教言，停舟耿耿，谨此专奉候，不尽倾仰之怀，伏惟台鉴。[2]

该信虽短，但信息量大，且感情真挚。第一部分是对张景华的怀念，“怀仰遗风，益兴山斗之望”，可见张景华在万表心目中的位置，有高山仰止之概。其次是淮安人对张景华的思念。凤凰，是传说中的瑞鸟，《诗经·大雅》凤凰鸣矣，于彼高冈，是吉祥和谐的象

① 《明世宗实录》卷三一〇：嘉靖二十五年四月庚子，“升原任广西镇守署都指挥佥事万表，为署都督佥事，挂印充总兵官，提督漕运，镇守淮安”。

② 万表《玩鹿亭稿》卷四。

征。说张景华是人中之龙凤，不可多得。“脂韦”，油脂和软皮。《楚辞·卜居》：“宁廉洁正直以自清乎？将突梯滑稽如脂如韦以絜楹乎?”后因以“脂韦”比喻阿谀或圆滑。这层意思是说，当时社会风行阿谀、圆滑，而张景华却以“直道行之”，当然与时势相违，但于地方、国计，真诚恳切，持法据义，裨益很多。张景华“所抚之地，所督之士，颂言啧啧”，到处都是好的口碑。漕运总督与漕运总兵都常驻淮安，一同治理漕运，俗称“文武二院”。他们的分工是文臣负责与各省粮道，共同按规定将应征的漕粮征集起来，由武臣负责押运进京，即所谓“文督催，武督运”。万表漕船行至宿迁，因为临近郯城，心中不能忘怀已经赋闲在家的张景华，特地写下此信。这说明张景华在万表心中印象特别深刻，他们在淮的共事十分愉快。

## 罢归后的晚年生活

过庭训《本朝分省人物考》卷九十五《山东兖州府》：“景华罢归，家居十余年，足迹不入城府。”

张士英《张氏族谱原序》：张景华“以忤分宜告休，塞门谢事，种花赋诗，非急流勇退明哲保身者曷克有也”。张景华回家后，一直居于乡村，的确忙于种花，写了不少诗，收集在《白溪漫稿》之中。我们可以从一些诗中，了解他的晚年生活。《即事》云：

乔木鸟巢声微远，小溪鱼窟影随流。
花开叶出趋时变，水钓山樵乐事幽。
厌听终南作捷径，莫言李广未封侯。
人情险过风波险，自入田园得自由。

首联、颔联皆是即景：乔木上的鸟巢里发出轻微声响，小溪中的鱼儿随影流动，植物花儿枝叶随时开放，近水则钓，逢山则樵，这种隐居生活是多么自然适意的乐事。我可不是以隐居作为出山做官的终南捷径，更不是功高不能封侯的李广。① 官场人情过于险恶，我如今脱离了险境，回到了田园，得到了自由自在的生活。这是张景华回家后的真实心情。又《言怀》诗云：

莘野②垄中乐耕耨，幽居恒念古人情。
沭沂③活水成襟带，艾小晴岚作障屏。
犬护重门村夜寂，鸦旋五柳曙光盈。
桑麻墙外临东路，终岁不闻车马声。

我隐居在乡村之中，快乐地耕种田地，我住在悠闲宁静的庄居，享受着古人的情趣。沭河、沂河襟带着白马河庄居，艾山的晴岚可作为庄居的屏障，一派壮丽形胜。我现在辞官回家了，黄犬守护着家门，夜晚很寂静。鸦雀在五柳树上盘旋，迎来明亮的曙光。桑麻园墙就是大路，一年到头听不到来我家的车马声音，正如陶渊明所说："结庐在人境，而无车马喧。"这就是我的言怀，平平常常的归田生活。

---

① 《新唐书·卢藏用传》记载，卢藏用想入朝做官，就隐居在京城长安附近的终南山，希望得到征召。后果然被召去当了大官。后以"终南捷径"比喻最便捷的升官门路。《史记·李将军列传》记载，李广是一位英勇善战、智勇双全的英雄。他以少胜多，险中取胜，一生与匈奴战斗七十余次，常常以少胜多，致匈奴人闻风丧胆，称之为"飞将军"。他同时代的将军甚至后辈都封了侯，而他一生坎坷，终身未能得到封侯。

② 《孟子·万章上》："伊尹耕于有莘之野。"赵岐注："有莘，国名。伊尹初隐之时，耕于有莘之国。"后以"莘野"指隐居之所。

③ 乾隆《郯城县志》卷二《舆地·山川》："沭水在郯城境者，……正德中……沭水西决，由城北西会白马河越沂河直入骆马湖。""沂水在城西北二十里，一名大沂水，自临朐县沂山西岭发源，……南有白马河水入之。"

张景华退休后第二年，家乡郯城是个荒年，作《乙巳年荒》诗，诗云：

> 鲋鱼在道苦难支，待决江淮恐后时。
>
> 海风若作满天雨，遍地溪河任所之。

看来此年是个大旱之年。“鲋鱼”典出《庄子·外物》：“（庄）周昨来，有中道而呼者，（庄）周顾视车辙中，有鲋鱼焉。”鲋鱼即鲫鱼。涸辙之鲋，无法生存，亟须雨水。期待决断江淮之水恐怕也来不及，若海风化作满天大雨，注满遍地溪河那就好了。张景华在朝是国之栋梁，在野仍关心民瘼。

嘉靖二十六年丁未（1547），张景华六十六岁，作《丁未年有感》诗，诗云：

> 鸟宿千林晚，农耕万户春。
>
> 目中皆有托，萍梗类何人？

诗中说，晚上鸟儿宿入树林，春天万户进行农耕。一切皆有所寄托，而我漂泊不定属于哪一类人呢？萍梗，比喻行踪如浮萍断梗一样。

本年张景华去过京城一次，这是从他的诗《燕邸遇重阳用正韵》知道的，诗中有“闰月重阳”的话。按陈垣《二十史朔闰表》，张景华生活的年代中，闰九月有两次，一在正德四年己巳（1509），时张景华二十八岁。另一次在嘉靖二十六年丁未（1547），张景华六十六岁。前者张景华连举人都没考取，更未出来做官。诗中有“拱默”语，其意为拱手缄默，垂拱无为，当官无所作为，故猜测为本年事。其诗云：

闰月重阳犹未霜，篱边喜见菊初黄。
幽香细细浮宾座，旨酒频频满玉觞。
知味东邻蜂不厌，催花秋暮雨何妨。
深惭拱默无裨补，俗务牵人日自忙。

燕邸可以指燕王在京师的府邸，可是第一代燕王朱棣早已称了帝，子孙成了大统，旧府邸是不存在了。这里是指燕京的旅舍。张景华是闰九月重阳在京师的，欣赏着初黄的菊花，饮用着美酒，为自己当官时没有什么作为感到内疚（当然是诗人的自谦）。他是为了“俗务”来京的，是什么“俗务”不知道。此诗有两首，另一首《又用正韵》云：

年年种菊候重阳，京邸盆栽菊亦芳。
会比蓝田怜客少，帽同孟氏怯风狂。
羁情蓟北觇孤雁，乡思沂南忆远庄。
夜月未圆眠未得，垂头相对是干将。

此诗说他重阳时在京邸看到盆栽的菊花，有友朋聚会。他想起了杜甫《九日蓝田会饮》诗，其诗中有“明年此会知谁健”句，与当时相切合。大约与会的老朋友比以往逐渐稀少了，心生感慨。还有一句“羞将短发还吹帽”，与此诗“帽同孟氏怯风狂”相似。[①]“落帽龙山”典出自《晋书》卷九十八《孟嘉传》，前面已经讲过。他感到自己像羁绊于蓟北的孤雁，因而产生乡思，回忆起遥远的沂

① 《全唐诗》卷二二四杜甫诗《九日蓝田崔氏庄》：“老去悲秋强自宽，兴来今日尽君欢。羞将短发还吹帽，笑倩旁人为正冠。蓝水远从千涧落，玉山高并两峰寒。明年此会知谁健？醉把茱萸仔细看。”

南自家山庄。

嘉靖二十七年戊申（1548），张景华六十七岁，作《戊申寅月，因县学诸君远劳相候，口占小诗》，诗云：

车马连镳当省耕，草心柳眼各青青。
烟浓村落初开户，日暖池塘渐解冰。
鸡犬难安征敛急，西畴有事往来轻。
苍庚日恋庭前树，缄口春深尚未鸣。

正月（农历正月建寅）的一天，与县学诸先生车马并行去观看春耕，刚长出的草芽和柳叶青青一片。烟浓村落一户户农家，日暖池塘冰渐融解。庄稼还未成长，吏役已来征税，闹得鸡犬难安。西边田地的农事操作，农夫往来轻轻。苍庚（黄莺）日恋庭前树木，春已深了尚缄口未鸣叫。这是早春时节省耕的一次活动。康熙《郯城县志》卷七《人物志·乡贤》记载：张景华"归家十余年，足迹不入城府，日惟课儿读书，奖后生为善而已"。张景华与县学诸君的交往，也是奖掖后生的行动的一部分。

又作《戊申寅月西庄请陈大尹》诗，诗云：

村静门堪设雀罗，每询太古是如何？
忘言会处无真伪，鼓腹乐时似咏歌。
风月满天耕伴钓，鹤凫呼友去还过。
城西冬夜德星聚，面米春中气转和。

"大尹"即知县。康熙《郯城县志》卷六《政教志·官师·知县》："陈钿，直隶怀远县人，由监生，嘉靖年任，莅官清慎和□不□，寻致仕而去。"原未载任职时间，但排在嘉靖中第十二人（嘉靖间共十八人），当在嘉靖三十年以后，此时张景华正在家“冠带闲住”，故此陈大尹可能即陈钿。张景华家在农村，正月里很少有人来往，门可罗雀，古代退休官员家大约就该这样。他与姓陈的县太爷谈得投机，会心处无虚伪之言，吃饱了喝足了鼓腹而乐，就像咏诗歌唱一样，过着风月满天、耕种垂钓、与鹤凫为友往还的生活。张景华的西庄在城西，寒夜之中德星聚，初春时节气候转向暖和。“德星聚”是与陈姓有关的典故：后汉陈寔（字仲弓）带着子侄去访问荀淑（字季和），天上现出德星会聚，有人以为有贤人聚会。后以“德星”等指贤者、高士，以“德星聚”代指贤者、高士聚会。[①] 这里代指陈知县等人，可能还有陈知县的儿子和张景华的儿子。

嘉靖二十八年己酉（1549），张景华六十八岁，作《己酉云中之变又报至》诗。诗云：

> 网罗扑虎术空巧，干羽解围计亦疏。
> 回首云中尘雾塞，辽阳军马意何如？

网罗扑虎为捕捉鸟兽的工具和技法，干羽，本是古代舞者所执的舞具，文舞执羽翳，武舞执干盾，诗中用此代指以文德教化。对付边关外族武的、文的办法均失效，云中一带尘雾满天，辽阳一带也不安宁。山西省大同一带古代为云中郡，这里泛指边关。《明史·明世宗本纪》：“嘉靖二十八年春二月壬子，俺答犯宣府，指挥董旸等败没，遂东犯永宁，关南大震。乙卯，周尚文败俺答于曹家庄。丙辰，宣府总兵官赵国忠又败之于大滹沱。……九月，朵颜三卫犯

---

① 南朝宋刘敬叔《异苑》卷四：“陈仲弓从诸子侄，造荀季和父子，于时德星聚，太史奏：五百里内有贤人聚。”又《太平御览》卷三八四引《汉杂事》曰：“陈寔字仲弓，汉末太史家瞻星，有德星见，当有英才贤德同游者。书下诸郡县问。颍川郡上事：其日有陈太丘父子四人俱共会社，小儿季方御，大儿元方从，抱孙子长文，此是也。”

辽东。”这是当时的背景。

又作《闻都城被围》诗，诗云：

霜落秋将去，黄花雁影多。
姿容愁里老，岁月病中过。
胡马围燕郡，官军驻潞河。
防边谋未尽，慷慨可如何？

都城被围事发生在嘉靖二十九年（1550）。此年六月，蒙古俺答率军犯大同，大同总兵仇鸾重赂俺答，请求勿攻大同，移攻他处。八月，俺答复由古北口入侵，京师戒严。兵部尚书丁汝夔请问严嵩如何战守。严嵩说塞上打仗，败了可以掩饰，京郊打仗，败了不可掩饰，俺答不过是掠食贼，饱了自然便去。因而丁汝夔会意，戒诸将勿轻举。诸将皆坚壁不战，不发一矢。于是俺答兵在城外自由焚掠，凡骚扰八日，于饱掠之后，得到明朝通贡的允诺，九月仍由古北口退去。事后，严嵩杀死执行他命令的丁汝夔以塞责。因这年是庚戌年，史称“庚戌之变”。谷应泰《明史纪事本末·庚戌之变》详细记其始末。诗的首联讲的是季节，是一个秋天将去，黄花盛开，大雁南飞的时候。诗人在愁病中度日子，姿容渐老。蒙古兵围攻京城，官军驻在潞河不抵抗。防边的谋略不善，我在这里慷慨激昂又能有什么用？张景华要是这个时候任顺天巡抚，就要陷入这场军事政治风险之中，想想还有点后怕。

嘉靖二十九年十月，作《梦中句，因足之。庚戌阳月五日，系心梦中语》诗，诗云：

青石山家乐，白云涧谷深。
质坚应比介，出岫本无心。

梦中得句，梦醒续成，是古人常有的事情。不知得的是哪一句，如果是第一句，余皆后续。“青石”是诗的主体，是山野人家常见之物，眼见心乐，与白云深谷处于深山之中。质地坚硬应当很有骨气，出山不是出于本心。诗是咏青石的，实际上是诗人自喻，对自己出仕做官颇有悔意。

嘉靖三十年辛亥（1551），张景华七十岁，作《野鸟，辛亥午月十有九日》诗，诗云：

> 野鸟过槐阴，从容入转深。
> 物微能自乐，鼓舌弄清音。

此诗明白清新，就是描写一只或一群不知名的野鸟，在槐树阴凉下飞动，一会儿又飞入深处，鸣叫着，自得其乐。体现了诗人对大自然的热爱，对自由快乐的向往。

本年六月十七日，张景华作《知己信己说》。载康熙《郯城县志》卷十《艺文》，全文见本书《张景华的著作》。

知已信已說 邑都御史張景華
古稱信已者難難在已知已者難難在人難在已尚可爲也難在人如之何哉相知至白意而猶有按劍之疑指天日誓死生不相背負遇利害僅如毛髮則反目若不相識知已者顧易得耶必如管子生我知我之言元伯停棺挽柩以俟素車白馬終始弗渝而後可謂之知已矣信已云者一家非之而不[illegible]國非之而不顧天下非之而不顧所謂[illegible]匪石不可卷也[illegible]也第以盤水可捧而[illegible]持或亡羊於多岐或[illegible]於歲寒信已者又可易得耶必如夷齊之遜國三仁之處殷伊尹之放太甲周公之[illegible]成而後可謂之信已矣故知已者非求人之知也已有可以致人之知者人自知之耳信已者非必於信也亦信其所可信者耳然德至於信已夫豈一朝夕之故哉必其歷覽古今而窮盡天下之理質師問友辨之明而研之精然後擇善固執將無入而不自得矣有是德而人之知與不知係在人者也吾何與焉是信已者内也本也知已者外也末也若輕内重外[illegible]本嗜末而以人之知與不知爲欣戚是取在人者而加之於其身亦惑矣然信已者豈有是哉嘉靖辛亥六月望後十有七日詩曰病骨心多亂志言乃繫心偶于四字題漫爾寄

郯城縣志 卷之十

张景华所作《知己信己说》

这篇文章主要讨论“知己信己”问题。首先提出：“信己者难，难在己；知己者难，难在人。”他认为“难在己尚可为也，难在人如之何哉?”

先讲知己，知己就是朋友间相互了解。“相知至白意，而犹有按剑之疑，指天日誓死生，不相背负，遇利害仅如毛发，则反目若不相识。”“白意”，是指心胸坦荡。[①]“按剑”，以手抚剑，做出击杀之势。[②] 朋友即便相知相携到白首，也还会有人要按剑提防。好的时候发誓不相背负，遇到利害冲突就会反目，好像从不认识一样。知己者是那么容易得到的吗？这就是“知己者难，难在人”的道理。

什么样的人才称得上是知己呢？像管仲和鲍叔、范式与张劭就是。管子有“生我知我”之言，[③] 张劭有“停棺挽柩”“素车白马”之举，[④] 他们“终始弗渝，而后可谓之知己矣”。

再讲信己，信己就是朋友间的相互信任。“信己云者，一家非之

---

① 《韩非子·说疑》：“此十五人者为其臣也，皆夙兴夜寐，卑身贱体，竦心白意，明刑辟，治官职，以事其君。”汉刘向《说苑·臣术》：“虚心白意，进善通道，勉主以礼谊，谕主以长策。”

② 《史记·鲁仲连邹阳列传》：“臣闻明月之珠，夜光之璧，以暗投人于道路，人无不按剑相眄者。”王维《酌酒与裴迪》：“白首相知犹按剑，朱门先达笑弹冠。”

③ 《史记》卷六十二《管晏列传》：管仲曰：“吾始困时，尝与鲍叔贾，分财利多自与，鲍叔不以我为贪，知我贫也。吾尝为鲍叔谋事而更穷困，鲍叔不以我为愚，知时有利不利也。吾尝三仕三见逐于君，鲍叔不以我为不肖，知我不遭时也。吾尝三战三走，鲍叔不以我怯，知我有老母也。公子纠败，召忽死之，吾幽囚受辱，鲍叔不以我为无耻，知我不羞小节而耻功名不显于天下也。生我者父母，知我者鲍子也。”

④ 《后汉书》卷八十一《独行列传·范式传》：“范式字巨卿，与汝南张劭为友，劭字元伯。元伯临尽，叹曰：‘恨不见吾死友！’寻而卒。式忽梦见元伯玄冕垂缨屣履而呼曰：‘巨卿，吾以某日死，当以尔时葬，永归黄泉。子未我忘，岂能相及?’式怳然觉寤，悲叹泣下，便服朋友之服，投其葬日，驰往赴之。式未及到，而丧已发引，既至圹，将窆，而柩不肯进。其母抚之曰：‘元伯，岂有望邪?’遂停柩移时，乃见有素车白马，号哭而来。其母望之曰：‘是必范巨卿也。’”

而不惑，一国非之而不顾，天下非之而不顾。”不管谁说他不好，我都坚决不信。就像“匪席匪石，不可卷也转也”，我心并非卵石那样圆滑，不能随便来滚转；我心并非草席那样柔软，不能任意来翻卷。[①]“第以盘水可捧，而志难持”，一盘儿水可以捧着不洒了，人的志向却难保持不变。[②] 有的人“亡羊于多岐”，改变了初衷。[③] 或“移节于岁寒”，因事而变了节。[④] 信己者又是那么容易得到的吗？

什么样的人才称得上是信己呢？就要像“夷齐之逊国，[⑤] 三仁之处殷，[⑥] 伊尹之放太甲，[⑦] 周公之翊幼成”[⑧] 那样，而后才能称得上是信己。

张景华说，所以为别人引为知己者，不是去求人之知我，而是因为我有可以让人称道的事迹，我有了可以称道的事迹，别人自然就以我为知己了。别人信任自己，是因为你有可信的地方。你的道德能够让人信任你，这不是一朝一夕形成的。必须历览古今，而穷尽天下之理，质师问友，辩之明而研之精，然后择善固执，别人就

---

① 《诗经·国风·邶风·柏舟》：“我心匪石，不可转也。我心匪席，不可卷也。”

② 盘水：盘中静止的水。宋陈普《无逸图赋》：“六马可调，而气难御，盘水可捧，而志难持。”

③ 《庄子·骈拇》：“臧与谷二人相与牧羊，而俱亡其羊。问臧奚事，则挟策读书；问谷奚事，则博塞以游。二人者，事业不同，其于亡羊，均也。”

④ 《论语·子罕》：子曰：“岁寒，然后知松柏之后凋也。”

⑤ 《史记·伯夷列传》：“伯夷、叔齐，孤竹君之二子也。父欲立叔齐，及父卒，叔齐让伯夷。伯夷曰：‘父命也。’遂逃去，叔齐亦不肯立而逃之。”

⑥ 《论语·微子》：“微子去之，箕子为之奴，比干谏而死。孔子曰：‘殷有三仁焉。’”微子、箕子、比干为殷商时代的三个“仁”人。

⑦ 《史记·殷本纪》：“帝太甲既立三年，不明，暴虐，不遵汤法，乱德，于是伊尹放之于桐宫。伊尹摄行政当国，以朝诸侯。帝太甲居桐宫三年，悔过自责，反善，于是伊尹乃迎帝太甲而授之政。帝太甲修德，诸侯咸归殷，百姓以宁。”

⑧ 周武王死后，成王即位，年幼不能理政，周公摄政六年。成王长大后，他便还政于成王。成王说周公以我为君，我不敢以周公为臣。

自然地信任你。一个有道德的人，是不是为人所知，是取决于别人，和我没有什么关系。信己者是内心的，是根本；知己者是外在的，是末事。如若轻内重外，厌本嗜末，而以人之知与不知为喜欢和忧愁，是强取别人之意愿，而加之于自己身上，这是很愚蠢的，信己者岂有这样的道理。这就是“信己者难，难在己”的原因。

张景华最后作了一首五言诗，诗曰：“病暑心多乱，忘言乃系心。偶于四字题，漫尔实哦吟。”对“知己信己”四字所作的议论，说是出于“漫尔”，实际上是经过认真周密的思考的。张景华本年七十岁，大约在家总结自己七十年的人生，回想交了几个铁杆知心朋友，被几人视为生死知己，颇有沧桑感慨。

张景华总结了自己的人生，回忆了自己的交友，对与朋友不忠不信甚至怀疑的浇薄的社会风尚，也提出了自己的见解和批评。他有诗《俗尚日薄》云：

势利合难久，桑麻交有常。
真淳笑彼短，巧诈话渠长。
险过山溪险，忙同蝶影忙。
反自君子事，歧路易亡羊。

诗中说，掺杂势利关系的交情是不会长久的，而普通的桑麻之交反而能够长远。关系真淳坦易者不怕指出对方的短处，反之则虚伪地互相吹捧对方的“长处”。人情险恶胜过山壑，整天算计别人像蝴蝶一样忙碌，知己的朋友有时也会互相猜疑。这种社会风尚日益浇薄啊！另有一首诗《俗尚日薄，得于见闻者，甚可叹，故假此发之》，对“俗尚日薄”发出进一步的感慨：

似文不是文，如质还非质。

嗟叹夏之忠，尊崇在何日？

忠、质、文是夏商周三代不同的治国之道，即所谓夏之忠、商之质、周之文也。[①] 夏代行忠道，到了晚期即行不通，商朝行质，到了后期也不行了，周代即提倡文，后来也不行，到了汉代又回头提倡忠道。《周易详解》云："董仲舒谓：汉宜少损周之文，用夏之忠，夫汉承周秦之后，文之弊亦以极矣，救文者莫若忠。"张景华"得于见闻"，观察当时社会，认为像是行周代之文，其实不是，像是行商代之质，其实也不是。慨叹什么时候能行夏代的忠道，"救周之弊，革礼之薄"，改变这浇薄的社会风尚啊！

嘉靖三十二年癸丑（1553），张景华七十二岁，作《春寒》诗，诗云：

癸丑立春春太迟，异常彻骨冷谁知。

黄埃积久失霄汉，风势突来震庋庨。

海右云驰得雪小，垄头梅放嗅香微。

空闻绿野堂堪乐，只见冲寒竹转肥。

---

① 唐代陆淳《春秋集传纂例·春秋宗指议第一》："夏政忠，忠之弊野；殷人承之以敬，敬之弊鬼；周人承之以文，文之弊僿。救僿莫若以忠，复当从夏政。夫文者，忠之末也。设教于本，其弊犹末，设教于末，弊将若何？武王、周公承殷之弊，不得已而用之。周公既没，莫知改作，故其颓弊甚于二代。以至东周，王纲废绝，人伦大坏。夫子伤之曰：虞、夏之道，寡怨于民；殷周之道，不胜其弊。又曰：后代虽有作者，虞帝不可及已。盖言唐虞淳化，难行于季末；夏之忠道，当变而致焉。是故春秋以权辅正，以诚断礼，正以忠道，原情为本，不拘浮名，不尚狷介，从宜救乱，因时黜陟。或贵非礼勿动，或贵贞而不谅，进退抑扬，去华居实。故曰救周之弊，革礼之薄也。"僿（sài），质朴，粗鄙。

这年有点反常，虽然立春了，但春信太迟，气温仍然很低，寒冷彻骨。扬起的雾霾，让人看不清天空，突然来了大风，震动着门闩。东海风吹来下起小雪，田头的梅花散发微微的香气。我的绿野堂①尚可居住，寒冷中竹子长得很茂盛。

据传说，张景华在家乡曾组织民众治理过白马河。张则明《张都堂及其轶事考略（二）》有以下一则故事：

> 都堂遭权臣严嵩诬陷被迫告病还乡。回到家乡后的第一个雨季便目睹了白马河泛滥成灾，为害民众的惨状，于是下定决心治理好白马河。他走遍了白马河流域，亲自勘察、测量、绘制草图，会同专业人员制订治理方案，然后组织家乡丁壮，加深加宽河道，垒高加厚河堤，展开了较大规模的疏浚工程。他用尽了为官多年的积蓄，又拆掉了朝廷为他盖的堂楼进行变卖，保障了工程的顺利进行。地方官员闻讯后，也派人送物进行援助。之后，他又倡导在沿河两岸广植银杏树，从而奠定了郯城县“银杏之乡”的基础。经这次治理，白马河从原来的害河变成了益河，长期造福着两岸人民。都堂告病返回家乡后的十一年间，为家乡百姓办了大量的好事、实事，得到父老乡亲的一致好评。②

嘉靖三十四年乙卯（1555），张景华七十四岁，二月十四日，张景华卒于郯城家中。世德堂《张氏族谱·张氏宗派世系表》：“张景华生于成化壬寅，卒于嘉靖乙卯二月十四日，享年七十四岁。配陈氏、金氏，合葬于西南三里，地名仙人掌。”后来有人说那个地方叫

---

① 绿野堂为唐代宰相裴度辞官后的别墅名。

② 《白溪漫稿》附录。

三墩林。[①]

万历十一年癸未（1583），张景华去世二十七年以后入祀郯城县乡贤祠。[②]“乡贤”一词始于东汉，是国家对有作为的官员，或有崇高威望、为社会做出重大贡献的社会贤达，去世后予以表彰的荣誉称号。各府州县均建有乡贤祠，以供奉历代乡贤人物。有一定的祭奠仪式，春秋二仲由官方主祭。被定为乡贤的手续比较复杂，先由地方士绅联名申请，列明该人的乡贯和事迹，经县、府、省长官层层上报，礼部审核，转呈皇帝，由皇帝批准再层层下达。乡贤祠建在府州县儒学中，经批准后即立木主供入祠中。张景华入祀乡贤，是地方和朝廷对他一生的肯定。

## 张景华的庄居

张景华在他的诗中，称他的家园为庄居，在白马河畔，应当是北涝沟村。

白马河，系山东省郯城县的最大内河。其位于郯城县境中部，据乾隆《郯城县志》卷二《舆地·山川》记载：此河起于县城东北五十里祭旗山南。而其源有三，至颜家庄会为一处。境内共八十余里，皆宽十五丈、二十丈不等，深一丈二丈不等。自东北向西南，纵贯郯城，流入沂河。现总流域面积552平方公里，全长50.8公

---

① 张汉乐提供的张伟松搜集整理的《张都堂轶事和传说》：1986年8月，国家考古队一行去港上镇窦场村东南、合沟镇郇楼村西北部，东邻郯城县涝沟村，两省三县市交界。白马河西侧，有三个大土墩（当地人称三墩林）。对二号土墩进行考察，考古队走到离土墩两华里路上，听见在田里劳动的三位大娘说：这是张都堂坟墓。《张都堂轶事和传说》又云：张景华葬在郯城城西南离城墙三华里，地名“仙人掌”。林地二百余亩，称为大张林。墓碑是石英石，林内有石人、石虎、石羊。

② 康熙《郯城县志》卷七《人物志·乡贤》、乾隆《郯城县志》卷九《人物志·名贤》：张景华“万历十一年入祀”。

里，属于沂河水系，淮河流域，是苏鲁边界出境主河道之一。

白马河上游系丘陵河段，坡陡流急；中、下游为平原河段，地势平缓低洼，每至汛期山洪暴发，宣泄不及易成溃决，给两岸居民的生命财产造成严重损失。白马河水流量虽不太大，但一年四季从不涸竭断流，并泽渊较多，俗称“淹子”，就是较大的漩涡。自颜庄村以下有数十个“淹子”。“淹子”因漩涡形成，故水深，为鱼类集中繁衍聚居之处。渔人捕鱼，相互唱着俚调民歌，歌声悠扬，雅趣横生，这就是被列为“郯城八景”之一的“白马渔唱”。每逢三秋时节，河中水深鱼肥，渔舟唱晚。水鸟点点出沿水面。落日欲尽，红霞满天，烟波缥缈，一片晚景，美不胜收。①

乾隆《郯城县志》卷二《舆地·疆域》云：“邑有八景，旧志所载，曰郯封故墉，曰由吾仙洞，曰方湖莲讴，曰白马渔唱，曰书院琴声，曰海楼云影，曰沂曲春波，曰马陵山月。”康熙间，蒲城诗人屈复②流寓于郯城，更定八景名称，其中“白马渔唱”改为“白溪秋月”。注云：“城北十里，白马溪绕倾盖亭而西，既渡石桥，湛然停滀，莹洁绀寒，溪月同色，坐临秋空，光有别晕。”他这里“白马”和“白溪”并列，即是说白马河即白溪。大约就是张景华号白溪的原因。

北涝沟村地处白马河旁，地势低洼，始名涝沟，后以方位改称北涝沟。张景华子七人分七支住在北涝沟，他的侄儿们住在南涝沟。这儿水丰田沃，林有果木，河有鱼虾，远离喧嚣都市圈，古风浓郁，民性淳朴。

① 见网络文章《故乡之河——白马河考略》，作者不详。

② 屈复（1668—1745），清代诗人。初名北雄，后改复，字见心，号晦翁，晚号逋翁、金粟老人，世称“关西夫子”。陕西蒲城人。著有《弱水集》等。康熙三十六年（1697）云游于齐鲁河济之间，历朝旧址遗事，游咏殆遍。在此期间，因郯城知县刘三异挚诚款留，遂设馆于贡士张偕六家，郯城便成为他的第二故乡。

张景华的家园是美好的，不管他到了哪里，他总是忘记不了。现在未见直接的文字描绘北涝沟村，而他的《白溪漫稿》中有三百多首诗，其中回忆庄居生活的就有好多首。我们不妨来读一读他这方面的诗，欣赏一下张景华的家园庄居。其《次戴龙山韵忆庄居》云：

庄居白马水如瀍，好事于人亦自悭。
台檄飞来催益急，渔竿收去愤无缘。
五株柳暗鸦巢户，三径草荒竹锁烟。
独喜乡山犹在近，闲庭清梦过庄前。

瀍古同“灋”，chán，水名，源出河南洛阳西北。诗中说他家在白马河畔，对于一个人来说，好事是不易遇到的，闹心的事常有，你看朝廷又来诏书让我出山为官，我只好愤愤地收拾起渔竿出去。家中五棵柳树任鸦雀做巢，三径草荒被竹烟遮挡。好在离家不太远，我可以在梦中经常回到我的山庄。《忆庄居》的诗中说：

潺湲溪水静，蟹味盛鲂鱼。
园圃东连北，桑麻密与疏。
黄鸡绕黍豆，白鹤玩阶除。
此乐宜迂腐，闲看数卷书。

大约是一个秋天，想到家乡白马河的溪水静静的，所产的螃蟹和鲂鱼味道鲜美。屋的东面北面都是园圃，长着的密的是麻，疏的是桑。黄鸡在黍豆棵中觅食，白鹤在庭院中游玩。这样的农家乐，很适合我这样迂腐的人，无事可以拿出几卷书来读读，是很惬意的。又一首《忆庄居》诗云：

柴门远城市，终日少人敲。

山对东园静，鸟栖古木高。

闲情招钓叟，良夜喜焚膏。

溪水光浮白，阔平不见涛。

这首诗是说他家园的安静。家离城市很远，终日无人来访。所能看到的是东园以外的山，高栖古木上的鸟。所能做的事是招来朋友垂钓，夜晚点起灯烛闲谈。生活就像阳光照耀的溪水，虽然宽阔却很平静，也不起波涛。再一首《忆庄居》诗云：

庄居路北水之南，摘取柔桑亦可蚕。

傍舍柳舒唯种五，入园径小之开三。

农夫烟垄春寻侣，牧竖绿蓑晚共谈。

更有一般好滋味，逢人莫说胜酸咸！

这是一个春末夏初，在他的庄居路之北，白马河之南，有一片桑园，可以摘取清新的桑叶来养蚕。像陶渊明那样，房舍旁边栽的是一片柳树，家园之内有三条小径。在田垄上与农夫为伴侣，晚上穿着蓑衣和牧童闲谈。其中有一种特别的滋味，而不同的人有不同的感受，你们是感受不到的。还有一首是《题庄居》，不是回忆，而是直接题咏的。诗云：

河随地势南来绕，冈自东分气脉雄。

场列五槐阴满路，门栽九柳忆陶翁。

河水随着地势由北向南绕过庄居，东边山冈气势雄伟。场地上长着五棵槐树，树荫遮道，门前种着九棵柳树，使我想起了陶渊明。

他的《庄居》诗也有同样的情趣。诗云：

闲静琴书无俗冗，逍遥早晚有田园。

樵苏东去二三里，举网割鲜不用钱。

闲静之时抚琴读书，无俗冗之态，无事即在自家田园中逍遥。要想砍樵打柴，到东边二三里山上即可。拿上鱼网到河里一撒，即可取到鱼，不用花钱。这是一种自给自足的原生态的农家乐生活。另一首诗《因旧句而足之》也是如此。诗云：

门对庭槐堪作伴，廊储子史可消闲。

鸠鸣莺啭胜音乐，修竹苍松兴未阑。

门前的槐树是我的伙伴，廊道中的子史书籍，可供我消闲阅读。斑鸠惬意鸣叫，莺儿歌喉婉转，胜过天然的音乐。庄居中的修竹苍松，使我清兴未阑。"因旧句而足之"，说明诗人以前作过这类的诗。

还有一首是《题庄居》，不是回忆，而是直接题咏。诗云：

河随地势南来绕，冈自东分气脉雄。

场列五槐阴满路，门栽九柳忆陶翁。

河水随着地势由北向南绕过庄居，东边山冈气势雄伟。场地上长着五棵槐树，树荫遮道，门前种着九棵柳树，使我想起了陶渊明。七绝诗《水云》云：

频向水云寻乐处，始知心迹得双清。

结庐人境无车马，守拙能兼吏隐名。

“结庐在人境，而无车马喧”是陶渊明《饮酒》的名句，张景华特别欣赏这样的诗，学着陶渊明归去来，做一个吏隐。

还有一组诗是歌咏西溪的，西溪是他家旁的一条小溪，经常出现在他的诗里。《西溪烟雨》云：

泉源自东北，百里入沂河。
见沙清彻底，涵影静无波。
烟雨鱼儿出，汀洲钓者歌。
天然悠雅趣，不乐欲如何？

西溪的水发源于东北，流淌百里以后流入沂河。河水很清澈，一眼即能看到底，树影倒映在水中，不起波浪。烟雨之中鱼儿跃出水面，水中沙土积成的汀洲上，垂钓的渔翁自在地唱着渔歌。这是天然悠雅之野趣，我怎么能不感到快乐呢？诗中说的西溪由东北发源而来，流入沂河，与白马河一样。“西溪”或如“白溪”一样，为白马河的另一个名称？《西溪》云：

霜惨西溪水渐冰，近涯日暖小鱼行。
草桥短窄胜徒涉，乍听寒鸦三五声。

这是一个初冬，天上下着霜，溪水渐渐结冰。太阳照晒着，靠岸的微暖的浅水中，有小鱼在游动。溪上有一座草桥，虽然短窄，但能让人从上面通行，比涉水要强得多。不时听到寒鸦在鸣叫着。是一幅幽静的乡村素描。《游西溪》云：

小舟横野渡，苹藻亦生香。

跃浪鱼初出，拂空燕正忙。

柳溪邻古岸，秋水见天光。

暂憩兀然寐，尘思觉顿忘。

小船在西溪上来回渡着，水中的苹藻散发着香气。鱼儿在水浪中跳跃而出，燕子在空中来回忙碌。西溪岸边是柳树，西溪中的秋水返照着天光。休息一会儿竟然睡着了，便忘却了尘世的烦恼。这是诗人优游在一个秋天的景象。另一首《游西溪》云：

春晓日高暂出游，草牙柳眼匝溪头。

东风温暖惬人意，默坐绳床看水流。

春天太阳升高以后来到西溪游玩，野草发的芽和初生的柳叶遍布溪头。温暖的东风吹来十分惬意，诗人坐在绳床上默默地观看溪水在流动。这是西溪的春天景象。《望月》二首云：

雨露东皋润，笠蓑耕耨忙。

粮差催督急，安用万斯箱！

西溪烟雨后，渔钓志烹鲜。

有无随所遇，兴味自忘言。

这是一个春天，雨后东边田地一片湿润，农夫们穿着蓑衣，戴着斗笠忙着耕种。庄稼还未成熟，吏役就来催缴租粮，哪里用得着万斯箱来往家里运。“万斯箱”语出《诗经·小雅·甫田》：“乃求千斯仓，乃求万斯箱。”万斯箱，指粮食丰收了需要许多的车箱来运载。张景华家还有南庄和东庄，有七个儿子，必须为他们准备多个庄居。《新立南庄》云：

问我归休乐何在，北山北与南山南。
雀罗门外惟流水，惊听莺声似笑谈。

问我归田以后的乐趣在什么地方，就在北山之北和南山之南。没有来往的宾客，只有门前的流水，但鸟儿鸣叫很热闹，就似朋友在一起谈笑，并不寂寞。又《南庄》诗云：

南庄胜概似桃源，溪水西山接晚烟。
菊竹桑麻相掩映，此身如在画图前。

新立的南庄是什么样子？就像武陵人误入的桃花源，溪水和西山隐于晚烟之中。这里有菊竹桑麻，互相掩映，进去以后就像身在画图之中。南庄还是很美的，而村南也不差。《村南新种柳林，今秋可构草堂于此》云：

隔溪樵对语，傍岸鸟争鸣。
嘉树千行密，良田一掌平。
蒲团消俗虑，云物壮吟情。
欲遂悠然乐，村南创草亭。

樵夫在西溪两岸对话，鸟儿在岸边争着鸣叫。嘉树很多很密，良田像手掌一样平坦。我在蒲团上打坐，消除人间的俗虑，而这里的景色勾起我吟诗的心情。想要更加有悠然乐趣，我要于秋天在村南种树，创建一座草亭和草堂。另有《东堂》诗，东堂或即草堂，或为另一处建筑。诗云：

> 季春卜日筑东堂，黄草屋成就短墙。
> 嫩绿槐阴鸣客鸟，缤纷花影递清香。
> 如流岁月催衰老，似铁心肠觉愈强。
> 静里真无一个事，迂疏何必论行藏①。

三月里选了一个吉日，修建了一座东堂，是一个草屋，靠着院墙。嫩绿的槐树阴影之下，别处飞来的鸟儿鸣叫着，缤纷的花影中递来阵阵清香。岁月如流水一样催人衰老，我的意志坚强愈觉强壮。静谧的日子里，无什么事做，就这样闲着，争论行藏未免过于迂疏。《村南种柳》诗二首云：

> 柳林傍水是新栽，野色渔歌次第来。
> 喜得村南消闷处，绿阴莺度与之偕。

> 柳林乍见出溪头，风雨作时系小舟。
> 比舍老人情思笑，登舟傍柳胜遨游。

水边的柳树林是新栽的，河中渔歌一阵一阵传过来。村南柳林可作消闷之处，绿荫中鸟儿来回飞动与之很和谐。新栽的柳林出现在溪头，刮风下雨时可将小船拴在树上。比邻而居的老人，也高兴地笑着，登上傍柳的小船，胜于到遥远的地方去遨游。还有个西庄，也有一首《西庄春游》，诗云：

---

① 《论语·述而》："用之则行，舍之则藏。"意为被任用就出仕，不被任用就退隐。后遂用"行藏"指行迹、出处。

护堤杨柳漾新绿，举目春姿远趁人。
紫燕翩翩来往急，黄莺恰恰唤呼频。
西溪水暖鱼冲浪，北垄风柔草展茵。
百物得时皆自乐，穷愁未见葛天民。

春天到了，为护堤而种的杨柳，长出了新绿，举目看去，春色宜人。紫燕翩翩急急匆匆飞来飞去，黄莺恰恰地唤叫不停。西溪中的水变暖，鱼儿出来冲浪，春风轻吹，北垄上的草展现一片绿茵。万物到时令都会生机勃勃，抛开穷愁，我是葛天氏之民！葛天氏，是传说中远古部落名。相传有葛天氏之乐，由三人操牛尾而歌唱，共八曲。陶渊明《五柳先生传》有云："衔觞赋诗，以乐其志，无怀氏之民欤？葛天氏之民欤？"这时诗人感到无比的快乐，感慨我是无怀氏时代的人呢，还是葛天氏时代的人呢？无怀氏是传说中的上古帝王。

一般从朝廷当官还乡的官员，大都在县城里置家业，在城中居住。张景华在城里可能也有宅子，他有一首五言律诗《过城居》，反映了这一事实。诗云：

春暮过城居，曙光射太虚。
溪村农力苦，酒店客肠纡。
飞度莺兼燕，歌喧牧与渔。
书堂怜旧迹，竹荫暗庭除。

"春暮过城居"，说明他不是常居于城，他大部分时间在乡下。虽说是"过城居"，但说的还是"庄居"的话："飞度莺兼燕，歌喧牧与渔。"这里的书堂是"旧迹"，是不常到的地方。可能更多的是给儿子们在县儒学中读书、应试用的。张景华则是官员中的另类，他在乡村中经营他的菊竹桑麻、草庐草堂，栽种柳树，耕耘良田，就像桃花源、五柳先生一样。

以上是通过对张景华部分诗作的赏析，试图再现一下张景华白马河畔家园庄居，便于理解张景华的家乡情结。

## 张景华的后世

张景华官至左副都御史总督漕运，兼巡抚凤阳地方，秩正三品，是一个方面大吏。但去世后，《明史》无传，无赐祭葬，无谥号。按照明代的制度，文官正三品的满三年考，死后朝廷要赐给祭葬，官方给费修墓，派员参加祭祀，并赐给谥号。大约张景华从漕运总督任上退下，是“冠带闲住”，属于罢职之类，所以没有赐祭葬，也没有赐谥。至于《明史》无传，大约张景华的官是平平做，没有什么重大突出事件，所以默默无闻。但纵观张景华的一生，自正德十一年（1516）三十三岁考中进士进入仕途，至嘉靖二十三年（1544）六十三岁罢职归田，一共三十年时间，中间为父母守孝三年，官监察御史的九年中曾病休一年，官顺天巡抚以后又病休了六年，前后有十年时间，实际当官仅二十年，能有这样的成就也就不简单了。

能不能把官当得更大一点呢？完全有可能的。首先张景华的才能是可以的，他初次为官，即将一个吉水县治理得很好，受到人民的爱戴，攀辕遮道想留住他。因他的政绩不错，朝廷行取他进京任监察御史。即使中间丁忧三年，而期满以后立即调入京师任职，可见朝廷对他的重视。他任大理寺寺丞、誊黄右通政、顺天巡抚期间也未见有人批评弹劾。特别是他病休在家六年，接连受到朝廷人士的十次推荐起用，还升了官。这都说明他政绩是不错的，人缘也是很好的，同僚们都想着他。

张景华第一次遭到弹劾，他的仕途受到第一次人为的障碍，是他遇到了严嵩，被“冠带闲住”罢职回家。其具体经过前文已经说过，这里不再赘述。对于张景华的罢职，当时很多人是不满意的，对张景华表示同情。乾隆二年（1737），闽人张士英《张氏族谱原序》云：

> 余族高伯祖凤山公，讳僖，正德进士，列中翰，奏诀分宜，罢归。手著《忠贞录》，皆一时文章道德，慷慨自许，不落于权门者，有白溪公姓名在焉。余总角趋庭，先王父与先君子恒尚论之，余心向往不忘。

乾隆《郯城县志》卷七《秩官·县丞》：“张士英，福建永定人，监生，考授州判，乾隆二年任（郯城县县丞），六年调河院辕门巡捕，九年回任。”自认与张景华为同宗，《明清进士题名碑录索引》：张的高祖张僖，福建永定人，民籍，明嘉靖十七年（1538）三甲第一百六七名进士。与张景华同时代而稍晚。民国《永定县志》卷二十五《儒林》：“张僖，字凤山，嘉靖戊戌进士，授中书科舍人。严嵩欲罗致之，使人讽以美官。僖不可，疏劾嵩，遂拂袖归。敝庐数椽，风雨不蔽，怡如也。”他的遭遇与张景华相同，也受到严嵩的拉拢，许以美官。张僖不但没有投入严嵩一党，反而弹劾严嵩，结果只好辞职拂袖而归。他撰写了一本《忠贞录》，将当时“不落权门”的人收录进去，其中就有张景华的大名。应当在其名下记有事迹，可惜这本《忠贞录》现在无法找到了。

按照明代官员升迁的规律，在外任督抚的官员上升时，一般到京城任侍郎，然后升任尚书，混得好的还可以入阁拜相。张景华也完全可以走这一条路，但必须改变他当官的初衷。他投入严嵩的怀抱，成为严嵩的党羽，就会青云直上，升官发财，封妻荫子。这样一来就不是原来的张景华了，这是张景华绝对不愿走的一条道路。

说到封妻荫子，妻是封了，但仅封为宜人，还是在五品官的时候封的，四品时当封恭人，三品时当封淑人，这些我们都没有看到，不知有没有晋封。而荫子只有一条，康熙《郯城县志》卷八《选举·附恩荫》中，有“张守矩，字嗣白，都御史张景华第五子，以恩例荫金吾右卫指挥佥事”。另有一条是康熙《郯城县志》卷八《选举·例监》中，有“张守宜，高册社人”。这是以例入监，即交了一定的银子就可以进入太学为监生，与恩荫不是一回事。现在能看到的康熙、乾隆、嘉庆三部《郯城县志》中再没有其他的记载。张士英的《张氏族谱原序》中也证实了这一点。他在序中说：

> 或问曰：“昔卢怀慎三世中丞，[1] 时传其美；白溪公执宪兰台，而不欲官其子侄者，何也？”余曰：“是非而所知也。是公之子七人，至侄五人，均鼎鼐之才，假少贬其节，向难尽列殿陛，顾其贻谋，在德而不在夫爵焉。”

他认为不是张景华的子侄不行，是因为张景华不愿意。要想让其子侄都弄个官当当，像唐代卢怀慎那样，连续三代都做到中丞那样的高官，就得要“贬其节”，所以张景华就不干了。张景华为后人所谋，在德而不在爵。张士英不愧是张景华的同宗，而且是张景华的知音。

张景华为官清正廉洁，未为子孙留下多少财产。世德堂《张氏族谱》说他“一生端严，廉介自守”。康熙《郯城县志》卷七《人物志·乡贤》说：张景华“卒之后不数岁，子孙有坐贫困至鬻居宅者，其清操可知”。

张景华的后世子孙，再没有人考中举人、进士，因而再没有做

---

① 《旧唐书》卷一〇二：“卢怀慎，滑州灵昌人。少清谨，举进士，历监察御史、吏部员外郎。景龙中，迁右御史台中丞。子弈，亦传清白，历御史中丞而死王事。”《旧唐书》卷一三九：“卢杞，字子良，故相怀慎之孙。父奕，天宝末为东台御史中丞。杞，建中初，征为御史中丞。”

高官的。但也有一些值得称道的人，有人认为就是因为张景华有德的缘故。张士英《张氏族谱原序》云：

闻之有德者昌，在当世子若侄，仰承公志，咸抱璞烟霞，独嗣白、继白二公，于分宜烬灭之后，一授金吾右卫指挥佥事，一授广文。初无意于崇位厚禄，鱼袋相承；或赞仪礼于庙廊，或建丰功于黄运；或花县鸣琴为大尹，为二尹，允矣循良异政；或芹官振铎为正学，为副学，伟哉桃李盈门；抑或义重如山，闾阎钦月旦之高评；抑或文并韩欧，宇宙播英华之尽美。且也忠贞世守，捐躯殉国者若而人，闺门着英烈柏舟，誓死者有斯节，此皆纲常正气，间气所钟。席可转，金可铄，玉可磨，而贞烈之精诚不可夺。建坊载志，炳如星日，即稽之典籍所垂，何以加焉。

他这是按照封建纲常道德标准来衡量的，有忠孝节义诸方面的考虑。他说张景华有德于后世，他的子孙必定昌盛。为什么没有人做大官呢？是因为他们“仰承公志，咸抱璞烟霞”。他们继承了张景华的志向与做人之道，不想当大官。“抱璞”典出《战国策》，意思是玉璞不需要制，制则破而不完。士若食禄便不遂其志，“神形不全”。[①]“烟霞”谓烟雾和云霞，代指山水景物。“抱璞烟霞”其意为主观上不愿当官，要纵情山水田园之间。即使当官也不当大官。

他重点讲了嗣白、继白二人和张胤祯。

---

① 《战国策》卷十一《齐四·齐宣王见颜斶》记载：战国齐宣王欲用颜斶（chù），“颜斶辞去曰：‘夫玉生于山，制则破焉，非弗宝贵矣，且夫璞不完。士生乎鄙野，推选则禄焉，非不得尊遂也，然而形神不全。斶愿得归，晚食以当肉，安步以当车，无罪以当贵，清静贞正以自虞。制言者，王也，尽忠直言者，斶也。言要道已备矣，愿得赐归，安行而反臣之邑屋。’则再拜而辞去也。斶知足矣，归反朴，则终身不辱也”。

嗣白本名张守矩（1537—1609），是张景华的第五子，是张景华儿子中最值得称道的一个。世德堂《张氏族谱》："张守矩，行五，字幼则，小字总，号嗣白。性孝友，勤农桑，外御强悍，内和宗族。奉先人以从祀，抚两弟以成名。立祠建坊，慎树勒碑，先世赖之，后世赖之，为吾家中兴一人。例授金吾右卫指挥佥事，万历卅二年（1604）以治河修城事竣，奉特旨钦奖。承家无愧先德，好义夙著，乡间备极运筹调度之劳，不为务名干进之计。卅年乡饮大宾。生于嘉靖丁酉五月十一日，卒于万历己酉十二月十三日，享年七十三岁。配恭人马氏，生子胤勋，次田氏，生子胤亮。"

这条记载信息量很大，现先拣主要的说说。首先是"奉先人以从祀"，大概指张景华入祀乡贤祠事。推荐为乡贤需要有一个最先出头申请之人，张守矩在推动张景华从祀乡贤祠事中，肯定起了很大作用。"抚两弟以成名"，是说张守矩对六弟守规和七弟守范这两个弟弟关怀备至。说到这方面，必须先对张景华诸儿子的情况做个梳理，列表如下：

| 名　字 | 生　　年 | 张景华年龄 | 卒　　年 | 享年 |
|---|---|---|---|---|
| 长子守悫 | 弘治十六年癸亥　1503 | 22 | ? | ? |
| 次子守宜 | 正德八年癸酉　1513 | 32 | ? | ? |
| 三子守简 | 正德十一年丙子　1516 | 35 | 嘉靖十六年丁酉　1537 | 22 |
| 四子守默 | 正德十四年己卯　1519 | 38 | 嘉靖？年 | ? |
| 五子守矩 | 嘉靖十六年丁酉　1537 | 56 | 万历三十七年己酉 1609 | 73 |
| 六子守规 | 嘉靖二十二年癸卯　1543 | 62 | 万历二十七年己亥 1599 | 57 |
| 七子守范 | 嘉靖二十九年庚戌　1550 | 69 | 天启元年辛酉　1621 | 72 |

从上表中看出，张景华的七个儿子，长、次二子有生年无卒年，不知活了多少岁数，可能发展得不怎么好，也可能去世得较早，修家谱时找不到他们的卒年资料，所以未有详细记载。第三子只活了

二十二岁，第四子只知在嘉靖年间去世，是哪一年也不知道，大约也是英年早逝。这就是前四个儿子的情况。到嘉靖十六年，他五十六岁时生下第五个儿子，便是他的希望。偏偏他子孙多，六十二岁和六十九岁又生下第六、第七两个儿子。到嘉靖三十四年（1555），这两个儿子一个十三岁，一个六岁，都是需要人照顾的孩子，而他却撒手人寰了。这时能撑他家门面的，大概只有五子守矩，当时十九岁（都按传统虚岁计），就指望他了。守矩大约没有让他失望，照应好这两个弟弟，所以有"抚两弟以成名"的记载，也显示他"性孝友"。

"立祠建坊，慎树勒碑"，大约是建立家祠，为其父建都宪坊，勒碑指的什么事不清楚。可能张家的家祠就是从他开始建立的。就凭这些，加上对弟弟的照应，完全可以称之为"先世赖之，后世赖之，为吾家中兴一人"。"中兴"二字不是轻易说的，只有前面家道衰弱了，后来经他一番努力又振兴了，才能算是中兴。张守矩于张氏功莫大焉。

"例授金吾右卫指挥佥事"，是因其父当官而得到的庇荫。这是目前所知张家唯一得到恩荫的人。按《明史》卷七十六《职官五》，卫指挥佥事为正四品官。但从他的履历来看，他没有做此官的经历，大约只是个名分而已。

他还"以治河修城事竣，奉特旨钦奖"，唯无具体事例，不知如何"钦奖"的。

他是"卅年乡饮大宾"。乡饮酒礼是封建社会的重要活动。每年的正月十五与十月初一分别举行一次，地点设在各府、州、县儒学之明伦堂。地方长官选择辖下贤能者一人作为大宾，其次者一人作为介宾，又次者三人作为众宾，共五人，与他们共饮，是政府的宴请活动。一个人能被聘请为一次乡饮大宾就感到光荣得不得了，张守矩做了三十年的大宾，可见他确是郯城地方上"德性纯良，阖邑推重”“无愧先德”的贤人。

他这方面的事迹，在地方志上也有记载。康熙《郯城县志》卷八《选举·附恩荫》中有：“张守矩，字嗣白，都御史张景华第五子，以恩例荫金吾右卫指挥佥事。性孝友，多伟略，沉静韬藏，不乐仕进。尝不得已应聘治河修城，咸刻期成功奉奖。承家无愧先德，好义夙著，乡评修极，运筹调度之劳，不为务名干进之计。乡居修前人遗业，训子孙，德性纯良，阖邑推重，为乡饮大宾三十年。以耋寿终。”

张守矩的后人也不错。他的长子张胤勋（1559—1597），行一，字思建。号崇吾，太学生。工诗文，善笔翰，在都时颇为当代名公推重，有《群英摘萃录》。幼以疾故未竟厥施。配孺人范氏，以贞洁自矢，孝舅姑，训幼子。

张胤勋之子张承祖（1581—1644），行二，字振之，号孺崇，由庠生入太学，加鸿胪寺序班。[①] 为人诙谐大度，好义乐施，善事幼叔，抚孤弟，乡党助婚赙丧，以诗文方医永年，施药疗疾济荒，一时口碑载道。继配徐氏，子一，行吉。三十岁守节，历尽寒炎，备极艰苦，至于治家勤俭，训子义方，虽髦年不倦，时论不没，于康熙丙寅（1686）奉旨旌表建坊，入节孝祠，载《县志》。经查，康熙《郯城县志》卷八《人物·附恩例》云：“张承祖，以庠生入太学，例授鸿胪寺序班。”而“旌表建坊，入节孝祠”事则未查到。

张承祖之次子张行吉（1641—1704），行一，字明尹，号两峰，由廪生入太学，候选州同知。为人慈祥岂弟，和气春风。河工效力，

---

① 《明史》卷七十三《职官三》：鸿胪寺，“序班五十人，从九品。嘉靖三十六年革八人，万历十一年复设六人”。鸿胪寺职能是掌管朝会、筵席、祭祀赞相礼仪的机构，负责侍班、齐班、纠班及传赞等事。序班为最低级职务，即领班的役头。张承祖加此职仅是恩例，是以例即纳粟得到的官，仅是虚衔，他也没有做此官的经历。

佐河臣靳公辅，颇著伟绩，公待之有加礼。时安坞穴口决，损民田数百顷，力疏请筑，情词恳切，靳公转达天听，恩准施行。因并力催督堤成，至今民不受沭水之害。疏稿入志。配李氏，生子二：嵩年、岱年；侧室章氏，生子歧年。

按：靳辅（1633—1692），字紫垣，辽宁辽阳人，隶汉军镶黄旗，清代治河名臣。康熙十六年（1677）开始出任河道总督，为水利事业做出过重大贡献。张行吉能在靳辅属下治河，并得到“待之有加礼”，应该很了不起。联想其高祖张景华修白马河，其祖父张守矩“应聘治河修城”，他们也算是治水世家了。

少白，本名张守规（1543—1599），是张景华的第六子。世德堂《张氏族谱》记载：“张守规，行六，字又式，小字淮生（他大约是张景华在淮安任漕运总督时所生，故有此字），号少白，邑廪生。生于嘉靖癸卯九月五日，卒于万历己亥四月十日，得年五十七岁。会直应贡，遽遐升，人咸惜其未竟阙施云。配孺人刘氏，次周氏。子三：胤统、胤绶、胤緭。长次刘出，三子周出。女三，俱刘出。长适郅廪生陆章德，次适徐，三适李。合葬于白河之西北。”

张守规的二儿子张胤绶（1585—1662），世德堂《张氏族谱》有载：“张胤绶，行六，字思佩，号凤屿。奉祀庠生，乡饮大宾。为人端方守礼，恭敬祖先，善书种花，喜清玩图，大有隐逸风。”张胤绶是张家继张守矩之后又一个乡饮大宾。

继白，本名张守范（1550—1621），是张景华的第七子。世德堂《张氏族谱》有载：“张守范，行七，字幼中，小字梦生，号继白。为人含真抱朴，口无择言。由万历壬寅贡生，初授东昌府博平县教谕，升登州府福山县教谕。致仕。生于嘉靖庚戌二月廿三日，卒于天启元年辛酉七月二十三日。配管氏，生于嘉靖戊申十二月十四日。子三：胤祚、胤祯、胤禧。女一，适邑庠生刘三俊。卒于万历癸卯八月十六日。次蒋氏，生于万历辛卯八月十五日，子一，胤祺；女一，适吴尘。卒于万历戊午二月十八日。合葬于大滩迤南，地名栖凤山。”

地方志上也有记载。康熙《郯城县志》卷八《选举·岁贡》有：“张守范，号继白。万历壬寅岁贡，初授博平教谕，生平真笃务实，行以身教人，所在皆化之。先为诸生时，以德行学举修邑志，其考校论断，具见正大，舆论推服。”

张守范的二儿子张胤祯（1582—1636），是张景华的一个孙子，他也有一些可以称道的事情。世德堂《张氏族谱》云：张胤祯“行二，字思迓，号东演，生于万历壬午四月五日。孝友英敏，自弱冠即执牛耳于文坛齐鲁间，诗文独步一时。犹工临池之技，著《冰玉堂稿》行世。由万历廷试贡元，授河南汝宁府遂平县知县，居官勤谨，轻徭薄赋，务恤民隐。有谷麦两岐之瑞，一年并见，二年再见。士民特而颂美，绘《麦瑞图》纪异。致仕卒，享年五十五岁。卒于崇祯丙子三月一日。配孺人王氏，邑芙蓉王二尹之女，生于万历壬午七月廿一日。贞静宽仁，抚育孤弟幼侄，周济亲戚贫乏。子六：世威、承谦、承谘、承谨、承谧、承譓。女四：长适邑庠生刘承嘉，次适徐。享年六十一岁，卒于崇祯壬午二月十一日。合葬于栖凤山父茔之侧”。

张胤祯的事迹也是被记入县志的。康熙《郯城县志》卷七《人物》：“张胤祯，都御史张景华孙。为人孝友英敏，弱冠即有声词坛，诗文独步，尤工临池之技。有《冰玉堂稿》行世。崇祯己巳廷试贡元，授河南遂平县令，居官勤慎，恤民爱士。有谷麦两岐之瑞，节年再见。后致仕乡居，教子课孙。动称忠孝名节，阖邑推为典型。”康熙《郯城县志》卷八《选举·岁贡生》云：“张胤祯，高册社人，崇祯二年（1622）岁贡，廷试贡元，授河南遂平县知县。才思飘逸，能诗。”[1] 贡元是什么呢？贡生按规定时间到礼部参加考试，称为廷试，第一名为贡元，可直接放一个知县。嘉靖间吴承恩以岁贡参加廷试，不是贡元，只得到一个县丞。

这就是张士英所谓“一授金吾（指金吾卫指挥佥事张守矩），一授广文[2]（指福山县教谕张守范）”的二人。他们弟兄二人一号嗣白，一号继白，又第六子张守规号少白，其意皆是继承张白溪的事业与家风。张胤祯曾官遂平县知县，即张士英所谓“鸣琴为大尹”者也。

张士英说，他们做这样的小官，是因为“初无意于崇位厚禄，鱼袋[3]相承”，但也有“循良异政”；做广文学官的，“桃李盈门”；在乡里义重如山的，有“月旦之高评”；写文章的能“文并韩欧”，“播英华之尽美”。这里张士英难免有溢美之词，但也基本上是事实。他说张景华后人中还有“捐躯殉国者”“闺门著英烈柏舟[4]”若干人。我们可以从世德堂《张氏族谱》中找到一些零碎资料，主要是张守范的后人，特别是张胤祯、张胤祺一门。

张守范二儿子张胤祯的第二个儿子“张承谦（1606—1642），行四，字益之，号哀客，邑增生。性仁孝，伟风仪，恂恂儒业，乡党中不以辞色加人。喜吟咏，工翰墨，著《清斯小言文集》。于崇祯十

---

① 乾隆《郯城县志》卷九《人物志·名贤》也有记载，内容相同。“胤”作“印”。

② 唐代天宝九年设广文馆，内设博士、助教等职主持国学。明清时用以代称训导、教谕等儒学教官。

③ 唐宋时官员依据品级高低佩带不同鱼袋，以证明身份的身份等级制度。鱼袋中装有鱼符，鱼符是用木头或金属精制而成，三品以上饰以金，五品以上饰以银。其形为鱼，分左右两片，里面刻有官员的姓名、在何衙门任职、官居几品、俸禄几许，出行享受何种待遇等。

④ 《诗·鄘风·柏舟序》：“柏舟，共姜自誓也。卫世子共伯蚤死，其妻守义，父母欲夺而嫁之，誓而弗许，故作是诗以绝之。”后因以谓夫死矢志不改嫁而守节。

五年壬午十二月廿一日抗节殉难。配杨氏（1610—1684），至性醇懿，事公姑以孝闻，清年矢志柏舟。直鼎革大乱之时，躬（?）拮据以教子，虽困苦备尝，而义方凛然，自奉俭素而夙兴夜寐，至老不衰。合葬于白马河之西，地名凤足岗”。

张胤禎的第三个儿子“张承谘（1613—1642），行七，字彦伦，号松风主人，邑庠生。赋性聪敏，英姿玉立，孝友娴眭工人（?）善书，甫试即占人头地，当时人谓有左氏风流，右军仪度。于崇祯壬午十二月十一日身殉国难，享年三十岁。配杨氏（1612—1689），坚贞性成，孝义天植，善事舅姑，睦妯娌。以青年履苦节，值兵以（疑当为“燹”字）之余，险阻备尝，冰水霜俞，历抚遗腹子，教养兼尽，宽严并用，逾一载发心皓白。尤善持家政，克勤克俭，广置宅，弘创基业，时论不没，于康熙己酉（1669）奉旨旌表坊，入节祠，载县志”。

张胤禎的第四个儿子张承謦，行九，配刘氏，夫妇俱殉国难。

张胤禎的第五个儿子张承谧，行十，字玄安，邑庠生，配刘氏，夫殉国。

康熙《郯城县志》卷七《人物·贞烈》：“杨氏，生员张承谘妻，沂州生员杨蕃之女也。氏坚贞性成，孝义天植，善事舅姑，克尽妇道。适夫未经三载，遭壬午大兵破城，姑与夫俱遭难，氏于乱军中亲收姑与夫之骸骨，置棺收殓。当锋刃扰攘之际，氏仗义尽哀，气节凛凛，人莫敢犯。履欲以身殉夫，乃以遗腹未产，忍恸以待。越两月，果生子镳，于是断发毁容，决志抚孤。不二载，发鬓尽白。治家教子，备尝艰辛，历十五年，子镳游泮，又十五年，氏五十岁，□寻病，医之不效。其子痛，强进汤药，氏正色谓子曰：‘我心力既竭，职事已毕，当见尔父于地下矣。尔惟努力成人，无负我三十年艰苦，死复何憾。’遂逝。阖邑举其事县儒学，本县本府提学道俱有确口，申院核允，恭候汇题旌表。”知县冯可参、张三俊俱有诗咏之，载其事迹之后。

张守范第四个儿子张胤祺（1610—1642），行四，字思占，号岚永，乡贤奉祀生。生平绘事经绝，临池佳妙，见重一时。于崇祯壬午（1642）十二月十一日身殉国难。

以上就是《张氏家谱》和《郯城县志》中所谓“捐躯殉国者”“闺门著英烈柏舟”的事例。当时清军避开山海关，破坏长城南下劫掠中原。自通州沿运河直达山东。山东被清兵攻下，在崇祯十五年（1642）十二月。《明史》卷二十四《本纪第二十四》：崇祯十五年“十二月，大清兵趋曹、濮，山东州县相继下”。郯城被攻破在十二月三十日，《明崇祯实录》卷十五记载：崇祯十五年壬午十二月丙寅朔，“丁卯（初二），清兵自长垣趋曹、濮，别将抵青州，入临淄。……戊辰（初三），破阳信。辛未（初六），破滨州。癸酉（初八），入兖州，……己丑（二十四），破滕县，甲午（二十九），破峄县，乙未（三十），破郯城”，史称“壬午兵燹”。张家殉国的数人中，有二人在十二月，一在十一日，一在二十一日，时间小有讹误，但大致上是不错的。此事在康熙《郯城县志》卷九《杂稽》中也有记载：“（崇祯）十五年十二月十一日，大兵破城，屠之，官长俱杀，士绅吏民十去七八，城之内外，共杀数万人，街衢宅巷，尸相枕藉。残伤孑遗，遗尸而行，民丧大半。”根据这条记载，当以“十一日”为是，“二十一日”之“二”当属衍字。

在郯城壬午兵燹殉国难者中，也有张景华女婿李体恒家的人。《郯邑李氏族谱》记载，李体恒的孙子，也就是张景华的外曾孙李灼、李烜皆庠生，殉国难。李烜连尸体都未找到。李烜的堂兄李炳，行三，字文璧，配徐氏，西围沟尔同公第六女，殉壬午国难。李烜侄辈李毓圻，“庠生，殉壬午国难”，其妻“王氏，沂绅副使王公孙女，贞节入志”。

张景华有两个儿子参加了万历《郯城县志》撰修工作。刘卫星、徐敏超万历《郯城县志刍议》中说：万历十年至十三年间（1582—1585），徐来朝到郯城任教谕，“召集了县内的生员陈用宾、施传、唐尧封、张守规（1543—1599）、张守范（1550—1621）等人，一起参与修订校对”。万历十三年（1585）秋末付梓成书。今得见康熙《郯城县志》，有知县颜若愚万历十三年八月序中云：“郯旧无志，迩来蓝田赵君蛟氏令郯，汇集成书，议者犹谓其侈而不备，华而鲜实。……乃取旧志，芟其枝蔓，剪其矜诬。……癸未（1583）冬始脱稿，……徐君来朝氏自曹擢郯谕，而司训封君汝才氏亦至，咸与订其讹舛，加以藻饰。邑庠彦陈生用宾，张生守规、范，施生传，唐生尧封数辈，或正其错简，或攻其笔札，皆有成劳焉。”在《纂志书名氏》中，有生员九人，张氏弟兄二人名字在焉，下注为“校誊”。虽曰“校誊”，但近水楼台先得月，有他俩参与，对张家人和事入志肯定是有利的。

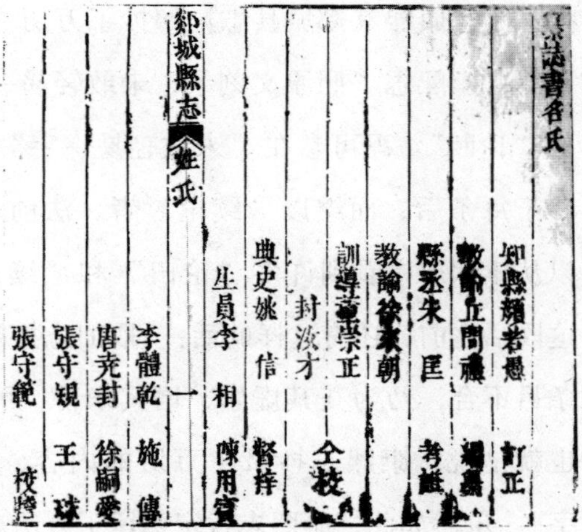
[illegible]志書名氏
知縣顏若愚　訂正
教諭丘問禮　編纂
縣丞朱　匡　考證
教諭徐來朝
訓導蕭崇正
封汝才　仝校
典史姚　信　督梓
郯城縣志〈姓氏〉　一
生員李　相　陳用賓
李體乾　施　傳
唐堯封　徐嗣愛
張守規　王　球
張守範　校謄

《纂志书名氏》

刘卫星、徐敏超万历《郯城县志刍议》中说：“万历《郯城县志》的原稿早已散失，刻本也难以寻见，据传海外尚有收藏，恐怕也难以查实。好在清朝康熙十二年重修县志时，主纂者（冯可参）在跋文中说：‘旧志邱问礼所著论断，胪陈利弊，侃上直言。而组织经史，雅有史才。故一照原文刻录，未敢轻易一字。’”刘、徐二先生认为，康熙《郯城县志》照抄了万历《郯城县志》的内容。其实不然。康熙志“照原文刻录，未敢轻易一字”者，只是邱问礼所著的“论断”。冯可参在“未敢轻易一字”后紧接着说：“比（冯可）参于每条后，而继以‘续论’者，法前志之成式也。”我们现在可以从康熙志中看到许多“论曰”和“续论曰”，就是这种情况。在这段话之前，还有这样的话：“取旧志搜阅，窃见志中条款多与新颁条目不合，乃为芟其虚繁，增其未备，可因者因之，宜续者续之。”也就是说，康熙志抄录了万历的内容，但不是全部“未敢轻易一字”。虽然如此，康熙志肯定保留了万历志中的很多内容，其中包括张景华的资料。因为现在看不到万历志，无法进行比对。

我们能做到的是，可以比较一下康熙《郯城县志》与乾隆《郯城县志》，能从康熙《郯城县志》中，查到一些比乾隆《郯城县志》更多的张景华的资料。笔者手头原来没有康熙《郯城县志》，还在1983年我做《吴承恩诗文集笺校》时，从北京图书馆借阅过此志，抄录了一条与张景华有关的万表的资料。现在张汉乐先生给我找来康熙《郯城县志》电子本，我从中找到多于乾隆《郯城县志》的张景华的两篇文章和其他一些史料，已被编入本书。这是一件令人高兴的事情。

一个家族有一座家祠是正常的。张景华家也有一座祠堂，建于何时不清楚。对于张氏家祠是什么样子的，前人有所记述。张士英《张氏族谱原序》云：乾隆“丁巳（1737）春，余以仪封掾史量移郯邑，一日，粹中、淑眉、振五等诸君子枉顾，礼貌都雅，音吐中律，心异之，其渊源有自。及造其乡，登其堂，观其祠宇，巍峨榱栋翠飞情（?），俎豆杂陈于前，冠裳萃集于后，瞻拜之余，肃然诚敬”。这是清代乾隆年间人看到的张景华家的情况。

嘉庆三年（1798），岁次戊午，春，张景华后裔张天叙《张氏族谱抄本序》云："窃尝入庙，睹四世祖白溪公遗书匾额曰'真坦详毅'，曰'敦厚周慎'，而叹祖训具在，顾后人之克承与否，而盛衰因之。"这是嘉庆时人看到的情况，他印象最深的，是有张景华书写的两块匾额，及匾上题额。

张则明《郏地张氏的历史与文化》对祠堂有进一步描述，他说："张景华的家乡父老深为有这么一位崇高伟大的老乡而感到自豪，为了纪念这位历史上的清官典范，他们在其老家北涝沟村建筑了都堂祠，一律青砖小瓦，院内栽植松柏和银杏树；后院大殿飞檐拱柱，美观大方，殿内悬挂都堂及夫人、父祖多幅画像，供人们瞻仰、祭拜。都堂祠的管理和修缮，主要由张氏族人负责。"

据张则明说，祠堂毁于抗日战争时期："令人惋惜的是，这个都堂祠毁于抗日战争时期日寇飞机扔下的炸弹。"

如今这个祠堂将恢复，建成"张氏陵园"。张则明《郏地张氏的历史与文化》说："2010 年，都堂族系后人为了适应海内外宗亲回乡寻根问祖，彰显古代清官文化，吸引外资发展地方经济等新形势的需要，在征得县、乡领导的同意和支持后，规划建设'张氏陵园'（或称都堂陵园），自发地进行民间集资近四十万元，在涝沟村东南边白马河废弃故道（亦是张氏一老林墓地）填平地面，堆积土山，迁建都堂兄弟父祖辈坟茔十座。刻制竖立墓碑八通；建筑仿古式捐资流芳墙长廊（长 30 余米、宽 2. 2 米）一栋、功德柱二座；修砌园内水池及广场各一处，栽植了部分松柏、竹子、白果树。规划中的都堂祠、魁星楼、大门及其他设施因经费短缺，现处于停工待建状态。即使如此，建馆四年来，每一年都吸引县内外众多的游客、张氏族人及专家学者前来瞻仰、凭吊及研究，其图片和碑刻内容还被《郏南书画集》《张氏宗亲联谊通讯》等书刊采用登载。"

# 张景华的著作及其艺术风格

关于张景华的著作，世德堂《张氏族谱·张氏宗派世系表》记载：张景华“所著有《摄心录》《樵牧琐谈》行世”。康熙《郯城县志》卷十《艺文·乡贤著述篇目》记载张景华著作五种，除《摄心录》《樵牧琐谈》之外，还有《山西奏议》《御边迂说》《穿杨中的说》。[①] 在每篇篇目下有小字：“旧各有版，今多废逸。”说明这些都曾经有刻本的。

张则明《张都堂及其轶事考略（二）·都堂著作考》记载六种，除上述五种外，还有《双槐解》，三者加起来共有六种。《双槐解》载康熙《郯城县志》卷十，是张景华在山西为武举乡试监试时，见贡院两棵槐树而作，已收入本书《张景华的著作》。《穿杨中的说》似乎也与武举考试有关，也可能在山西监试时所作。《摄心录》《樵牧琐谈》当有刻本传世。揆其书名，《摄心录》当是其读书处世为人的心得，应为理学著作。《樵牧琐谈》当是其日常随想笔记，应与《白溪漫稿》中歌咏樵、牧、

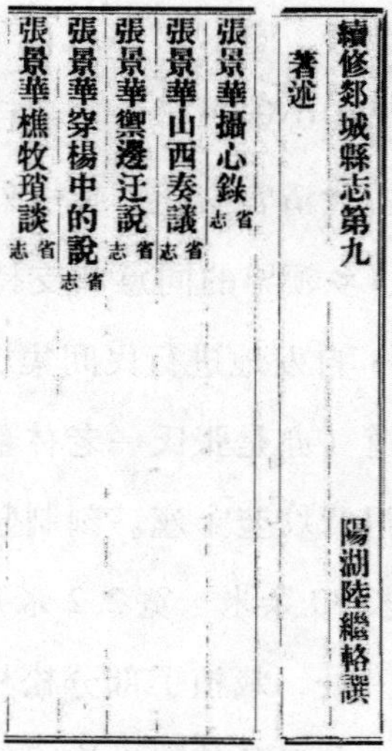
續修郯城縣志第九　陽湖陸繼輅撰
著述
張景華攝心錄 省志
張景華山西奏議 省志
張景華禦邊迂說 省志
張景華穿楊中的說 省志
張景華樵牧瑣談 省志

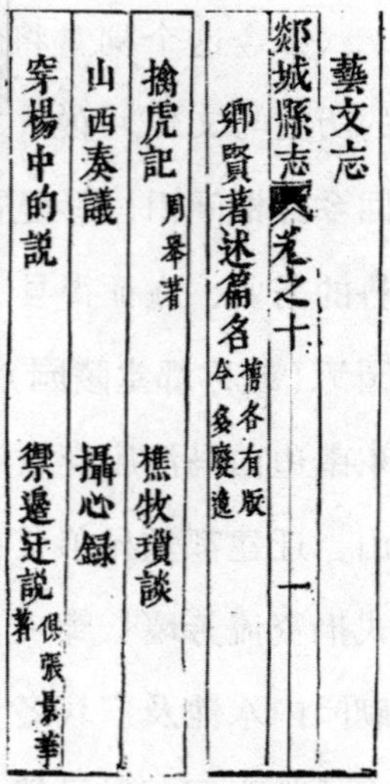
藝文志
郯城縣志卷之十　一
鄉賢著述篇名 舊各有版今多廢逸
擒虎記 周舉著　樵牧瑣談
山西奏議　攝心錄
穿楊中的說　禦邊迂說 俱張景華著

康熙《郯城县志》　　嘉庆《郯城县志》

① 嘉庆《郯城县志》卷九《著述》亦记载了这五种，书名下都注有“省志”二字，大约是从《山东省志》移录的。

渔等诗是一致的。《山西奏议》《御边迂说》当是其当官所上的奏疏之类的文字，是履职的成果轨迹。康熙《郯城县志》卷十中，另有另一篇《知己信己说》，是张景华罢职在家所作的论文，也已收入本书。加上前面所说的共有七种。这七种中有的目前是我们无法见到的。我们现在所能见到的只有《白溪漫稿》，和其他一些少量的遗篇。而《白溪漫稿》恰恰不在上列著作之中。书名在册的未能发现，而不在册的竟然惊现人世。物之隐显，亦有待于时欤！如果以上所列《摄心录》《樵牧琐谈》《山西奏议》《御边迂说》都能找到，对我们了解张景华其人会更有帮助。

据夏政平先生天马版《白溪漫稿》序云，此书为“去年（2006年）之秋，郯城港上青年王继征，携一古籍抄本，莅临寒舍，嘱我赏鉴。余观之，是书名曰《白溪漫稿》，乃明代邑人、左副都御史张景华之诗集。经吾县金石篆刻、文物鉴赏家王胜春先生鉴定，为清末民初之抄件”。可惜未讲此抄本收藏及流传过程，未能顺着这条线索再追下去。[①] 天马版《白溪漫稿》在《甲辰冬离淮，淮民图像，因赋此以冠诸图端》诗后有注云：“张景华后人

《白溪漫稿》封面

① 《张氏宗亲联谊通讯》2009年第1期所载《张都堂诗集〈白溪漫稿〉被发现》一文中，也未提及此书之收藏情况，可惜。

于此诗作后八年，传抄之诗作如下：‘淮民何为图吾像，歌谣叹兮知俺心。安抚岁余不忍舍，忠厚人情悟古今。欲知动辄迂囫囵，入此〔祠〕文将议浅深。不如随我东归去，朝夕相伴乐清吟。嘉靖壬子年四世祖白溪公。’”据说此“后人”是指张伟栋和张重森。此二人不知在什么地方，见过张景华此诗作后八年（嘉靖壬子）即被传抄之诗。他俩凭记忆口述了这首诗，张则明记录下来，与抄本《白溪漫稿》相比对，仅少量字词有差异，因即以此证明当时发现的《白溪漫稿》确为张景华的诗集。

今得张汉乐先生提供的《白溪漫稿》民国抄本复印件，据说与夏政平先生所见是同一来源。仔细观之，此抄本封面题作“白溪漫稿”，封面正中似有一字，可惜看不清楚。书名下有并列“五”“柒”二字，不知何意。似指此仅为《白溪漫稿》之第五、七两卷（册）？若是则《白溪漫稿》尚可能有其他部分，如奏疏、书札、传记、墓志铭之类。书内首页作“古郯白溪张景华漫稿”。揣其“漫稿”二字，可能只单收诗词，不收其他类文稿；但也可能不单是诗，还有其他类作品。如明代倪岳（1444—1501）的《青溪漫稿》二十四卷，就包括赋、乐府、诗、奏议、表、赞、记、序、墓志铭、传等类作品。见《四库全书》集部六别集类六。明代嘉靖间章焕也曾在淮安做过漕运总督，他的《华阳漫稿》十四卷，就包括奏疏四卷、杂文九卷、诗一卷。见《四库全书总目提要》卷一七七集部三十别集类存目四。明王寰洽（？—1624）《懒园漫稿》五卷，诗二卷，文三卷。见《四库全书总目提要》卷一八〇集部三十三别集类存目七。

如果张景华《白溪漫稿》真的还有其他部分，只是我们还未发现，我们就应该大力搜寻，认真发掘。乾隆《郯城县志》卷十一《艺文》中，收入张景华的文四篇：《孝妇冢碑》《乞赈安东等处饥民疏》《议处海赣等州县逋税疏》《康公祠记》等，就有可能是从

《白溪漫稿》其他部分中抄录出来的。如果是这样的话，张景华的《白溪漫稿》全稿到康熙、乾隆年间可能还存世。另外，今天只知篇目而不见内容的《朱凤墓志铭》《周文德墓志铭》《尔雅注序》等，也可能载于《白溪漫稿》的其他部分。希望郯城的人士能认真查询，包括上述的几种著作，或许能有所收获，考古研究科学发现是经常有偶然性的。

人云文如其人，张景华的诗文和他的为人一样，显得很睿智，很豁达，但很坦易直率。张景华的诗有一类是“有感”，抒写自己对世事人情的感受，往往闪烁着哲理和智慧的光辉，显得非常豁达。例如《二首有感》其一云：

平易一生乐，疑猜竟日忙。
杯中蛇影悮，只是欠安详。

诗人告诉人们，做人要平易，不要疑猜。平易一生轻松快乐，疑猜会使自己终日烦虑和忙碌。所以被杯弓蛇影所误，就是因没有认清这个道理。其二云：

莫作愚憨貌，中藏智巧心。
河流清见底，涧壑险还深。

诗人告诉人们，做人不要伪装自己，表面好像无所谓，内心斤斤计较。要像河中流水清澈见底，不要像涧壑那样险恶深沉。另一首《有感》云：

富贵是何物？人多被此迷。

贤豪先看破，甘守钓鱼矶。

这是诗人看透人生的表现。所以他经常在官当得好好的，便以病为名，抛却名缰利锁，跳出樊笼，乞休回家，守着钓鱼矶，过着恬淡的生活。这从前面《张景华的庄居》一节中大量的诗歌里可以得到印证。

有些诗不加雕琢，清新可爱，意境悠远。如《春暮》云：

花残枝叶密，绿荫足清幽。
远远来山鸟，低飞似玩游。

诗中有画，如一扇面小品。动静相兼，清闲自在，更多一层动感和音乐美，全诗仅限于写景咏物，没有寓事抒怀。但结构严谨，对仗工稳，色调明快。再如《牧》《樵》二首，《牧》云：

簇簇郊心草，悠悠短笛声。
此是忘机者，披蓑卧月明。

《樵》云：

入村樵路小，荷担若忘归。
风月立林薮，幽情可共谁？

前一首诗中未曾提到人，但一个放牧者跃然纸上。在绿茵满地的草丛中，牛背上牧笛声悠悠而起。“忘机者”是忘却了一切求名求利、钩心斗角的机心的人。就像唐代孟浩然的《都下送辛大之鄂》诗中所云“予亦忘机者，田园在汉阴”。一个情怀坦荡的人，披着蓑衣卧在地上观看一轮明月。后一首诗似乎也未曾提及人，但一个樵夫，挑着担子在山村林间小道上行走，你看他那优哉游哉的样子，像是一位忘记回家的人。其实这是一个活得轻松简单的人。在这月明风清的夜晚，这种深远而高雅的情思，不是一般人都能具有的。整个诗篇色彩鲜明，感情充沛，意境优美，语言直率而不浅涩，字句浅显而不落俗套。再如《新月》诗云：

今宵月始出，清影漾长空。
未几当西落，鸟惊云外弓。

全诗像是随口而出的明白话语，一句“鸟惊云外弓”，有动有静，清新可爱，新月的形象也就随之烘托出来了。《大风》诗云：

春暮早思雨，狂风吼若雷。
黄尘四际合，绿柳万堤摧。
薄晚寒初作，微云气渐回。
农情闵闵望，不雨欲何为？

写的是大风，实质是望雨。诗人很善于写风：风势如狂，风声如吼，声音如雷，黄尘四起，遮天盖地，万堤绿柳随着狂风摆动。到了晚上才有所收敛，这时该下雨了。庄稼的生长，农人的心情，就盼望下雨，你不下还要等待什么！《茅檐闷坐》诗云：

苇帘当日气，杏叶出墙青。
风定尘埃息，春残节序更。
平台灌芍药，好鸟过槐庭。
意绪凭谁语？田园是旧盟。

这首诗意很恬静。前二句是静物描写，写的是苇帘和杏叶。颔联是写节序，颈联是动，诗人浇灌芍药，鸟儿飞过。最后是诗人的感慨：我的心意是什么，是乐守田园。此诗篇幅短小，语言精美，音节较为舒缓，用以表现幽静的情景和诗人恬适的心情。借景寓情，以景衬情，效果很好。

张景华的诗较少涉及官场和城市，也很少用典。偶尔用一点也是浅尝辄止，而且恰到好处。他把大量的时间和精力用在写乡村田园，从这方面来讲，他是一位爱家乡爱生活的山水田园诗人。他的诗既有王摩诘和孟浩然的空灵和禅意，也有范石湖、陆放翁的纤丽和豪放，但更多的像陶渊明。他爱五柳三径，更爱桃花源。他爱菊花，因而号菊轩；爱白马河，因而号白溪。

现在所能见到的张景华的散文很少，只有几篇，其中有三篇为奏疏，就其形式来讲，扭织四六，中规中矩，逻辑性强；就其内容来讲，反映他的忧国忧民的情感，不忘当官的初衷。论文两篇，层次分明，引经据典，说理性很强。另有记两篇，较能显示文学水平。《康公祠记》记载了知县唐龙和典史康友惠的御贼守城的经过，叙述详细，有为忠义之劝的功能。名为《康公祠记》，实际更多地记载了唐龙的功绩。难怪《古今图书集成·职方典上》记为《唐文襄公祠记》。《孝妇冢碑记》通过记载孝妇的事迹，大力宣扬孝道，百善孝为先，律令有三千条，其中最大的罪是不孝，具有教化作用。并总结出孝妇冤案教训是深刻的，郡守失于明察，这应该为古今引以为鉴戒的，体现了文以载道的传统思想。

# 张景华年表

郯城世德堂《张氏族谱》以张景华的曾祖父张林为一世祖。该谱《张氏宗派世系表》云：一世讳林，配盛氏，子一：锦。二世锦，行五，配彭氏，继蒋氏。子二：辅，彭出；友，蒋出；女一。享年七十余岁。三世辅，行一，字廷佐，小字福增。赠河南道监察御史，继赠大理寺右寺丞。生于正统癸亥七月八日，卒于正德戊寅八月七日，享年七十六岁。配吉氏，小字灯生，赠孺人，继赠宜人。生于正统己巳八月卅日，卒于正德己卯正月十八日，享年七十一岁。子三：景芳、景华、景美。景芳无后。景华叔父张友生一子景熙。该谱所载全部张氏族人，虽分东西南北四支，但都是景华、景美、景熙三人的后裔。据世德堂《张氏族谱》凡例四："东、西、南、北支"是以祖居方位（即地域）划分的。四世景华祖居郯城北涝沟，其嫡系简称"北支"；四世景美祖居南涝沟，其嫡系简称"南支"；以郯城为大本营，四世景熙祖之长子嫡派迁居赣榆县沙河、连云港等地，简称"东支"；其次子嫡派迁居苍山县张庄等地，简称"西支"。

康熙《郯城县志》卷七《人物志·乡贤》、乾隆《郯城县志》卷九《人物志·名贤》皆称："张景华，字时美，高册社人。"然今所见《张氏族谱》诸种版本序言，皆未提及住址。

张则明《张都堂及其轶事考略·祖籍考》云："笔者走访了都堂族系十六世、十七世孙张伟栋、张重森，二人说：《郯城县志》的说法是不正确的。因为祖传当年都堂在回答同僚的询问时说，老家在郯城东关。……都堂幼年家贫，其父张辅因逃荒，‘一根扁担，两个箩筐’将全部家当挑到北涝沟村定居下来。……笔者曾详查《张氏族谱》，张高册村的张姓竟未入谱，……笔者认为正确的说法应是‘祖籍郯城东关，幼年随父迁居北涝沟’。”据说张氏当时很穷，先是以佃佣为生，后靠做豆腐维持生活。北涝沟地在今山东省临沂市郯城县花园乡白马河畔。

本年表所用纪年皆为传统皇帝年号、干支和公元，年龄皆用虚岁。纪事内容因与第一部分张景华传略在同一书中，为避免重复，故多从简略，阅读时可与前一部分互相参看。

**成化十八年壬寅（1482）一岁**

张景华出生。

世德堂《张氏族谱·张氏宗派世系表》：四世景华，行二，字时美，小字广昌，号白溪，先号菊轩。孝友性成，生而敏学，由正德庚午科举人，甲戌科进士。初授江西吉水县知县，行取四任御史，巡视中城、山西巡按、南畿刷卷、掌河南道。历升大理寺右寺丞、通政司誊黄右通政、饬蓟州等处边备，兼巡抚顺天等处地方，都察院右佥都御史，告休。诏起都察院右副都御史，奉特旨总督漕运，兼巡抚凤阳等处地方，都察院左副都御史。所至有《怀恩录》、遗爱祠。所著有《摄心录》《樵牧琐谈》行世。一生端严，廉介自守。事武肃两朝如一日，塞门谢事，种花赋诗。享年七十四岁，生于成化壬寅，卒于嘉靖乙卯二月十四日，万历癸未从祀乡贤。配陈氏，小字花生，敕封宜人，生于成化癸卯九月初二日，享年五十九岁，卒于隆庆丁卯十二月十二日。子七：守悫、守宜、守简、守默，陈出；守矩、守规、守范，金出。女七：钫，陈出；庄、屯、晚、立、丙、隔二，金出。合葬于西南三里，地名仙人掌。

**成化十九年癸卯（1483）二岁**

**成化二十年甲辰（1484）三岁**

**成化二十一年乙巳（1485）四岁**

**成化二十二年丙午（1486）五岁**

**成化二十三年丁未（1487）六岁**

**弘治元年戊申（1488）七岁**

**弘治二年己酉（1489）八岁**

**弘治三年庚戌（1490）九岁**

**弘治四年辛亥（1491）十岁**

**弘治五年壬子（1492）十一岁**

**弘治六年癸丑（1493）十二岁**

**弘治七年甲寅（1494）十三岁**

**弘治八年乙卯（1495）十四岁**

**弘治九年丙辰（1496）十五岁**

**弘治十年丁巳（1497）十六岁**

**弘治十一年戊午（1498）十七岁**

**弘治十二年己未（1499）十八岁**

**弘治十三年庚申（1500）十九岁**

**弘治十四年辛酉（1501）二十岁**

**弘治十五年壬戌（1502）二十一岁**

**弘治十六年癸亥（1503）二十二岁**

三月初六日，长子守悫生。

世德堂《张氏族谱·张氏宗派世系表》："五世守悫，行一，字伯审，小字健童。生于弘治癸亥三月初六日，配徐氏、曹氏。"

三月十六日，作《弘治癸亥三月十六日游望海楼，时年廿二》诗，[①] 诗云：

---

① 本年表所引张景华诗，皆引自张景华《白溪漫稿》。

望海由吾地势幽，于今谁识几春秋。

沉沉洞向云中锁，点点水湛石上流。

物老时移风景在，歌阑酒罢梦魂休。

春光万里乾坤净，不欲栖迟效许由。

按："廿二"抄本原误作"十二"。

乾隆《郯城县志》卷二《舆地·山川》，望海楼："孔望山在县东南三十里，即马陵山之一峰也。相传孔子之郯，尝登此望海，故名焉。上有石楼，曰望海楼。"乾隆《郯城县志》卷四《建置·古迹》："望海楼在马陵山上，详《山川》。"

乾隆《郯城县志》卷二《舆地·山川》由吾："马陵山在县东十里，山北联兰山，山南抵宿迁，长亘数百里，状如奔马。中有由吾洞，白龙潭水出焉。"据说由吾仙洞为由吾道荣修炼成仙处，后更名为"仙洞云壑"，为郯城八景之一。乾隆《郯城县志》卷二《舆地·形胜》："仙洞云壑，城东南三十里由吾洞山开一漘，涧长数里，上悬石壁，下横深潭，邃岸参差相对，巑岏阻绝，鸟道微通。"卷十二《余志》："由吾道荣，少为道士，常游燕赵间，闻晋阳有异人，精于法术，乃往访之，得其传。凡符水禁咒，阴阳律数，与夫天文药材，无不通解。后隐于琅琊山，辟谷饵松术，求长生之秘。隋开皇初，拜谏议大夫，苦辞归，年八十五卒。"

**弘治十七年甲子（1504）二十三岁**

**弘治十八年乙丑（1505）二十四岁**

**正德元年丙寅（1506）二十五岁**

作《丙寅春书舍成》诗，诗云：

草舍深沉依短墙，东风温软泮凝霜。
家贫何恨良材少，亲老不堪为子忙。
竹对小窗摇翠影，菊攒新砌过风香。
从今闭户推闲事，期与当朝作栋梁。

**正德二年丁卯（1507）二十六岁**

**正德三年戊辰（1508）二十七岁**

**正德四年己巳（1509）二十八岁**

**正德五年庚午（1510）二十九岁**

参加乡试，考中举人。

乾隆《郯城县志》卷八《选举》：“正德五年庚午（1510）举人一人：张景华。”见《人物志》。乾隆《沂州府志》卷二十二《仕进上》内容相同。

唐龙任郯城知县。

乾隆《郯城县志》卷七《职官》：“唐龙，正德五年任郯城令，详见《宦绩》。”《宦绩》：“唐龙字虞佐，浙江兰溪县人，由进士，正德五年任郯城令。性度豁达，平易近民。兴学校，均徭役，一法制。不怵上官，不堕吏诡。当岁旱，忧形于色。屏去导从，为庶民服。匍匐四郊祷雨。时流贼刘六等至城下，攻围数日，分与民效死守之，家人斗而毙焉，卒全其城。加俸二级。后以忧去，民立生祠肖相。累官至吏部尚书。以劾罢，后子汝楫状元及第，为修撰，上书辨，诏复官，赠少保，谥文襄。祀邑名宦祠。”

**正德六年辛未（1511）三十岁**

作《正德辛未下第，寓太学，思乡，巨寇攻郯，号六万》诗。诗云：

别久思归归未得，黑甜稳处暂离客。
三里孤城保有谋，一方兵火御无策。
愤来回首叫汾阳，世远何人继耿光。
莫玩天津桥畔月，子规声里送凄凉。

知县唐龙、典史康友惠组织民众保卫县城。事后郯人为康友惠建立祠堂，张景华作记。

乾隆《郯城县志》卷十一张景华《艺文·康公祠记》略云："康君虽处幕职，饬躬励操，亦有君子之风。夙夜殚力，以裨唐公之政，亦与有劳焉。唐公去任，民思之弗置，乃建生祠，同前尹遂宁席公并肖像于其中，岁时瞻拜，以伸恋慕之意。壬申岁，康公卒于郯城，人追念其功不可泯，亦为建祠肖像以祀。君讳友惠，字济民，滁之全椒人也。祠在县之北席唐二公去思祠之后焉。逾月落成，父老请次第其事，勒石以图永久。余不敢以芜陋不文辞。若吾郯之义勇姓名，及擒戮功次，亦载诸碑阴，将以为忠义之劝也。"详见本书《张景华的著作》。

乾隆《郯城县志》卷七《职官·宦绩》："康友惠，江南全椒县人，由吏员，正德五年任郯城典史。事上恭，使下爱。时值流贼攻城，惠出死力捍御，城保无虞。民为肖像于唐席二公祠内。祀名宦。"

《明史纪事本末》第四十五卷《平河北盗》："正月，刘六等自文安而下，二月，至宿迁，屯小河口，劫船欲渡。指挥周正御之，不得前。退往桃源，屯于城子河，率众万余掠邳州之迦口集。遂由赣榆过郯城。既拥众，复寇邳州。贼皆白衣，弥漫郊野。"

《钦定四库全书》《明文海》卷三七九，《记》五十三《功迹》，祝允明《江淮平乱事状》："二月己卯，寇睢宁，典史袁浩死之，张公率兵往袭。甲申，贼至宿迁欲渡，公所遣指挥周正拒之，乃退往桃源，公追至白洋河。壬辰，勉等由灵璧虹县遁去，而刘七之众万有七千，又自文安南下，以是月辛卯，由郯城、赣榆而西，将寇沭阳。”

乾隆《郯城县志》卷四《建置志·城池》：“郯城县城，旧土城，在古郯国之南，元末沂州守御王信所筑。周五里八十步，高一丈二尺，厚一丈余。池阔三丈，深九尺。三门：南曰通淮，西曰瞻鲁，北曰拱极。”

**正德七年壬申**（1512）**三十一岁**

**正德八年癸酉**（1513）**三十二岁**

四月十五日，次子守宜生。

世德堂《张氏族谱·张氏宗派世系表》：“五世守宜，行二，字仲可，小字硕童，号缓斋，太学生。生于正德癸酉四月十五日。配唐氏。”

康熙《郯城县志》卷八《选举·例监》：“张守宜，记忆社人。”卷四《祀典·附各祠·问官祠》：“邑监生张守宜重修过问官祠。”

**正德九年甲戌**（1514）**三十三岁**

参加春闱考试，考中进士，地方为建进士坊。在北京某部观政。

乾隆《郯城县志》卷之八《选举志》：“正德九年甲戌（1514）科唐皋榜进士，张景华，见《人物志》。”

《白溪漫稿》第一首诗右有“大明正德九年甲戌科唐皋榜会试第七名”，可能说明考中会试为第七名贡士。《明清进士题名碑录索引》：“张景华，山东郯城人，民籍，明正德九年殿试中试三甲第一百五十五名进士。”

乾隆《郯城县志》卷四《建置》：“进士坊，在儒学门左，为进士张景华建。”后又有：“都宪坊，在文庙门右，亦为张景华建。”

当是在张景华任副都御史以后所建。

参加新科进士的活动。

辛巳（十八日），赐唐皋等三百九十六人进士及第，出身有差。壬午，赐进士恩荣宴于礼部，命新宁伯谭佑侍宴。癸未，赐状元唐皋朝服冠带，及诸进士宝钞。乙酉，状元唐皋率诸进士上表谢恩，明日诣先师孔子庙行释菜礼。

**正德十年乙亥（1515）三十四岁**

在北京某部观政。

**正德十一年丙子（1516）三十五岁**

任江西吉水县知县。本年三月中进士，未能即时授官，可能在京某部观政，类似今天的见习。

道光《吉水县志》卷十九《秩官志·明知县》："张景华，郯城人，进士，正德十一年（1516）任，官至右都御史。"

吉水县城雨圮，知县张景华重修，御宸豪时赖之。

《江西通志》卷五："吉水县，南唐保大八年，解世隆始筑城……正德间，闽广冦发，知县朱寅兴筑，甃以砖石，周围一千二百二十五丈，高一丈七尺，厚八尺。门五，覆以楼，东文明，西文峰，南文沙，北文江，东北文昌。复构二小亭于东西水门上，设警铺二十一间。罗侨记之。十年，雨圮，知县张景华重修。"

《大清一统志》卷一四一："知吉水县，……策宸濠必反，预完城垒，卒不能攻。"

《山东通志》卷二十八之三："知吉水县，……时宸濠蓄逆，景华策其必薄吉州，请筑砖城，以固捍御，其后赖以无虞。"

康熙《郯城县志》卷之七《人物志·乡贤》："初筮仕吉水令，……时宸濠蓄逆，公策其必薄吉州，请筑砖城，以固捍御，卒之难发而城可恃，绩用章焉。”

乾隆《郯城县志》卷之九《人物志·名贤》：“知吉水县，……时宸濠蓄逆，景华策其必薄吉州，请筑砖城，以固捍御，其后赖以无虞。”

乾隆《沂州府志》卷二十五《人物上》：“令吉水时，宸濠蓄逆，景华请筑砖城备之，卒赖焉。”

张景华治理吉水，广开财源，判案精明，政绩卓著。

《大清一统志》卷一四一：张景华“知吉水县，广开财源”。《山东通志》卷二十八之三：“知吉水县，剖决如流。”

康熙《郯城县志》卷七《人物志·乡贤》：“初筮仕吉水令，剖决如流，民有鬼神破胆之谣。”

乾隆《郯城县志》卷九《人物志·名贤》：“知吉水县，剖决如流，民有鬼神破胆之谣。”

七月十九日，三子守简生。

世德堂《张氏族谱·张氏宗派世系表》：“五世守简，行三，字叔大，小字吉童。生于正德丙子七月十九日，卒于嘉靖丁酉九月十二日，配王氏。”

**正德十二年丁丑（1517）三十六岁**

在吉水任知县。

**正德十三年戊寅（1518）三十七岁**

八月七日，父亲张辅（1443—1518）卒。

世德堂《张氏族谱·张氏宗派世系表》：“三世辅，行一，字廷佐，小字福增。赠河南道监察御史，继赠大理寺右寺丞。生于正统癸亥七月八日，卒于正德戊寅八月七日，享年七十六岁。配吉氏，小字灯生，赠孺人，继赠宜人。生于正统己巳八月卅日，卒于正德己卯正月十八日，享年七十一岁，子三：景芳、景华、景美。”

离吉水任回家丁忧。

雷礼《国朝列卿记》卷一〇一《总督漕运兼抚凤阳尚书侍郎都御史年表》：“张景华，字时美，山东兖州府剡［郯］城县人，正德甲戌进士，除吉水县知县，十三年丁忧。”

作《吉水丁忧回》诗，诗云：

客船觉梦三年苦，霜树号风雨岸闻。
望里不知先下泪，哀中安敢细论文。
归舟飞渡西江水，离思空怀日暮云。
琴鹤相随人已去，清名千古与谁群？

**正德十四年己卯（1519）三十八岁**

在家中丁忧守制。

正月十八日，母吉氏（1449—1519）卒。见上年所揭。

十月卅日，四子守默生。

世德堂《张氏族谱·张氏宗派世系表》：“五世守默，行四，字季耻，小字八童，号莲塘，引礼舍人。生正德己卯（原作乙卯，误，正德间无乙卯年）十月卅日，卒于嘉靖年，配管氏。”

**正德十五年庚辰（1520）三十九岁**

在家中丁忧守制。

**正德十六年辛巳（1521）四十岁**

行取巡视中城监察御史。

雷礼《国朝列卿记》卷一〇一《总督漕运兼抚凤阳尚书侍郎都御史年表》：正德“十六年起复，升河南道监察御史”。

世德堂《张氏族谱·张氏宗派世系表》："初授江西吉水县知县，行取四任御史：巡视中城、山西巡按、南畿刷卷、掌河南道。"按此，行取后首先任巡视中城监察御史，非掌河南道监察御史。明代有行取制度，地方州县官员，若治绩良好，才能出众者，由朝廷行文调职京师，称为"行取"。说明张景华在吉水治绩不错，可惜因丁忧耽误了三年。

上疏参与争大礼。

《明世宗实录》卷九：正德十六年十二月乙巳，张景华参与争大礼，疏称兴献帝不当加"皇"字。疏入，俱不报。

**嘉靖元年壬午（1522）四十一岁**

**嘉靖二年癸未（1523）四十二岁**

奉敕勘蓟州团营牧马草场。

《明世宗实录》卷二十二："嘉靖二年正月癸卯朔，癸丑，敕靖远伯王瑾、御史张景华，勘蓟州团营牧马草场。"

**嘉靖三年甲申（1524）四十三岁**

正月，奉诏勘处团营草场。

《明世宗实录》卷三十五："嘉靖三年春正月丙寅朔，辛卯，监察御史张景华言：团营草场本为牧马而设，近被指挥王翱、高泽、盖彪等乘机规利，将征收子粒银两捏报侵费。下兵部议。诏遣景华同户部主事冯辙、兵部主事王德明、团营靖远伯王瑾勘处。寻将各营草场顷亩子粒银数，并节年侵渔员役，备细查核，条例以闻。因议近今膏腴，半为牧地，军赋役繁重。前都御史李贡建言，将荒闲地土招人耕种，征租以助买马，本救毙善策也。今乃转为各营妄费之资，法纪安在？宜行各巡抚督，令顺天、保定二府，严行所属，将子粒银两随粮征收解部，转发太仆寺贮备买马。兵部复如议。上以草场地土既已勘明，王翱、高泽、盖彪等事远人众，姑宥之。子粒征纳，俱照旧行，以灾伤暂停止，各处造解军器，从御史熊荣请也。”

二月，建言对团营牧马草场事做处理。

《明世宗实录》卷三十六：“嘉靖三年二月丙申朔，己亥，御史张景华言，臣先奉命勘处团营牧马草场，清查子粒银数，颇尽积弊，事既举行，乃置弗问。第令仍旧，然则何以遣臣为也？且各官侵费罪状既明，今一概释之，后将何惮。兵部亦言各营子粒等银，遣官清查，岁得一万五千余两，即量扣各营支费外，存者不下万金。请发太仆寺，贮以待易马。俱不听。”

作《甲申过南宫》诗。诗云：

> 暑雨南宫路，清河及早来。
> 空惭粳作廪，未见稻花开。

本年顷，张景华经过山东峄县，结识峄县知县张景，称张景“政事严明，豪强屏迹，民咸称颂之”。

李濂《嵩渚文集》卷九十六《明故中顺大夫陕西按察司副使张君墓志铭》：“往余佥晋臬时，巡按御史郯城张公景华谓余曰：‘属过峄县，有令张某者，政事严明，豪强屏迹，民咸称颂之，非君之乡人乎？’余对曰：‘然，是吾同举乡闱者也。其人慎廉隅，有志操，兹发诸政事者，固其素养哉。’”

光绪《峄县志》卷十九《职官考列传下》：“张景，汝阳人，嘉靖二年以进士任。刚毅明辨，迎事而决，小民善抚摩，左右胥吏豪强，一以严绳之，不少假借，公庭肃然，奸猾屏息。然事上官有礼，每谒候必正冠敛衽而进。谓诸生曰：事上当如此。居二年，调阳曲县，擢监察御史。”

《明清进士题名碑录索引》："张景，河南汝阳民籍（顺天府大兴），嘉靖二年三甲第一百五十三名进士。"

**嘉靖四年乙酉（1525）四十四岁**

作《乙酉正月七日颠守邀过土台观烟火》诗。诗云：

浴沂世远何人继，蒙老谷泉兴异哉。①
少长倚阑烟火近，主宾傍醉笑谈开。
春光荏苒惊初度，官事因循愧菲材。
附骥且图瞻懿范，夜深安步下高台。

在山西任监察御史。

《钦定四库全书·（雍正）山西通志》卷七十八《职官六》："张景华，进士，嘉靖时任巡按山西御史，山东郯城人。"

张景华希望张景能到阳曲来当知县，张景果然调来阳曲。

李濂《嵩渚文集》卷九十六《明故中顺大夫陕西按察司副使张君墓志铭》："往余佥晋臬时，巡按御史郯城张公景华谓余曰：……郯城公怃然曰：'阳曲为晋省巨邑，敝且久矣，安得精白如峄县者以宰之乎。'无几，得邸报，铨部以峄县才力堪治剧邑，调阳曲。郯城辄又大喜，曰张君来矣，阳曲其治乎。越两月君至。"

道光《阳曲县志》卷四《职官·明知县》："张景，嘉靖四年任，河南汝宁进士，升山东道御史，详《政略》。"下一任崔廷槐，

① "蒙老"后原有自注"毕中丞"，"谷泉"后原有自注"储道长"。康熙山东《新城县志》卷七《人物志》："毕昭字蒙斋，工部尚书亨子，尚书成弘间□□。昭天性淳笃，弱冠魁于乡，弘治己未登进士，授工部主事，迁员外郎。出守汝宁。以佥都御史巡抚山西，母疾乞终养归。家居二十余年，闲居僻处，而为国为民之意无异廊庙。晚年方欲大用，昭已前卒，朝议惜之。"吴廷燮《明督抚年表》：毕昭嘉靖二年八月至四年二月任山西巡抚。

嘉靖七年任。卷十二《政略》："知县张景，河南汝宁人，嘉靖四年以进士任。精敏刚洁，甫下车。问民疾苦，抑豪纵，搜蠹慝，声价赫然，期年政化大行。"

李濂（1488—1566），明代官员，学者。字川父，祥符（今河南开封）人。尝中进士而授沔阳知州，后迁宁波同知，山西佥事，后罢归。有文才，罢归后更努力于学，居里中四十余年，著有《医史》十卷。袁喜生《李濂年谱》：李濂任山西按察司佥事是在嘉靖二年三月，嘉靖五年正月罢归。上文中张景华对李濂自称"属"，此时张景华当在山西任御史，李濂是佥事，是张景华的上司。

重刊《尔雅注》，并作有《尔雅注序》。

本年与太原知府黄卿共同重刊景泰间马谅刻本《尔雅注》，共作有《尔雅注序》。今人董恩林《〈尔雅郭注〉版本考》：又有嘉靖四年（1525）张景华、黄卿重刊景泰马谅刻本。每半叶九行，行二十字；注双行，亦二十字。卷首附张景华序云："副太原守黄子时庸校刊，与《释名》并传焉。"① 清莫友芝《郘亭知见传本书目》卷三《经部十》："嘉靖乙酉，张景华刊《尔雅注》三卷，与雪窗本合。亦附音释于注下。雪窗本误处，此有不误，盖从景泰马谅本出也。""小学类《尔雅》单注有明嘉靖三年张景华刊本。"究竟是三年还是四年，因未见此书序跋，难以置论。黄卿（1485—?），字时庸，号海亭。山东益都县人。正德三年（1508）进士。乾隆《太原府志》卷二十九《职官三·知府》：黄卿，进士，嘉靖二年至八年任太原知府。

潘景郑《著砚楼书跋·明景泰本尔雅单注》也提及此事。见本书《张景华资料辑录·尔雅注资料》。

**嘉靖五年丙戌（1526）四十五岁**

在山西参与三晋乡试。

---

① 《文献》2000年第一期第一百一十八页。

康熙《郯城县志》卷七《人物志·乡贤》:“按三晋,主乡试事,所选并勋业人豪。”按张景华以监察御史巡按山西,不可能“主”乡试,主试官当由朝廷另行委派高级别官员如侍郎、学士担任。据《明史·职官志二》云“十三道监察御史,……监临乡、会试及武举”,他以“监临”身份参与了乡试的事务。

四月,在山西太原,参与武举乡试,以御史监试。

十八日,见贡院中有两棵槐树,有所感而作《双槐解》。载康熙《郯城县志》卷十《艺文》,全文见本书《张景华的著作》。

五月,论劾郭勋。

康熙《郯城县志》卷七《人物志·乡贤》:张景华“入为侍御史,时武定侯怙宠骄恣,众莫敢言,公独抗疏论之,直声震于朝廷”。

《明世宗实录》卷六十四:“嘉靖五年五月癸未朔,丙申,武定侯郭勋为御史张景华等所论,自劾求退。且言即今太平盛世,固当任文臣所为。上曰:卿世有勋劳,朝廷任以兵政,岂宜因人言遽自疑阻。宜益用心操练人马,不允辞。”

作《丙戌七月过南旺有感》诗,诗云:

平明舒望日,湖水拍天流。
渔舟轻似叶,村落远如浮。
客况无聊赖,宦情多愤愁。
悠然云外者,仿佛是群鸥。

**嘉靖六年丁亥(1527)四十六岁**

**嘉靖七年戊子(1528)四十七岁**

作《戊子九月九日不见菊花》诗,诗云:

开遍菊花未见菊，重阳疑不到茅屋。
昨夜飞鸿带霜信，春属公共秋何独。
黄菊香从栽处香，重阳非是厌僻庄。
来年春雨学陶令，多种黄花候重阳。

作《戊子咏雪效欧体》诗，诗云：

海云飞布北风吹，六出冰花数亦奇。
鹅鸭声随寒影夜，山阴兴为故人时。
远沾僧舍茶烟润，密压庭除松叶垂。
晚来企足清江上，作伴渔舟尚未移。

又：

冻云四合天初雪，融水新茶亦可烹。
密度虚窗光烛夜，寒侵邃阁暖犹冰。
随风倏忽平沟壑，障日黄昏失草亭。
愿作竹楼高数尺，蒲团兀坐听来清。

**嘉靖八年己丑（1529）四十八岁**

在家养病。

雷礼《国朝列卿记》卷一〇一《总督漕运兼抚凤阳尚书侍郎都御史年表》："嘉靖八年养病。"

**嘉靖九年庚寅（1530）四十九岁**

复职回京。

雷礼《国朝列卿记》卷一〇一《总督漕运兼抚凤阳尚书侍郎都

御史年表》："嘉靖八年养病，九年复原职。"

五月，向朝廷反映有司不谙律例，滥受词讼事。

《明世宗实录》卷一一三："嘉靖九年五月庚寅朔，丙辰，御史张景华言：天下有司不谙律例，滥受词讼，株连蔓引，或至数岁不决，刑罚不中，上干和气。御史熊爵亦言：今小民或以诖误触法，或连引坐系，或官吏失入，豪猾煅炼，数岁之后，有司即知其枉，莫肯为理，甚至杀人以媚人，生者抱恨，死者含冤。伤和致灾，莫此为甚。事下刑部，请敕有司，务讲读例律听断出入，不得越法，徒流以下亟与竟结，不得留滞。其死罪有冤，连逮家属证佐者，奏办勘问，无过半年，违者论如律。上是之。"

作《庚寅吊许忠烈汝登》诗，诗云：

> 西江六月暗风沙，回首燕山道路赊。
> 养乱淮南谋可寝，临危晁错策空嗟。
> 平生正气今无歉，此后烈声日自遐。
> 江上新祠荣崇赠，暮云低绕噪寒鸦。

八月，升任大理寺右寺丞。

《明世宗实录》卷一一六："嘉靖九年八月戊午朔，辛巳，升河南道御史张景华为大理寺右寺丞。"

**嘉靖十年辛卯**（1531）**五十岁**

正月十九日，得圣旨进阶奉政大夫，妻吉氏封宜人。

邳州论坛网有文云："近日，在山东郯城县发现了一道五百多年前明朝嘉靖皇帝朱厚熜颁发给时任都察院任右佥都御史张景华的圣旨。这道圣旨用绢帛材质制作，因年代久远颜色变得有些黯淡，圣旨的一些部分也出现了磨损。绢帛上是一排排整齐小楷，落款为

‘嘉靖十年正月十九日’。”圣旨开头是“奉天承运，皇帝制曰”。“张景华后裔张先生说，据家族里老辈儿人说，张家曾有过多份圣旨，由于年久战乱和‘文革’，现在只保存下来这一份原件，代表了家族荣耀，所以张先生家一直妥善珍藏着。”张则明《郯地张氏的历史与文化》记载圣旨内容，全文抄录于下：

> 奉天承运，皇帝制曰：刑者，民命所系，古先帝王莫不慎之。今天下之刑，皆平于大理寺。任是职者，必得其人，庶克称焉。尔大理寺右寺丞张景华，蔚以甲科之彦，出司民牧，入列宪台，所至赫赫有成绩焉。迨迁今职，益克勤慎，谳讼详明，刑无冤滥，朕用嘉之。兹特进尔阶奉政大夫，赐之诰命。尔尚益坚乃心，益励乃操，懋修职业，以副朕拳拳矜恤之意。钦哉！
>
> 制曰：夫妇为人伦之首，夫显于朝，则妇贵于室，理宜然也。尔大理寺右寺丞张景华妻，封孺人陈氏，妇道之顺，征于相夫，夫既显荣，尔宜偕贵。兹特加封为宜人。祗沐皇恩，用彰阃范。
>
> 嘉靖十年正月十九日

应该同时得到朝廷赠其父母官。

乾隆《郯城县志》卷八《选举·封赠·明》：“张辅，都御史景华之父，赠御史，加赠大理寺寺丞，妻吉氏赠宜人。”按此当与上面封自己夫妻同时事，可惜诰命原件已不可见。

**嘉靖十二年癸巳（1533）五十二岁**

六月，会同抚按官会勘赵府庶人佑椋案。

《明世宗实录》卷一五一："嘉靖十二年六月壬申朔。庚子，赵府庶人佑椋潜入京上疏言，顷抚按官奏臣罪状，皆革前往事，业已蒙恩夺禄。而按臣王仪，听前御史胡效才挟私面嘱，复为捃摭入奏。都御史毛伯温前按河南时，以臣阻其擅用肩舆，迄今为恨。得奏，亟为题复，致臣重谴，迁发高墙。臣尝建醮祈祷皇嗣，而彰德府知府王天民，谩言讪诮，无人臣礼。臣欲奏之未果，天民乃更仇。臣被罪日，为天民所迫，控诉无由，故敢冒死入奏，乞遣官按其事之先后，以白其冤。愿停子奉国将军厚□，及女泰和县君禄，以赎其罪。事下法司议，佥谓佑椋先后事状质证，俱在彼中，宜遣法司及锦衣卫官各一人往勘。于是上命大理寺右寺丞张景华，及锦衣卫指挥佥事陈寅，往同抚按官会勘，并逮天民下狱，从公究诘，奏请处分。送佑椋还府，令伯、温仪各回籍听勘，果有报复冤抑等情，并从参奏。"

勘上佑椋残贼杀人，及诸奸利不法罪。

《明世宗实录》卷一五七："乙亥，诏释赵府革爵辅国将军佑椋，免发高墙，革禄米三之一。黜前巡按河南御史苏州府知府王仪为民，革原任都察院右副都御史毛伯温职闲住，降巡抚河南右副都御史吴山秩三级，调外任。初佑椋既奉旨迁发，屡奏乞贷，且讦诸治狱官文致状，上命大理寺丞张景华等勘之。佑椋复借建醮祈皇嗣为名，劾詈知府王天民。于是景华等勘上佑椋残贼杀人，及诸奸利不法罪，皆有迹，第在革前，当从轻典。上是之，遂诏免佑椋迁发夺禄，而诸治狱官皆黜降云。"

**嘉靖十三年甲午**（1534）**五十三岁**

升通政司誊黄右通政。

雷礼《国朝列卿记》卷一〇一《总督漕运兼抚凤阳尚书侍郎都御史年表》：嘉靖"十三年升誊黄右通政"。

誊黄，旧时皇帝下的诏书，由礼部用黄纸誊写，叫誊黄。“誊黄右通政”是通政使司的属官。万历《大明会典》：誊黄右通政使，“明成化二年（1466）设，一人，正四品。列衔通政使司”。

九月，升都察院右佥都御史巡抚顺天，整饬蓟州边备。

《明世宗实录》卷一六七：“嘉靖十三年九月甲子朔，丙寅，升通政使司右通政张景华为都察院右佥都御史，整饬蓟州边备，兼巡抚顺天。”

《国朝列卿记》卷一〇一：“本年（嘉靖十三年）升都察院右佥都御史巡抚顺天等处地方。”

吴廷燮《明督抚年表》卷一《顺天》：“整饬蓟州等处边备，兼巡抚顺天等府地方。统蓟州兵备、昌平兵备、永平兵备、密云兵备、霸州兵备五道，顺天、永平二府，长陵等九陵卫，蓟州等九卫，抚宁等六卫，密云中后等十卫，大宁都司之营州前屯等卫所城堡。”

《明会典·都察院》：“成化八年，以畿辅地广，从居庸关中分为二巡抚：其东为整饬蓟州等处边备，巡抚顺、永二府都御史，以居庸等关隘隶之，驻遵化，遂为定设。”

按《明史》卷七十三《职官二》：“都察院左右佥都御史，正四品。”巡抚有数等级别，有正二品、正三品和正四品，此为最低等，官升了，品级未升。

作《甲午春晓·出西长安同王蒲湾观柳》诗，诗云：

绿柳浮春色，花香出禁墙。
连镳清望眼，共语阔愁肠。
凤阙云初敛，西山气更昌。
濠梁约未遂，空吹鬓苍浪。

作《因雁之来往而思往事，甲午曾过口外烧荒见之》诗，诗云：

喜峰口外风烟惨，山木苍苍鸟鹊无。
禽类依人情自乐，离群何与月同孤。

作《次蓟州公馆张道长壁间韵忧旱》诗，诗云：

旱久春郊浑似秋，无端揽辔作东游。
路旁杨柳空舒眼，山外梨花自点头。
暮雨有无决丰歉，人情反复隐戈矛。
天高风伯难为讼，安得悬河慰我愁？

作《甲午膳黄科和管平田壁上韵》诗，诗云：

禁城侵晓望嶙峋，环绕楼台紫气新。
太液溶溶鱼戏藻，上林郁郁鸟呼亲。
长廊检册日亭午，朱户看花气转春。
揭壁大篇情景异，才名久已重三秦。

作《辽阳事令人抑郁难堪，鲁都掌科言之甚悉，纪网法度赖此犹未泯也，适闻蝉声，口占以见意》诗，诗云：

日夕蝉声急更长，人情却恶类颠狂。
祝融威作满天热，赖尔呼秋气转凉。

**嘉靖十四年乙未（1535）五十四岁**

上《题山海沿边策应军马哨瞭墩军添给粮草疏》。

《万历会计录》卷十九《永平镇沿革事例·俸粮》：“嘉靖十四

年，巡抚张景华《题山海沿边策应军马哨瞭墩军，不分百里内外添给粮草》。本部议准，今后官军在百里之内者，俱不许关支，出百里之外者，不分旗军头目，止许支口粮一升五合，马一日支料豆三升，草一束。其余差遣探听巡逻哨瞭，俱月粮内自备，不许另支行粮。”（《续四库全书》史部·政书类，第八百三十二册）

七月，以疾告休回家。

《明世宗实录》卷一七七：“嘉靖十四年七月庚申朔，己巳，巡抚顺天都察院右佥都御史张景华以疾告休，许之。”

作《乙未重九日出遵化东归》诗，诗云：

蓟门烟雨喜初开，多病侵寻愧谫材。
图便原非出处约，养高岂向拙迁来。
防边空有及时疏，忧国难堪到处灾。
命许归田恩亦重，草堂三径久生苔。

**嘉靖十五年丙申**（1536）**五十五岁**

告休在家。

**嘉靖十六年丁酉**（1537）**五十六岁**

告休在家。

五月十一日，五子守矩生。

世德堂《张氏族谱·张氏宗派世系表》：“五世守矩，行五，字幼则，小字总，号嗣白。性孝友，勤农桑，外御强悍，内和宗族。奉先人以从祀，抚两弟以成名。立祠建坊，慎树勒碑，先世赖之，后世赖之，为吾家中兴一人。例授金吾右卫指挥佥事，万历卅二年以治河修城事竣，奉特旨钦奖。承家无愧先德，好义夙著，乡闾备极运筹调度之劳，不为务名干进之计。卅年乡饮大宾。生于嘉靖丁酉五月十一日，卒于万历己酉十二月十三日，享年七十三岁。配恭人马氏。”康熙《郯城县志》卷八《选举·附恩荫》中有：“张守矩，字嗣白，都御史张景华第五子，以恩例荫金吾右卫指挥佥事。性孝友，多伟略，沉静韬藏，不乐仕进。尝不得已应聘治河修城，咸刻期成功。奉奖承家，无愧先德，好义夙著，乡评修极，运筹调度之劳，不为务名干进之计。乡居修前人遗业，训子孙，德性纯良，阖邑推重，为乡饮大宾三十年。以耋寿终。”

**嘉靖十七年戊戌**（1538）**五十七岁**

告休在家。

作《戊戌元日邀县学诸君》诗，诗云：

> 上日西庄路，东风快马啼。
> 春回柳眼细，暖入草心齐。
> 土润开耕种，山清试采跻。
> 一樽椒柏酒，仙木傍门低。

**嘉靖十八年己亥**（1539）**五十八岁**

告休在家。

**嘉靖十九年庚子**（1540）**五十九岁**

告休在家。

作《庚子岁三月二十日游望海楼》诗，诗云：

> 百里平山石突出，屹然千丈插云霄。
> 望海名香留孔迹，龙王碑古自元朝。
> 地连胜概皆环拱，气接沧溟可画描。

东风乐与游人便，登罢神怡万虑消。

**嘉靖二十年辛丑（1541）六十岁**

告休在家。

三月，作《辛丑三月十六日游艾山》诗，诗云：

绝顶高千丈，登攀乐未休。
小山相对立，间水各分流。
望目凭空远，闲情傍鸟浮。
自足真难事，何惭马少游。

按：乾隆《郯城县志》卷十收入此诗，“望目”作“望日”，“自足真难事”作“物外浑无事”。卷二《舆地》：“艾山，在县西南七十里，与邳州接界。”明清时属郯地，现属邳州。

三月，作《辛丑三月十六日游艾山》诗，诗云：

西去艾山三十里，暮春亲友约登游。
势连淮海根盘远，气扼邳徐秀发幽。
花柳绕堤香细细，牧樵寻侣乐悠悠。
仆儿日宴莫相促，戴月归乐得自由。

三月，给事中与十三道御史奉旨推荐不在职官员供朝廷任用，张景华名在列。

《明世宗实录》卷二四七：“嘉靖二十年三月丁亥朔，癸丑，六科给事中邢如默等十三道御史贾准等奉旨论荐，原任户部尚书李廷相、刑部尚书唐龙、右侍郎屠侨、南京礼部右侍郎吕楠、南京都察院右都御史何瑭、万镗、都察院右副都御史韩邦奇、右佥都御史张景华、南京太常寺卿魏校、大理寺少卿顾佖、南京国子监祭酒王道、南京太仆寺少卿郑本公、辽东苑马寺卿王崇庆、翰林院编修杨名、户科都给事中张汉卿、左给事中郑一鹏、礼科给事中钱微、贵州道监察御史郭弘化、四川道监察御史宋邦辅、直隶松江府知府聂豹、浙江嘉兴府知府何祉、江西吉安府知府叶应骢，各才行可录。章下吏部，因疏各履历奏请起用。诏廷相、龙、侨、景华、佖、道、本公、崇庆、豹准复职叙用。余报罢。”

五月，作《辛丑五月闻荐》诗，诗云：

五载江湖远，几番荐疏虚。
盛时安器使，久病恋庄居。
动静惟疏懒，良朋处咈吁。
复叨录用荐，踽踽似辕驹。

作《闻荐》诗，诗云：

僻庄五载心多梗，荐疏十番行与违。
莺啭东园春过早，冻开垄亩麦生微。
牧童牛背歌为乐，渔子江干钓息机。
击壤老人谁共我，燕山遥望庆云飞。

八月，兵部推荐张景华督理大同粮饷未果。

《明世宗实录》卷二五二：“嘉靖二十年八月甲寅朔，甲子，（虏犯大同等处）给太仆寺马价银一万两，命户部遣官往理粮饷。已而兵部又请命大臣一员，前去督理粮饷。因推原任都御史翟鹏、张景华、翟瓒。上命即起鹏以原职赴北直隶、山西、河南等处，会即卿等剿虏，兼督兵饷。景华、瓒命吏部速取至京，以备任用。”

六科给事中、十三道监察御史疏荐张景华等可用。

《明世宗实录》卷二五二："嘉靖二十年八月甲寅朔，癸未，吏部复御史周亮奏谓，今丑虏桀骜，督抚之任选择宜豫，请令两京科道官从公论荐本部，仍疏名上请诏如是。六科给事中邢如默等奏荐：见任尚书毛伯温、刘天和，参政于敖、张邦教，起用尚书唐龙、都御史张景华、翟鹏，守制尚书张浼，按察使李宗枢，原任右都御史万镗，侍郎高公韶、关秸，都御史陈九畴、韩邦奇、翟坆，按察使陈大纲，布政司参议王洙，御史程启充、王潢、叚汝砺俱可用。十三道监察御史疏荐亦同。"

九月，升任右副都副史，入都察院任职。

《明世宗实录》卷二五三："嘉靖二十年九月甲申朔，乙未，改致仕佥都御史张景华为右副都副史。"

雷礼《国朝列卿记》卷一〇一："二十年起用，补都察院右副都御史佐理院事。"

同月，给事中余爌奏荐张景华改任巡抚蓟州都御史，未得到批准。

壬子，给事中余爌奏："边务举，皆由抚臣。……宜以都御史曾铣任大同，张景华任蓟州，……其曾铣见抚山东，张景华见任右副都御史，难遽更改。"

按：据《明史》卷七十三《职官二》，都察院左右副都御史为正三品。

**嘉靖二十一年壬寅（1542）六十一岁**

在都察院任职。

三月，会推张景华总督宣大军务兼理粮饷，未果。

《明世宗实录》卷二五九："嘉靖二十一年三月辛巳朔，壬午，升整饬北直隶山西河南军饷右佥都御史翟鹏为兵部右侍郎，兼都察院左佥都御史总督宣大军务兼理粮饷，时宣大总督员缺上，命会推才略著闻者二三人以，闻仍戒其不得阿私滥举。吏兵二部荐掌都察都院事兵部尚书毛伯温、右副都御史张景华及鹏，上用鹏云。”

四月，引疾乞休，未获准。

《明世宗实录》卷二六〇：“嘉靖二十一年四月辛亥朔，丙子，都察院右副都御史张景华引疾乞休，不允。”

四月，为黄嘉宾墓志篆盖。

上年原太仆寺少卿黄嘉宾（1469—1541）卒，本年四月，黄嘉宾之子进京求其父同年，为黄制作墓志铭。张景华为其篆盖，署名“赐进士第通议大夫都察院右副都御史郯城张景华篆盖”。该墓志1975年出土于其县黄岗村，现藏于嘉祥县武梁祠内。张景华所书篆盖，为玉箸体，竖写，四字一行，共五行二十个字，文曰“明故致仕中宪大夫太仆寺少卿麟薮黄公墓志铭”。从碑上看，张景华的篆书是不错的。

按：黄嘉宾，明山东嘉祥人，字国贤，号麟薮。正德九年进士，授河南府推官，断狱明决。嘉靖元年（1522）迁兵部主事，升员外郎。四年（1525）升任太常丞，后因事得罪了宰相，被降职为尚宝寺丞。以谏武宗西游南巡，两被廷杖。十二年（1533）升任太仆寺少卿，十八年（1539）告老还乡。二十年（1541）秋卒。

《明史》卷七十二《职官一》：文官之散阶四十有二，以历考为差。正三品，初授嘉议大夫，升授通议大夫，加授正议大夫。张景华为通议大夫正是三品的散阶。他任右副都御史时间是上一年九月至本年十月，十月以后则为左副都御史了。所以将张景华书写篆盖时间定于本年。

十月，升任都察院为左副都御史，总督漕运，并巡抚凤阳，提督南京粮储。

《明世宗实录》卷二六七：“嘉靖二十一年十月丁丑朔，甲申，升都察院右副都御史张景华为左副都御史，……总督漕运，并巡抚凤阳，提督南京粮储。”

雷礼《国朝列卿记》卷一〇一：“二十一年，改本院左副都御史总督漕运兼理巡抚。”

**嘉靖二十二年癸卯（1543）六十二岁**

在淮安任漕运总督。

六月，请给以该卫给军羡余银传补粮米漂流。

《明世宗实录》卷二七五：“嘉靖二十二年六月甲戌朔，庚辰，漕运都御史张景华言，凡粮米漂流，请给以该卫给军羡余银传补，每石折银七钱解库，载入议单，永为遵守，从之。”

九月五日，六子守规生。

《张氏族谱》：“张景华第六支五世张守规，行六，字又式，小字淮生（可能生于淮安），号少白，邑廪生。生于嘉靖癸卯九月五日，卒于万历己亥四月十日，享年五十七岁。会直应贡，遽遐升，人咸惜其未竟阙施云。配孺人刘氏，次周氏。子三：指胤统、胤绶、胤缃。长次刘出，三子周出。女三，俱刘出，长适邳廪生陆章德，次适徐，三适李。合葬于白河之西北。万历间曾参与纂修《郯城县志》。”

作《乞赈安东等处饥民疏》。

乾隆《郯城县志》卷十一《艺文·乞赈安东等处饥民疏》略云：“查得各州县俱有预备仓，多者积谷至三四千石，少者不下数百石。又有存留余剩银两，不系正项之内，俱可易粟赈济。祈圣明哀此孑遗之氓，俯垂旷荡之恩，准令臣转行所属灾伤州县，查报贫难下户，流离饥民，计口而赈之，俾枵腹垂亡者，犹获须臾无死。幸见德化之成，地方幸甚。”全文见本书《张景华的著作》。

作《议处海赣等州县逋税疏》。

乾隆《郯城县志》卷十一《艺文·议处海赣等州县逋税疏》略云：“……臣闻之不胜咨嗟，不胜惶惧。夫竭泽而渔后必无鱼，燔林而狩后必无兽，矧以督责敲朴之威，加于枵腹待哺之民，宁不速之逃亡乎？查得淮安府所属州县，俱有漕运衙门赃罚银两，并缺官俸粮柴薪夫马等项，上年俱听抚按衙门公费正用之销。窃念漕河事务，自有岁办供应，加意节缩，则一年可足一年之用。困苦小民饔飧已称匮乏，复征积负，则十室将有九空之虞。合无候题准日，行令府属将前项赃罚缺官银，尽数开报，比照海赣等处拖欠之数，责令该府起解户部，准补本州岛县上年未完钱粮，其拖欠民户，恳祈明旨免追。本州岛县掌印官俱各开俸，庶残民获被旷荡之恩民，而守令无隳抚字之职。”全文见本书《张景华遗著》。

赏识潘埙之子潘采。

胡效忠《锡川潘子墓志铭》：“巡抚中丞白溪张公慎许可人，独于世修加物色焉，手书‘存省扩充’四字赠之，期以圣学也。”按：潘采，字世修，别号锡川，世为山阳人。河南巡抚潘埙之子。胡效忠，刑部侍郎胡琏之次子，字汝臣，号三洲，正德十四年举人，官顺天府通判。其弟效诠为潘采妹婿。

作《寓淮安都府重阳遣怀用正韵》诗，诗云：

淮阴候代复重阳，篱畔黄花自耐霜。
何处登高乐燕饮，此心防患苦灾伤。
落英餐罢香仍在，旧帽着来情未央。
卧病秋深宵更永，沭沂水近是家乡。

又作《寓淮安思归用正韵》诗，诗云：

淮阳羁解其归矣，亲友约全亦快哉。

分外毁誉原不论，个中萧散有何猜。
延年药物得相近，傍水群鸥可与偕。
最喜北园多种木，千株丛绕构书斋。

又作《思乡用正韵》诗，诗云：

眠怕抚台秋夜梦，倦思望海暮春游。
铄金销骨徒为谤，问舍求田得自由。
出处在人俱有命，寻常反己可忘忧。
欲归羁绊难为去，不是嗒然不豫谋。

又作《寓淮安都府重阳后三日菊未开》诗，诗云：

年年菊绽傍重阳，节过如何尚未芳。
嗟尔后期若弃信，笑他先物又无常（章?）。
容心百物应多坠，通变哲人是所常。
不后不先跟脚定，临歧安用叹亡羊。

作《舟泊濠梁》诗，诗云：

水落滩高及岸难，濠梁舟泊伴风烟。
翘首中都惊入望，紫云千里接幽燕。

**嘉靖二十三年甲辰（1544）六十三岁**

四月，因顾寰事被劾，诏冠带闲住。

《明世宗实录》卷二八五：“嘉靖二十三年四月己巳朔，癸巳，刑科给事中王交，劾总督漕运镇远侯顾寰索漕粮常例，怨言腾沸，总督右副都御史张景华督理弗严，迹涉隐纵，乞赐惩戒。诏寰回京听勘，景华策励供职。已吏科给事中何云雁复劾，景华纵恣苛虐。吏部言，景华屡经论列，难以展布。诏冠带闲住。”

其实顾寰是个好官，他也是被诬陷的。《明史》卷一四四《列传》第三十二：顾寰“十七年为漕运总兵官。明年，献皇后梓宫赴承天，漕舟以避梓宫后期者三千。而江南北多灾伤，寰请被灾地停漕一年，令改折色，军民交便。又条上漕政七事，并施行。诸为漕蠹者病之，遂布蜚语，为给事中王交所劾。已，按验不实，再镇淮安”。

《明世宗实录》卷三〇三：嘉靖二十四年九月辛酉朔，“戊子，先是，刑科给事中王交劾奏，漕运总兵官镇远侯顾寰贪污不职，受赃以万计。下巡按御史按验，不如交言。诏贯寰罪。交先以考察降调，并贯之”。

过庭训《分省人物考》卷九十五云：“严氏柄国，荐绅贿赂辐辏其门，景华一无所馈。严以双缣遗之，报如其物，严氏大恨。”

《山东通志》卷二十八之三：“时严嵩柄国，缙绅贿赂辐辏其门，景华一无所馈，严以双缣问之，报如其物。严氏大恨，讽言官以蜚语中之，罢归卒。”

作《嘉靖甲辰年六月乞休》诗，诗云：

衰病违心空浩叹，乞休疏已达重瞳。
田高禾黍耕耘里，树密庄居隐见中。
艾小两山迷远近，白溪一水绕西东。
内台起用成何事，泉石烟霞气味同。

又：

迂拙欲求寡过难，此心原不避訾殚。
如山舟可涉沧海，似栎材何免素餐。
积毁从他销骨势，乞归又得老身闲。
雀罗门外桑麻友，岂独王良贵往还。

作《甲辰夏旱得雨》诗，诗云：

旱魃频为厉，愁怀日夜萦。
云驰天欲动，雷震雨如倾。
酷暑应全减，遗禾或未登。
嗷嗷民待哺，仓库亦虚名。

作《甲辰冬离淮，淮民图像，因赋此以冠诸图端》诗，诗云：

淮民何为图我像，歌谣叹息知我心。
安抚岁余不忍舍，忠厚人情无古今。
迂直动辄与物忤，入祠又将议浅深。
不如随我东归去，朝夕相伴乐清吟。

天马出版有限公司版《白溪漫稿》此诗后有注：“张景华后人于此诗作后八年，传抄之诗作如下：‘淮民何为图吾像，歌谣叹兮知俺心。安抚岁余不忍舍，忠厚人情悟古今。欲知动辄迂囫囵，入此文将议浅深。不如随我东归去，朝夕和伴乐清吟。嘉靖壬子年四世祖白溪公。’”

吴承恩代郡学师儒作《大中丞白溪张公归田障词》赠张景华。

其词《沁园春》曰：“宦海堪惊，日日风波，浮沉未量。叹汗马元功，已尘青简；蹇驴孤馆，未熟黄粱。主管篱花，平章溪月，更有谁人话短长？从前事，算来无愧，归去何妨。　　东皋云暖茅堂，看鱼出寒罾稻上场。有栗里渊明，一床琴酒；成都诸葛，二顷农桑。五凤高楼，谁为柱石？大泽深山锁栋梁。明朝有，鹤书来到，莫闭山庄。”

原河南巡抚潘埙作五言古诗《白溪中丞东归奉赠》，诗云：

昨朝南郭游，尘雾眯我目。

□榛塞路岐，行迈心刺促。

沙虫巧射人，狐狸竞驰逐。

有声动地来，其风清以肃。

黔嗑豁然开，百怪俱潜伏。

日月临覆盆，阳春蔼蔀屋。

浮云变幻多，阴晴那可卜。

风雨入晦冥，烟萝翳空谷。

援琴皷猗兰，抱膝待朝旭。

**嘉靖二十四年乙巳（1545）六十四岁**

罢归后一直居于乡村。

过庭训《本朝分省人物考》卷九十五《山东兖州府》：“景华罢归，家居十余年，足迹不入城府。”康熙《郯城县志》卷七《人物志·乡贤》：“归家十余年，足迹不入城府，日惟课儿读书，奖后生为善而已。”

作《乙巳年荒》诗，诗云：

鲋鱼在道苦难支，待决江淮恐后时。

海风若作满天雨，遍地溪河任所之。

**嘉靖二十五年丙午（1546）六十五岁**

罢归在家。万表起为左军都督漕运总兵。

《明世宗实录》卷三一〇：嘉靖二十五年四月庚子，“升原任广西镇守署都指挥佥事万表，为署都督佥事，挂印充总兵官，提督漕运，镇守淮安”。

本年顷，万表作《与白溪张公》：

> 某昔叨侍教，未久即违，殊切瞻恋。后以病归山中，人事俱废，旷问阙然。顷复被命，承乏于淮，怀仰遗风，益兴山斗之望。淮人之思公，如凤鸟一鸣，为希世之瑞耳。盖时久脂韦尚同，而公以直道行之，固与时违，其于地方国计，真诚恳切，持法据义，裨益多矣。公所抚之地，所督之士，颂言啧啧，无处非碑也。兹北上道过钟吾，咫尺不能趋侍教言，停舟耿耿，谨此专奉候，不尽倾仰之怀，伏惟台鉴。（《玩鹿亭稿》卷四）

**嘉靖二十六年丁未（1547）六十六岁**

罢归在家。作《丁未年有感》诗，诗云：

> 鸟宿千林晚，农耕万户春。
> 目中皆有托，萍梗类何人？

本年去过京城一次。作诗《燕邸遇重阳用正韵》，诗云：

> 闰月重阳犹未霜，篱边喜见菊初黄。
> 幽香细细浮宾座，旨酒频频满玉觞。

知味东邻蜂不厌，催花秋暮雨何妨。
深惭拱默无裨补，俗务牵人日自忙。

诗中有“闰月重阳”的话。按陈垣《二十史朔闰表》，张景华生活的年代中，闰九月有两次，一在正德四年己巳（1509），时张景华二十八岁。另一次在嘉靖二十六年丁未（1547），张景华六十六岁。前者张景华连举人都没考取，更未出来做官。诗中有“拱默”语，其意为拱手缄默，垂拱无为，当官无所作为，故猜测为本年事。

**嘉靖二十七年戊申（1548）六十七岁**

罢归在家。作《戊申寅月因县学诸君远劳相候口占小诗》，诗云：

车马迬镳当省耕，草心柳眼各青青。
烟浓村落初开户，日暖池塘渐解冰。
鸡犬难安征敛急，西畴有事往来轻。
苍庚日恋庭前树，缄口春深尚未鸣。

又作《戊申寅月西庄请陈大尹》诗，诗云：

村静门堪设雀罗，每询太古是如何？
忘言会处无真伪，鼓腹乐时似咏歌。
风月满天耕伴钓，鹤凫呼友去还过。
城西冬夜德星聚，面米春中气转和。

**嘉靖二十八年己酉（1549）六十八岁**

罢归在家。作《己酉云中之变又报至》诗，诗云：

网罗扑虎术空巧，干羽解围计亦疏。

回首云中尘雾塞，辽阳军马意何如？

**嘉靖二十九年庚戌（1550）六十九岁**

罢归在家。二月廿三日，七子守范生。

世德堂《张氏族谱》："张景华第七支五世张守范，行七，字幼中，小字梦生，号继白。为人含真抱朴，口无择言。由万历壬寅贡生，初授东昌府博平县教谕，升登州府福山县教谕。致仕。生于嘉靖庚戌二月廿三日，卒于天启元年辛酉七月二十三日。配管氏，生于嘉靖戊申十二月十四日。子三：指胤祚、胤祯、胤禧。女一，适邑庠生刘三俊。卒于万历癸卯八月十六日。次蒋氏，生于万历辛卯八月十五日，子一，胤祺，女一，适吴尘。卒于万历戊午二月十八日。合葬于大滩迤南，地名栖凤山。万历中曾参与纂修《郯城县志》。"

作《梦中句因足之，庚戌阳月五日系心梦中语》诗，诗云：

青石山家乐，白云涧谷深。

质坚应比介，出岫本无心。

作《闻都城被围》诗，诗云：

霜落秋将去，黄花雁影多。

姿容愁里老，岁月病中过。

胡马围燕郡，官军驻潞河。

防边谋未尽，慷慨可如何？

**嘉靖三十年辛亥（1551）七十岁**

罢归在家。作《野鸟，辛亥午月十有九日》诗，诗云：

野鸟过槐阴，从容入转深。
物微能自乐，鼓舌弄清音。

六月望后十有七日，作《知己信己说》。

全文见本书《张景华的著作》。

**嘉靖三十一年壬子（1552）七十一岁**

罢归在家。

**嘉靖三十二年癸丑（1553）七十二岁**

作《春寒》诗，诗云：

癸丑立春春太迟，异常彻骨冷谁知。
黄埃积久失霄汉，风势突来震废廖。
海右云驰得雪小，垄头梅放嗅香微。
空闻绿野堂堪乐，只见冲寒竹转肥。

**嘉靖三十三年甲寅（1554）七十三岁**

罢归在家。

**嘉靖三十四年乙卯（1555）七十四岁**

罢归在家。二月十四日卒。

世德堂《张氏族谱·张氏宗派世系表》：张景华“享年七十四

岁，生于成化壬寅，卒于嘉靖乙卯二月十四日”。

《续修四库全书》第五百三十五册，《史部·传记类》过庭训《本朝分省人物考》卷九十五《山东兖州府》：“（张景华）卒后不数岁，子孙贫困至鬻居宅。”

**万历十一年癸未**（1583）

卒后二十七年，入祀郯城县乡贤祠。

康熙《郯城县志》卷七《人物志·乡贤》、乾隆《郯城县志》卷九《人物志·名贤》：“万历十一年入祀。”

# 张景华的著作

# 一、白溪漫稿

这里收录的《白溪漫稿》，是据张汉乐先生提供的民国抄本复印件录入的，同时参考了夏政平先生编注、天马出版有限公司 2008 年出版的《白溪漫稿》。同时对天马版个别识别可能不当的字，做了一些更正。可能仍有不妥之处，请方家指正。

## 五言绝句

平台玩月①

出门月正中，天气白颢颢。
仰面谛观之，尘襟静如扫。

① 原抄本第一首诗《平台玩月》题下，有双行小字："大明正德九年甲戌科唐皋榜会试第七名进士，官至山西宁下笃督止。""宁下笃督止"不知何意，若为"宁夏都督"，则张景华未任过此官。下为单行大字"张景华"，再下单行小字"字白溪"。

### 晓霜同行

凌晨联辔行，霜气利如刀。

蒲芦芽何在，王事敢辞劳？

### 甲申过南宫

暑雨南宫路，清河及早来。

空惭粳作廪，未见稻花开。

### 槐　柏

闲伴双槐坐，笑从十柏游。

密荫时时转，清香步步收。

### 丁未年有感

鸟宿千林晚，农耕万户春。

目中皆有托，萍梗类何人？

### 萍与虚舟之义同

萍梗随流水，东西任所之。

虚心酬世务，深浅自相宜。

### 荣　辱

荣辱原无定，于身各有因。

可荣不可辱，伟哉辟谷人。

### 斥　蚊

损人为口实，一击祸亡身。

何如吸露者，吟噪乐天真。

### 俗尚日薄，得于见闻者，甚可叹，故假此发之

似文不是文，如质还非质。

嗟叹夏之忠，尊崇在何日？

### 寓　　意

今年号酷暑，热气日冲心。
火甚必招侮，莫言火制金。

### 牧

簇簇郊心草，悠悠短笛声。
此是忘机者，披蓑卧月明。

### 樵

入村樵路小，荷担若忘归。
风月立林薮，幽情可共谁？

### 晚坐闻促织

万类从时变，古人出处心。
秋宵东壁下，促织短长吟。

### 梦中句因足之，庚戌阳月五日系心梦中语

青石山家乐，白云涧谷深。
质坚应比介，出岫本无心。

### 知 人 难

才多因事见，外饰不须凭。
羊质虎皮者，哲人鉴自明。

### 新　　月

今宵月始出，清影漾长空。
未几当西落，鸟惊云外弓。

### 望　　月

雨露东皋润，笠蓑耕耨忙。

粮差催督急，安用万斯箱！

### 又

西溪烟雨后，渔钓志烹鲜。
有无随所遇，兴味自忘言。

### 又

郊田千万顷，民去草连天。
我辈甘樵牧，欲言是怨言。

### 又

农事无他慕，耕耘志节高。
南州徐孺子，食力岂知劳。

### 野鸟，辛亥午月十有九日

野鸟过槐阴，从容入转深。
物微能自乐，鼓舌弄清音。

### 春　寒

立春过半月，阴气尚纵横。
柳眼频窥测，无言怪倒行。

### 与刘西野

旧庄近西野，棘密似屯云。
菽麦转耕耨，幽栖可养真。

### 庄舍桑麻

蔼蔼桑麻长，田翁过我频。
忘形共笑语，此外不须论。

## 弹五弦之琴者，薰风入弦也，和风独不可入弦乎

新年换旧年，春立野梅前。
琴调重高古，和风可入弦。

## 用　　鸡

野鸟价高贵，家鸡滋味强。
世事凭谁说，人情动厌当。

## 二首有感

平易一生乐，疑猜竟日忙。
杯中蛇影误，只是欠安详。

## 又

莫作愚憨貌，中藏智巧心。
河流清见底，涧壑险还深。

## 审　　几

蓐收方秉令，青女出随时。
草木皆黄落，雪霜何所施？

## 又

智几潜入神，忧患不侵身。
谁慕赤松子，达人登鹿门。

## 自　　咎

贫者士之常，厌贫心自忙。
箪瓢陋巷乐，此义须参详。

## 寿杏壑翁

岩松含晚翠，矫矫拂层霄。

鸣鹤来栖止，清风雨露饶。

### 蛩

西风欺我老，八月着绵衣。
暖日恒相伴，幽怀独子知。

### 菊

黄花色雅正，淡淡是其香。
慕色贪香者，往来空自忙。

### 又

黄花已摘尽，枝叶尚青青。
霜露不相妒，悠然乐此生。

### 鸡鸣有语默随时意

东方日欲出，鸡唱未停休。
稍待阳光发，寂然桑树头。

### 咏　春

北雁自南来，三阳气渐开。
人情忌阴惨，日日是黄埃。

### 写　怀

炉火驱寒去，烛光伴夜长。
警疑犬更吠，新月照疏窗。

### 有　感

冬夜长难寐，霜风冷过冰。
愁怀对烛影，时事甚关情。

### 闻　雁

茅檐向晓日，仰视雁排空。

乍离衡阳月，不忘北塞风。

## 又

鸿雁自南来，鸣声觉似哀。
故乡离别久，鼓翼撞云开。

## 贫

雨晴霜气重，忍见农家贫。
终夜亲烟火，粮差叹愈频。

## 苦　热

雨过雷犹迅，风清暑不开。
白头嗟久旱，戾气使人猜。

## 寓　意

鸟声长短下，千百总无移。
燕语流莺啭，变迁似好奇。

## 孤　雁

黄昏月初上，孤雁一声哀。
天空水阔处，顾影莫疑猜。

## 又

一身无伴侣，远自北荒来。
风霜野宿处，孤月与之偕。

## 有　感

富贵是何物？人多被此迷。
贤豪先看破，甘守钓鱼矶。

## 映　日

阳月日初暖，黄绵袄始舒。

一冬风雪少，到处是安居。

## 雁

冬至日闻雁，如何去太迟？
天衢迷向往，只可傍南飞。

## 鱼

水冰鱼避冷，春暖任出没。
亦有行藏义，人能似此不？

## 又

寒渊深几许，内有巨鱼潜。
雨露随春降，冰开岂久淹。

## 游僧寺

兰若置深幽，清泉抱石流。
山人世外乐，终日对沙鸥。

## 又

飞锡出风尘，依山抱朴真。
良朋多栢竹，僧舍晓晴云。

## 游西溪

西溪修禊事，满面拂和风。
鸥鸟乐群聚，忘机一老翁。

## 春暮

花残枝叶密，绿荫足清幽。
远远来山鸟，低飞似玩游。

## 五言律诗

### 次通州公馆夏掌科壁上韵，与同事冯王二主政

性懒忱（耽?）优逸，尘多为久晴。
困来投寺歇，睡起觉神清。
柳色迷前路，夕阳漾古城。
忽思云汉句，中夜使人惊。

### 春雨孝义公馆次壁间韵①

频雨风霾净，东皋麦更荣。
欢声拂村叟，乐事在春耕。
花柳应多媚，山川若有情。
征途舒望目，天外片云横。

### 忆襄陵池馆

翠云亭外水，沉静见天光。
岸竹春生笋，池莲夏喷香。
风尘客正苦，玩赏何意长？
继烛兀然吐，行台夜未央。

### 泽川道中

崎岖入泽路，五月是农忙。
芟麦黄云尽，葱槐绿盖长。

---

① 本诗题原写为“文水公馆次壁间韵”，原抄者加“春雨孝义”，并删去“文水”二字。乾隆《孝义县志》“艺文参考”卷四收此诗，题为《雨中过孝义》，有字句不同处，见本书《张景华的著作》。

山出日易夕，午睡梦还乡。
何日南窗下，菊松手自将。

## 丙戌七月过南旺有感

平明舒望目，湖水拍天流。
渔舟轻似叶，村落远如浮。
客况无聊赖，宦情多愤愁。
悠然云外者，仿佛是群鸥。

## 甲午春晓，出西长安门，同王蒲湾观柳

绿柳浮春色，花香出禁墙。
连镳清望眼，共语阔愁肠。
凤阙云初敛，西山气更昌。
濠梁约未遂，空吹鬓苍浪。

## 戊戌元日邀县学诸君

上日西庄路，东风快马啼（蹄?）。
春回柳眼细，暖入草心齐。
土润开耕种，山清试采跻。
一樽椒柏酒，仙木傍门低。

## 农

五月炎蒸气，庭槐嫩绿消。
急雨墙垣折，长风屋瓦飘。
云驰天欲动，雷震地应摇。
秋田种未彻，愁叹听农樵。[①]

---

① “樵”字原本为竹字头。

## 辛丑三月十六日游艾山①

绝顶高千丈，登攀乐未休。
小山相对立，间水各分流。
望目凭空远，闲情傍鸟浮。
自足真难事，何惭马少游！

## 辛丑岁五月闻荐

五载江湖远，几番荐疏虚。
盛时安器使，久病恋庄居。
动静惟疏懒，良朋自咈吁。
复叨录用荐，龃龉似辕驹。

## 忆庄居

潺湲溪水静，蟹味盛鲂鱼。
园圃东连北，桑麻密与疏。
黄鸡饶（绕?）黍豆，白鹤玩阶除。
此乐宜迂腐，闲看数卷书。

## 寿剑峰尊翁

匡庐上耸翠，彭泽水凝清。
乔梓钟奇异，乡闾被显荣。
内台觇总宪，紫诰羡耆英。
仙翁在人世，何必数蓬瀛。

## 斋宿大风

斋宿风狂甚，冰坚须用敲。

---

① 乾隆《郯城县志》卷十一《艺文》收入此诗，题为《游艾山》，其中“间水”作“涧水”，“望目凭空远”作“望日平空远”，“闲情”作“间情”，“自足真难事”作“物外浑无事”。

乍寒木叶下，初雾鸟声高。
旅思聊裁句，檠光可继膏。
越裳重译至，沧海忽惊涛。

## 忆庄居

柴门远城市，终日少人敲。
山对东园静，鸟栖古木高。
闲情招钓叟，良夜喜焚膏。
溪水光浮白，阔平不见涛。

## 午　睡

心事凭谁语，百年只自知。
风声连日壮，雨气过宵微。
噙吃眠犹苦，劳烦病可支。
东园桃杏发，空负好花枝。

## 甲辰夏旱久得雨

旱魃频为厉，愁怀日夜萦。
云驰天欲动，雷震雨如倾。
酷暑应全减，遗禾或未登。
嗷嗷民待哺，仓库亦虚名。

## 寿李二尹

文水时相见，春风入坐暄。
堂幽称绿野，村古讶桃源。
南极星初耀，徐乡子更蕃。
西江烟雾歇，乐意对潺湲。

## 大　风

春暮早思雨，狂风吼若雷。

黄尘四际合，绿柳万堤摧。
薄晚寒初作，微云气渐回。
农情闵闵望，不雨欲何为？

## 有　感

近炉烘脚软，对镜整容端。
心为观书困，眉因读史攒。
倚枕冬宵永，出门村落宽。
檐前痴鸟雀，终日弄声讙。

## 游西溪

小舟横野渡，苹藻亦生香。
跃浪鱼初出，拂空燕正忙。
柳溪邻古岸，秋水见天光。
暂憩兀然寐，尘思觉顿忘。

## 九　阳

月日数俱九，风霜大作时。
百花菊独茂，万木竹为奇。
戏马台高用，题糕字过疑。
白衣不送酒，清兴自多诗。

## 村南新种柳林，今秋可构草堂于此

隔溪樵对语，傍岸鸟争鸣。
嘉树千行密，良田一掌平。
蒲团消俗虑，云物壮吟情。
欲遂悠然乐，村南创草亭。

## 十月朔夜有感

世务均平少，人情险与疏。

安储愚四皓，矫诏祸扶苏。
武穆功成败，淮阴事有无？
村庄风雨夜，不寐笑卢胡。

### 微　雨

旱久风声大，春深雨势微。
黄埃觉渐敛，元鸟怪何之。
柳叶渐垂岸，桃花密应时。
登楼翘首望，愁见海云迟。

### 过城居

春暮过城居，曙光射太虚。
溪村农力苦，酒店客肠纡。
飞度莺兼燕，歌喧牧与渔。
书堂怜旧迹，竹荫暗庭除。

### 俗尚日薄

势利合难久，桑麻交有常。
真淳笑彼短，巧诈话渠长。
险过山溪险，忙同蝶影忙。
反自君子事，歧路易亡羊。

### 闻都城被围

霜落秋将去，黄花雁影多。
姿容愁里老，岁月病中过。
胡马围燕郡，官军驻潞河。
防边谋未尽，慷慨可如何？

### 咏　菊

东北海风来，菊花冒雨开。

满头插幽色，对景上高台。
落帽风何劲，正冠礼未乖。
病余贪静养，瞑目坐西斋。

## 雪

四际同（彤?）云合，雪花乱舞空。
林深无去马，膏沐有青松。
银海眩光射，玉楼皱气冲。
两间色尽白，忽讶蔽苍穹。

## 又

压麦尘埃静，封梅气味完。
穴踪怜兔狡，群聚德禽嚾。
病体寒侵冒，衰年倍痛酸。
乍晴冰陡合，饥卧叹袁安。

## 又

白狐裘未暖，东郭屐通穿。
光映西堂润，气冲麦陇鲜。
八村迷径路，步野失川原。
渔子发惊白，披蓑守钓船。

## 冬　至

地底一声雷，微阳又早回。
行踪托岸柳，消息露寒梅。
静极还生动，轮移可问谁。
天心妙难见，应是主栽培。

## 冬　宵

对炉消永夜，依枕怯孤眠。

当户银河转，中天北斗悬。
病怀怜已久，俗虑喜初蠲。
古庙钟声急，揭帘日影穿。

### 西溪烟雨

泉源自东北，百里入沂河。
见沙清彻底，涵影静无波。
烟雨鱼儿出，汀洲钓者歌。
天然悠雅趣，不乐欲如何？

### 有　感

西北风声烈，无云忽尔雷。
阳和久用事，阴气又潜回。
强弱何须论，丰凶自可推。
闷来过前圃，小鸟似相窥。

### 冬　至

早夜一声雷，微阳往又回。
女工添弱线，侯（候?）管动浮灰。
青入前溪柳，香生北陇梅。
新年将有事，布谷待时催。

### 河西新筑场圃

场圃西河近，北来罔（冈?）势长。
浮堤荒草色，绕舍野花香。
艾小山凝碧，蒲芦水满塘。
嘉禾报丰岁，斗酒会何妨。

### 遣　怀

雪霁北风惨，日昏暖气消。

困思东郭屐，贫慕子渊瓢。
竹茂怕相伴，鹤鸣或可招。
诗文敦宿好，亦足慰萧条。

### 言　怀

阳月时将尽，北风气渐多。
衾枕怯冬冷，梦魂奈老何。
照窗星灿烂，觅句夜吟嘁（哦?）。
地僻同盘谷，远思安乐窝。

### 茅檐闷坐

苇帘当日气，杏叶出墙青。
风定尘埃息，春残节序更。
平台灌芍药，好鸟过槐庭。
意绪凭谁语？田园是旧盟。

## 七言绝句[①]

### 桃李花先春早开

小园桃李花堪讶，开向清明十日前。
可是东风原有意，先将春色与婵娟。

### 送懋言

点头谁不信朱衣，十载淹君却笑渠。
眼底春深桃浪暖，风云惊见困龙舒。

---

① 原抄本无此标题，为编者后加的。

## 踏草场

当面晓山浮翠色，迎人堤柳卧清阴。
草场折转东西路，冉冉熏风快葛襟。

## 灵石次秋斋韵

一枕春眠怪入酣，觉来踏月望南山。
灵石民风犹近古，行台三日暂停骖。

## 倦闷得水声为解

谁说悠然是宦情，困来垂首梦难成。
傍山汾水南流急，静听满堂风雨声。

## 己酉云中之变，又报至

网罗捕虎术空巧，干羽解围计亦疏。
回首云中尘雾塞，辽阳军马意何如？

## 题绛州备武亭

是谁开圃对南山，西引堆泉水一湾。
苍柏古槐相掩映，亭藏弓矢可消闲。

## 题潞公轩

吏情倥偬独登台，羊角翱翔入望来。
自是前人心地阔，河亭寻向此中开。

## 沁水阳城道中

东路崎岖曾未经，眼中愁见万山青。
桑麻不比闲花草，乱噪新蝉杂鸟声。

## 泽州道中

出城疏雨望云薄，陟岭清风觉暑消。

奔走正惭虚廪食，总傍啼鸟似相招。

## 吕公洞宾祠

吕公古庙邯郸北，停旆谒来独怜情。

富贵功名俱是梦，黄粱未可笑卢生。

## 过德州登岸散步

暑月登舟倍郁蒸，闷来直欲踏层冰。

约行十里秋禾路，陡觉新凉气渐生。

## 过　疑

暮树高悬新月钩，宿禽惊起若为谋。

不及溪鱼相伴久，笑他冲夜过南楼。

## 新立南庄

问我归休乐何在，北山北与南山南。

雀罗门外惟流水，惊听莺声似笑谈。

## 游望海楼

春深何处可舒忧，望海由吾是旧游。

东道主人今已矣，山花迎我动情不？

## 送朱以章

绿竹阴依三亩宅，清溪水绕数家村。

田园日永风尘静，禾稼随时不用论。

## 写　怀

清淡盐汤不用油，韭茄滋味胜珍馐。

煎得野茶名凤尾，一杯之后更何求！

## 斋　宿

夏夜难眠长似昼，羁怀因病乱如麻。

侵晨即听黄鹂语，帘外红榴尽吐花。

## 题素扇

水湛冰清绝点瑕，从来朴素胜浮华。

祝融漫作烧天势，一握南风入袖纱。

## 舟泊濠梁

水落滩高及岸难，濠梁舟泊伴风烟。

翘首中都惊入望，紫云千里接幽燕。

## 望浮山

浮山岸枕黄河水，细柳阴笼古寺门。

旷逸闲情随远眺，此中别是一乾坤。

## 闻鸟鸣有憾①感

妖鸟侵晨弄恶声，团亭默坐亦关情。

市虎须防听者昧，相知暗剑是难凭。

## 有感

端慎立身身自宁，算来巧伪总难凭。

眼前成败知多少，只是人心好变更。

## 有感

一年佳景在三春，花正红时柳正新。

俗冗牵怀乐未得，应教花柳亦嗤人。

## 寓意

暑减初秋夜渐长，鸡声疑不过南庄。

---

① “憾”字似衍。

物类也知人正静，含声欲待日中央。

## 有　感

阴惨阳舒阴已极，冰霜雨露不须疑。
昨夜朔风似相报，茫茫春信到梅枝。

## 又

冬至一炉香且尽，清烟若缕上翀霄。
微阳剥复生何处，欲问天公天路遥。

## 草　庵

草庵五尺阔容身，俭性戋戋亦自真。
安顿旧书数百卷，闲来检阅似知新。

## 乙巳年荒

鲋鱼在道苦难支，待决江淮恐后时。
海风若作满天雨，遍地溪河任所之。

## 题庄居

河随地势南来绕，冈自东分气脉雄。
场列五槐阴满路，门栽九柳忆陶翁。

## 牡丹花放

细玩牡丹花亦奇，晴开阴敛似随时。
莫将富贵轻称许，只恐花心尚未夷。

## 久　旱

久旱炎蒸气甚火，衰年两腋汗成浆。
银河灿灿横南北，不与人间洒旱殃。

## 秋暮登村南高墩

独上荒墩眼界开，闲游此日忽风埃。

各村隐见俱寥落，浩叹如何得好怀？

### 庄居有感

五十年前来往游，人烟稠密近溪头。
谁知今日开庄舍，牧笛樵歌事事幽。

### 不见月

八月月圆光异常，今年阴雨夜无光。
不知何处留弦管，清夜停杯月满廊。

### 菊

栽培力尽赏心真，何是黄花一故人。
晚节岂容花更并，若逢松竹自相亲。

### 闻　雁

伫看鸿雁往来忙，可是物情亦恋乡。
南土稻梁（粱?）胜塞北，托身岂忍厌衡阳。

### 又

唳空鸿雁日奔忙，塞北风烟是故乡。
物类也知中华乐，年年辛苦过衡阳。

### 水　云

频向水云寻乐处，始知心迹得双清。
结庐人境无车马，守拙能兼吏隐名。

### 因旧句而足之

门对庭槐堪作伴，廊储子史可消闲。
鸠鸣莺啭胜音乐，修竹苍松兴未阑。

## 仰　古

□[1]符国祚亦将终，星陨人间叹卧龙。
诸葛谁嘲成惑事，何为浅浅论英雄。

## 冬　思

日高云外闹群鸦，霜菊萧然近色笆。
落叶满庭□沙苦，无缘持酒过山家。

## 感　事

鸱鸟高翔凤鸟潜，莫耶为钝铅刀铦。
熏莸同器难分别，深谷幽人乐久淹。

## 言　怀

倦飞鸟向幽栖地，寒菊孤松日对清。
村外潺潺溪水急，春来缓步听禽声。

## 西　溪

霜惨西溪水渐冰，近涯日暖小鱼行。
草桥短窄胜徒涉，乍听寒鸦三五声。

## 惜孤雁

一声孤雁夜何之，正是满天秋露时。
南北稻梁（粱?）收已尽，衡阳犹自去迟迟。

## 冬　夜

冬夜柝声远远来，缤纷杂虑觉初开。
世间荣辱原无定，何事旁搜入静怀。

---

① 原抄本此处原缺一字。

## 过旧庄

秋晚西溪水见沙，疏篱黄菊绽霜葩。
楼台村舍封烟雾，七十年前已作家。

## 望　春

三阳用事阴还胜，河水风寒苦又冰。
谁是扶阳抑阴手，日高犹自锁柴门。

## 有　怀

环垃菜根知自足，珍馐夏屋不须求。
春来景物多明媚，雨露山川好玩游。

## 阴

静中忽听群雀噪，久阴天气正愁人。
冬深未见及时雪，索寞梅花懒报春。

## 浮　云

风息浮云未见行，太阳被尔遮光明。
天衢陡峻难挥帚，仰视如何不动情。

## 望　春

问春春到几时回，尽日云驰风作威。
伫望雪花愁未见，陇梅影里自徘徊。

## 幽　人

幽人风韵自超常，涧谷日高纳异香。
信步出门皆可乐，山川鱼鸟总相忘。

## 幽　事

村庄幽事是如何，问柳寻花播种多。

更有西溪好泉水，濯缨缓步一高歌。

## 民　逃

蓬舍围炉兀兀坐，风声到处起尘沙。
逃亡接踵相依去，烟火前村剩几家？

## 群　鸡

戒晓晨鸡声不断，恍如城市起喧哗。
少时日出东山外，依旧荒村四五家。

## 对　烛

世态寒宵对烛光，几时冬尽又三阳。
烛明我暗浑忘矣，不似人情论短长。

## 立　春

日日思春未见春，而今春始到蓬门。
和风淑气无疆界，草木山川又一新。

## 阴　雨

日日云驰雨不晴，花愁柳暗过清明。
一年好景谁曾见，孤负春游万种情。

## 伞有感

一伞高擎障日光，太阳威里寓清凉。
韩彭有罪功难掩，此事令人说短长。

## 春日遣怀

南望溪头是柳林，青青色展渐春深。
黄鹂此日游何处？只待繁枝与密阴。

## 雁

闲庭兀兀坐移时，南雁北飞任所之。

沙漠风烟无去鸟，何缘独与尔相宜？

## 蛙　鸣

日高不见一蛙鸣，及夜欢然各弄声。
自是池塘缺净扫，听来客枕梦犹惊。

## 荷叶擎雨

荷叶中擎雨似珠，风来叶动珠于于。
详探妙处言难尽，聚散方员（圆?）不可拘。

## 荷　池

荷浮鱼泛柳舒青，一水环堤彻底清。
云影天光相荡漾，观书喜过玩荷亭。

## 重阳遣怀

村落重阳菊亦开，老人携酒莫频来。
黄花似厌白头者，好约西风登古台。

## 咏　菊

应节寒花开冒霜，孤高陶子可相当。
修荷不遇濂溪老，外直中通徒自芳。

## 丑月过东园

老叟迎春春亦怜，踏青裹足笑蹁跹。
东园日出风烟淡，柳眼梅梢已占先。

## 民　逃

庄舍民逃谁是主，夜来对烛度残更。
桑巅深巷无鸡犬，铁石心肠也动情。

## 记　梦

何事北门常不开，看花君子一齐来。

老翁会罢归西圃，相送无言有好怀。

## 冬　　春

梅花雪压倍精神，疏影暗香句自新。
杨柳枝头色鲍绿，报春迟早又凭君。

## 云有感

立秋天朗片云无，胸次悠然大丈夫。
富贵牵人出不义，浮云来往不关吾。

## 蛩

促织得名本为秋，败墙僻屋夜啾啾。
此声偏入劳人耳，未就寒衣未肯休。

## 有　　感

初春风吼暗黄埃，闲户藏头过虑猜。
岁歉民穷难控告，天遥雨露几时来？

## 戒　　奢

木处颠危土处病，得居茅屋已为多。
雕梁画栋奢无益，环堵萧然是若何？

## 竹芦寓言貌取人之意

傍路芦生一丈高，青青叶干似旌旄。
东园丛竹数竿耳，傲雪凌霜君子操。

## 咏槐花送淑征

六月庭槐花尽开，忙蜂酿密（蜜？）趁时来。
谁知五色中央重，不显深黄似伟才。

## 井东竹间暂憩

百竹丛中安席坐，翠阴清气傍人来。

呼童检取龙门子，奥妙详探义自开。

## 庄　　居

闲静琴书无俗冗，逍遥早晚有田园。
樵苏东去二三里，举网割鲜不用钱。

## 因雁之来往而思往事，甲午曾过口外烧荒见之

喜峰口外风烟惨，山木苍苍鸟鹊无。
禽类依人情自乐，离群何与月同孤。

## 雪　　竹

凤尾竹前雪气惨，起看枝叶色全青。
茫茫时运分寒暑，惟有此君不系情。

## 月季花

枝叶四时青不变，如何菊独占高名。
雪中花色红犹显，奇特寒梅可并称。

## 题牡丹

牡丹花放分先后，根气疾徐自不同。
造化无心物付物，莫将世态论东风。

## 村南种柳

柳林傍水是新栽，野色渔歌次第来。
喜得村南消闷处，绿阴莺度与之偕。

## 又

柳林乍见出溪头，风雨作时系小舟。
比舍老人情思笑，登舟傍柳胜遨游。

## 莺　　鸣

四月高槐新涨绿，隔邻乍尔听莺鸣。

短长奋激声多变，似向人前诉不平。

## 辽阳事令人抑郁难堪，鲁都掌科言之甚悉，纪网法度赖此犹未泯也，适闻蝉声口占以见意

日夕蝉声急更长，人情却恶类颠狂。
祝融威作满天热，赖尔呼秋气转凉。

## 惜路槐

时分先后绿阴同，莺啭鸦啼过午风。
可惜生来临大路，搏埃俗态日相蒙。

## 闻　鹊

鹊入槐阴不见形，晓凉求友往来鸣。
村庄僻远无人到，竟日南窗听鸟声。

## 写　怀

开门放日进中堂，笔砚琴书各被光。
源头活水非无义，操舍存亡恨不常。

## 苦暑寓意

立秋八月暑犹甚，伫望中天无片云。
金风避事潜何处，养得骄阳似暴秦。

## 钓

垂钓烟波不设饵，羊裘钓者是何人。
玄真子号人多识，羡慕桐江必有因。

## 渔

青青箬笠绿蓑衣，细雨斜风晓露微。
欸乃一声滩水转，腰悬笭箵去如飞。

## 自　嘲

力学邯郸步未成，又随拓跋舞前庭。
亡羊莫叹当歧路，虽向中流鼓楫行。

## 有　感

真淳气散动猜疑，饱历风波只自知。
莫谓沧浪歌意浅，海鸥伴我机忘时。

## 写　怀

永夜如年语不虚，衰龄病后叹庄居。
西斋尽日无人到，独对寒窗数卷书。

## 又

五更残梦记难真，晓起雪寒随病身。
欲过溪头问渔子，不知鸥鸟可相亲？

## 望　春

祁寒日夜苦相聚，欲问三阳可问谁？
眼底冰霜穷必变，野梅枝上报春回。

## 立　春

立春淑气便宜人，喜作春诗趣味真。
夜怪酣眠犹未足，桃枝柳眼亦精神。

## 又

梅柳传春却问春，和气到处物咸新。
东邻不顾西邻事，春意均平也笑人。

## 寓　言

寒极阳回布新暖，水深风便运长舟。

云霄乔木得相近，沧海明珠岂外求？

### 送毅庵刘孝廉之南都

淮海维扬入壮游，青春作伴上皇州。
鸡鸣寺外晓风景，纵目乡关不用愁。

### 南　庄

南庄胜概似桃源，溪水西山接晚烟。
菊竹桑麻相掩映，此身如在画图前。

### 暑　甚

蓬门冷淡暑何侵？可是纷嚣尚累人。
数望桐江好风月，愿将江水涤尘襟。

### 小院春花

淑节暄风雉震鸣，青逵绿野岁时更。
杏桃满院花初放，天地文章照眼明。

### 有名无实

耀目花繁喷鼻香，柔风眷恋似颠狂。
花残杏子探何在？独对空枝笑一场。

### 因移蒲念及逃移

蒲类移栽岂自知，叶垂根瘦似嗟咨。
看来物亦安原土，何况人情有所思！

### 菊

风霜独茂百花魁，开候重阳不用催。
但得其中幽雅趣，何须头上戴花归！

### 黄　叶

满林叶绿尔先黄，可是知机自异常。

寒露节来难相亢，不如早退避风霜。

## 菊

呼童汲水灌黄花，纵有风霜色更佳。
坐向篱边时一嗅，清香恋我上乌纱。

## 春

一年嘉景在三春，日暖风柔雨露新。
更有幽人游玩乐，青山山外小溪滨。

## 霜

寅月三阳已大开，飞霜何事又潜来。
东郊草木白如玉，飒飒寒风一怆怀。

## 送毅庵赴江东

淮海春风拂面来，一帆高揭去舟开。
金陵景物多嘉丽，游览竟然入壮怀。

## 旅　况

四壁秋蛩不住鸣，家家俱是捣衣声。
数年游子天涯外，寄与寒衣更怆情。

## 雪

东北风狂送海云，残冬始见雪纷纷。
蓑翁独向寒江钓，六出花飞不见人。

## 又

雪水烹茶气味清，一杯将尽觉惺惺。
海云潜入腹肠里，只恐春雷便作声。

## 游西溪

春晓日高暂出游，草牙柳眼匝溪头。

东风温暖惬人意，默坐绳床看水流。

### 夜　雨

堤柳报春春早回，雨滋柳似雪滋梅。
昨宵春雨及时降，游玩西溪可共谁？

### 落　花

桃杏芬芳春已半，路旁烟火两三家。
茅檐独坐无情思，减却春光问落花。

### 阐　幽

白酒酿成邀菊饮，黄花正长待人来。
陶翁去后谁知己，却恐花开未尽开。

### 春

闲过东园春已暮，枣芽柳色快新晴。
我愿留春春且住，数声啼鸟似含情。

### 又

堤柳密阴草漾青，小鱼作队趁波行。
闲春散步西溪上，笑对春光一展情。

## 七言律诗[①]

### 弘治癸亥三月十六日游望海楼，时年二十二[②]

望海由吾地势幽，于今谁识几春秋。

---

① 原抄本无此标题，为编者后加的。

② 原抄本作“十二”，误。弘治癸亥张景华二十二岁，因改之。“楼”，原抄本无，以意添。

沉沉洞向云中锁，点点水湛石上流。
物老时移风景在，歌阑酒罢梦魂休。
春光万里乾坤净，不欲晒迟效许由。

### 丙寅春书舍成

草舍深沉依短墙，东风温软泮凝霜。
家贫何恨良材少，亲老不堪为子忙。
竹对小窗摇影翠，菊攒新砌过风香。
从今闭户推闲事，期与当朝作栋梁。

### 正德辛未下第寓太学思乡，巨寇攻郯，号六万

别久思归归未得，黑甜稳处暂离客。
三里孤城保有谋，一方兵火御无策。
愤来回首叫汾阳，世远何人继耿光？
莫玩天津桥畔月，子规声里送凄凉。

### 吉水丁忧回

客船觉梦三年苦，霜树号风两岸闻。
望里不知先下泪，哀中安敢细论文。
归舟飞渡西江水，离思空怀日暮云。
琴鹤相随人已去，清名千古与谁群？

### 送吴孔卓

北土逢君又是燕，变游尚计共南还。
间关道路八十里，契阔江湖十五年。
岭外凤雏名已久，蕲阳霖雨弊应蠲。
官河冉冉熏风发，遥指荆襄歌扣弦。

### 次蓟州公馆张道长壁间韵，忧旱

旱久春郊浑似秋，无端揽辔作东游。

路傍杨柳空舒眼，山外梨花自点头。
暮雨有无决丰歉，人情反复隐戈矛。
天高风伯难为讼，安得悬河慰我愁？

## 次康家庄寺壁上韵

见小如何独子阳，夜来伴我是干将。
击柝恶闻声断续，绕村惯见气苍茫。
当年踏地随多寡，此日令人说短长。
蓟草萋萋依旧绿，渔阳今不是遐方。

## 乙酉正月七日，颠守邀过土台观烟火

浴沂世远何人继，蒙老[①]谷泉[②]兴异哉。
少长倚阑烟火近，主宾傍醉笑谈开。
春光荏苒惊初度，官事因循愧菲材。
附骥且图瞻懿范，夜深安步下高台。

## 霍州过河东述怀次韵

楚水燕山费远游，客中日月信如流。
俗随今古从容问，兴入莺花次第收。
韩信岭前逢柱史[③]，两河境外别仙舟[④]。
不图卓午风霾发，倦向邮亭且少休。

## 过赵城县吊豫庙次壁间韵

荒寺予罢独伤神，衰晋当年亦有人。
国士受知须报德，桥边乘间可忘身。

---

① 毕中丞。
② 储道长。
③ 逢洪洞许道长。
④ 别韩少泰。

碑留晚照苔仍绿，阶纳东风草自春。
峻岭高山非浪说，敢诬士茁负家臣。

## 洪洞次谷口韵，忧旱

云浓未见雨霏霏，花自凝香草自菲。
春尽已知农事晚，田高何望麦生肥。
驱驰南路空停马，愁叹山村独掩扉。
柳外野蜂不思旱，飞来飞去傍人衣。

## 力疾喜雨

一雨徐徐连昼夜，三农犹可望秋成。
漫天岭外云翻影，延月庭前水作声。
烦闷心添孤馆思，缤纷梦是故乡情。
费他药物全无益，只喜南来眼界清。

## 过襄陵书清风亭有感

久约龙祠游未成，匆匆日暮下孤城。
梦魂已倦堪蛙闹，风雨忽来是水声。
亭傍湖山景自别，堂环松竹兴偏清。
愁人世事思归去，过此真兼吏隐情。

## 清风亭次韵

亭纳清风可结缨，水为襟带竹为屏。
荷翻秀色鱼知乐，松变苍颜鸟不惊。
遇景空怀陶谢乎，寻檐喜见孟韩赓。
夜半呼童烧烛坐，巡游何必叹零丁。

## 戊子九月九日不见菊花

开遍菊花未见菊，重阳疑不到茅屋。

昨夜飞鸿带霜信，春属公共秋何独。
黄菊香从栽处香，重阳非是厌僻庄。
来年春雨学陶令，多种黄花候重阳。

## 戊子咏雪效欧体

海云飞布北风吹，六出冰花数亦奇。
鹅鸭声随寒影夜，山阴兴为故人时。
远沽僧舍茶烟润，密压庭除松叶垂。
晚来企足清江上，作伴渔舟尚未移。

## 又

冻云四合天初雪，融水新茶亦可烹。
密度虚窗光烛夜，寒侵邃阁暖犹冰。
随风倏忽平沟壑，障日黄昏失草亭。
愿作竹楼高数尺，蒲团兀坐听来清。

## 庚寅吊许忠烈汝登

西江六月暗风沙，回首燕山道路赊。
养乱淮南谋可寝，临危晁错策空嗟。
平生正气今无歉，此后烈声日自遐。
江上新祠荣崇赠，暮云低绕噪寒鸦。

## 雪霁草堂为樊道长作

薄暮回风旋急雪，一冬清景又惊新。
融融日衬千门晓，凛凛寒收万国春。
细柳风恬可暂憩，停云诗古不须论。
草堂纳得乾坤意，更有余光照后人。

## 学欧禁体[①]物语用正韵

瑞雪年残犹未见，暮冬朔夜讶同云。
牛羊畏湿亲烟火，鸟雀号饥集晚村。
山阴秦岭情何切，披氅烹茶兴亦真。
肯学洛阳令按雪，穷庐高卧岂无人。

## 次戴龙山韵忆庄居

庄居白马水如湮，好事于人亦自悭。
台檄飞来催益急，渔竿收去愤无缘。
五株柳暗鸦巢户，三径草荒竹锁烟。
独喜乡山犹在近，闲庭清梦过庄前。

## 忆庄居

庄居路北水之南，摘取柔桑亦可蚕。
傍舍柳舒唯种五，入园径小之开三。
农夫烟垄春寻侣，牧竖绿蓑晚共谈。
更有一般好滋味，逢人莫说胜酸咸！

## 次山斋韵

绿杨绕舍数千章，杖履东风近水塘。
买田耕耨无余事，对竹吟哦他未遑。
蝶影去来真逐物，鸟声上下似争强。
庀[②]材苦恋庄居乐，睡起三竿日转廊。

## 甲午誊黄科和管平田壁上韵

禁城侵晓望嶙峋，环绕楼台紫气新。

---

① “体”原作“休”，以意改。
② 庀原写作上广下力。

太液溶溶鱼戏藻，上林郁郁鸟呼亲。
长廊检册日亭午，朱户看花气转春。
揭壁大篇情景异，才名久已重三秦。

## 写　怀

台寺空惭岁月深，半生早见二毛侵。
御河日映浮清影，禁苑莺啼过好音。
劳逸安常皆宦业，炎凉妄较是何心？
武官册入应多暇，抱膝聊为一短吟。

## 乙未重九日出遵化东归

蓟门烟雨喜初开，多病侵寻愧谫材。
图便原非出处约，养高岂向拙迂来。
防边空有及时疏，忧国难堪到处灾。
命许归田恩亦重，草堂三径久生苔。

## 咏　雪

东北风来力正强，连宵吹雪入中堂。
光生栋宇积尘润，气逼铜炉宿火凉。
呼取烹茶味自别，遥怜伴钓兴偏长。
比年蝗种冬犹在，愿假余威息重殃。

## 咏　春

柳叶桃花红衬绿，莺声燕语浊兼清。
村庄幽丽迷游目，溪水潺湲濯钓缨。
望海楼高风淡淡，由吾洞杳雨零零。
春来顿觉乾坤意，敛衽兀然坐草亭。

## 咏　怀

寥落南庄是定居，古人亦有乐犁锄。

地偏才觉尘思转，客少何妨礼数疏。
陋室帘前春草净，北窗枕上晚风余。
倦来安步寻溪水，鸥鸟浮沉伴跃鱼。

## 庚子岁三月二十日游望海楼

百里平山石突出，屹然千丈插云霄。
望海名香留孔迹，龙王碑古自元朝。
地连胜概皆环拱，气接沧溟可画描。
东风乐与游人便，登罢神怡万虑消。

## 西庄春游

护堤杨柳漾新绿，举目春姿远趁人。
紫燕翩翩来往急，黄莺恰恰唤呼频。
西溪水暖鱼冲浪，北垄风柔草展茵。
百物得时皆自乐，穷愁未见葛天民。

## 辛丑三月十六日游艾山

西去艾山三十里，暮春亲友约登游。
势连淮海根盘远，气扼邳徐秀发幽。
花柳绕堤香细细，牧樵寻侣乐悠悠。
仆儿日宴莫相促，戴月归乐得自由。

## 闻　荐

僻庄五载心多梗，荐疏十番行与违。
莺啭东园春过早，冻开垄亩麦生微。
牧童牛背歌为乐，渔子江干钓息机。
击壤老人谁共我，燕山遥望庆云飞。

## 迎　客

铨署移文自北来，九重雨露遍蒿莱。

长途须假储驱力，老马原非致远才。
病向田园多静养，衰怜怀抱得初开。
翘首燕山心更切，五云飞绕凤凰台。

## 立春前二日雪

愁叹一冬未见雪，同云倏尔雪漫空。
积诚默祷劳宸虑，遣祀纷辞祝岁丰。
鹤氅披来神自逸，山阴游罢兴①还浓。
孤舟渔子知何在？饥卧高人岂惮穷。

## 次中丞周弓冈韵

握月担风情景在，蝇头蜗角利名空。
事机须论常参变，福履莫嫌啬与丰。
桃李经春生意足，柏松伴腊脱阴浓。
鹑衣穿履贫何害，韩子当年亦送穷。

## 又次前韵

南近江淮北兖济，云龙柏竹鸟旋空。
德重琢磨怜老倦，业专耕种愿年丰。
沭河水湛声高下，艾小山幽色淡浓。
凤尾野茶七椀足，笑他浣子泣途穷。

## 寿司空甘几山兄

家山突兀高千丈，诗酒消闲鹤泪（唳?）窗。
大椿累世依庭宇，南极中宵照锦江。
德拟三槐应并美，身全五福美无双。
花萼相辉承雨露，司空雅望重乡邦。

---

① “兴”原抄本作“与”。

## 燕邸遇重阳用正韵

闰月重阳犹未霜，篱边喜见菊初黄。
幽香细细浮宾座，旨酒频频满玉觞。
知味东邻蜂不厌，催花秋暮雨何妨。
深惭拱默无裨补，俗务牵人日自忙。

## 又用正韵

年年种菊候重阳，京邸盆栽菊亦芳。
会比蓝田怜客少，帽同孟氏怯风狂。
羁情蓟北觇孤雁，乡思沂南忆远庄。
夜月未圆眠未得，垂头相对是干将。

## 赠彭蒙南侍御

黄城城外嘉山水，旷逸襟期到处同。
鸥鸟远随波浩荡，洞云常伴月朣朦。
采山茹美衷何慕，钓水烹鲜乐未穷。
市虎谁虞听者昧，玉壶冰鉴论还公。

## 祠南小亭予以水云名之，赋此以探其义

水流云在诗何义？杜子当年感叹深。
临水潺湲真有渐，观云优逸是无心。
祠南万顷波连接，林外长空气郁森。
老大宦情惭拱默，闲来缓步一招寻。

## 重九日有感用正韵

九月行台未见菊，东篱伴我旧相知。
秋深劲节霜难犯，病剧闲愁酒可支。
竹叶从来情分薄，黄花何事影香微。

正冠杜子蓝田会，江北看云有所思。

## 看坝回，偶遇盆菊有感

近市篱东盆里菊，不应妖艳聚群观。
叶枝疏朗天真散，香色轻浮异物干。
裁剪任人多费巧，迁移随处类惊湍。
谁为铁石心肠者，烈日严霜总自安。

## 早发瓜州

片帆侵晓破烟涛，万里南游兴独豪。
龙虎双环京阙壮，金焦齐峙海门高。
穴中无地藏魑魅，天上何人秉邱旄。
慷慨尊前还剑舞，太平功业看吾曹。

## 又

道场闻说城南胜，醉里风光泼眼浓。
峭壁凌云青面面，深松擎雨翠重重。
鬼神自护仙灵宅，丘壑应顷磊□①胸。
却怪簿书犹束缚，肯容诗酒日追从。

## 又

满地北风吹草堂，腊前消息几呈祥。
寒生古柏苍虹堰，冻合澄溪白练光。
寂寂灯前人独坐，哀哀云外雁双翔。
琼楼玉宇望不极，楚水燕山应路长。

## 又

公余同上最高台，坐看遥天霁月来。

① “顷”疑当作“倾”，“□”原抄本空一字。

玉鉴夜光翻翰□[1]，冰壶秋影动深怀。
清却万里神游远，胜集三宵俗抱开。
风露凄凄满衣袖，酒阑携手重徘徊。

## 嘉靖甲辰年六月乞休

衰病违心空浩叹，乞休疏已达重瞳。
田高禾黍耕耘里，树密庄居隐见中。
艾小两山迷远近，白溪一水绕西东。
内台起用成何事，泉石烟霞气味同。

## 又

迂拙欲求寡过难，此心原不避訾弹。
如山舟可涉沧海，似栎材何免素餐。
积毁从他销骨势，乞[2]归又得老身闲。
雀罗门外桑麻友，岂独王良费往还。

## 旅　情

累人出处今思昔，中外奔驰亦困哉。
远山古渡悬孤[3]月，长路行踪纳细埃。
风凛霜严时序变，鸟啼鹤唳客情哀。
何如松竹犹存处，尽日盘桓有好怀。

## 寓淮安都府重阳遣怀用正韵

淮阴候代复重阳，篱畔黄花自耐霜。
何处登高乐燕饮，此心防患苦灾伤。
落英餐罢香仍在，旧帽着来情未央。

---

① 原抄本此处空一字。
② “乞”原抄本作“气”。
③ “孤”原抄本作“丝”。

卧病秋深宵更永，沐[1]沂水近是家乡。

## 寓淮安思归用正韵

淮阳羁解其归矣，录友约全亦快哉。
分外毁誉原不论，个中萧散有何猜。
延年药物得相近，傍水群鸥可与偕。
最喜北园多种木，千株丛绕构书斋。

## 思乡用正韵

眠怕抚台秋夜梦，倦思望海暮春游。
铄金销骨徒为谤，问舍求田得自由。
出处在人俱有命，寻常反己可忘忧。
欲归羁绊难为去，不是嗒然不豫谋。

## 羡菊用正韵

重九节临菊未开，迟迟花意若疑猜。
含章尔可乘时矣，遇雨君何亦困哉。
桃李东风惊独秀，竹松霜霰试□[2]才。
退一步为安乐法，今年菊必有高怀。

## 寓淮安都府重阳后三日菊未开

年年菊绽傍重阳，节过如何尚未芳。
嗟尔后期若弃信，笑他先物又无章[3]。
容心百物应多坠，通变哲人是所常。
不后不先跟脚定，临歧安用叹亡羊。

---

① “沭”原抄本作“沐”。
② 原抄本此处空一字。
③ 原抄本“章”作“常”。

## 连年灾伤

农事频年逢水旱，人情困极乐无家。
地分僻远恩难及，官督催科夜亦哗。
范老才猷高出古，杞人忧思乱如麻。
闲常备论东南事，小见真同井底蛙。

## 题真颐庵

世务迫人日自劳，此生安得避尘嚣。
结庐偏觉幽闲好，养正独知趣味高。
春雨敲针钓沂水，晚风开户望东皋。
客来肯与同萧散，应有邻翁送浊醪。

## 见雪依正韵

倏尔东风送海云，夜来雨雪已氛氛。
光映虚窗疑见月，白吞平野讶堆银。
敛翼天边无去鸟，披蓑江上有渔人。
融水烹茶味自别，当年尚忆立程门。

## 寓　言

绝味只垂无饵钓，忘声何必有琴弦。
狱中剑气难终掩，泽底珠光岂并沉。
世情反复成千万，事理谁曾分古今。
村落嗒然尘虑遣，侵晨口占短长吟。

## 戊申寅月，因县学诸君远劳相候，口占小诗

车马连镳当省耕，草心柳眼各青青。
烟浓村落初开户，日暖池塘渐解冰。
鸡犬难安征敛急，西畴有事往来轻。

苍庚日恋庭前树，缄口春深尚未鸣。

## 大风通宵，既而落雪兼雨

日日云驰风吼狂，霏霏雪雨暗南庄。
檐前讶见琉璃树，楼外忽添碧玉墙。
脚踏粒盐声淅沥，手弹银烛响丁珰。
喜来祝作丰年兆，愿对青皇诉一场。

## 戊申寅月，西庄请陈大尹

村静门堪设雀罗，每询太古是如何？
忘言会处无真伪，鼓腹乐时似咏歌。
风月满天耕伴钓，鹤凫呼友去还过。
城西冬夜德星聚，面米春中气转和。

## 雨　久

夜坐茅檐恶雨声，田荒麦腐两关情。
亢阳风伯灾初降，久涝云师孽又生。
天漏畴能悉力补，日沉借问几时明。
越裳凤鸟难频遇，云正风调是太平。

## 有　感

风惨霜稠菊自花，渔翁鸥鸟共晴沙。
文弊谁能还古朴，质烟愈见恃才华。
拔残穰莠称丰岁，微尽藩篱号大家。
水北山南皆可乐，此身安得拟瓠瓜！

## 咏　春

洞口梅花开报春，三阳气久屈还伸。
蛰惊冻解泽初遍，太皞勾芒化自醇。

草木舒春饶雨露，山川涨碧净风尘。
论功布德天王事，修禊年年傍水□[1]。

## 种　柳

春初广种河堤柳，闲玩能消暮景愁。
钓饵暗垂鱼远避，网罗徒布鸟知休。
云烟聚散山常在，寒暑往来水自流。
谁说终南多隐士，此心原不为身谋。

## 宅东新立草轩

停旆草轩聊憩息，长途盘水净风尘。
柳舒青眼如窥客，莺啭绿阴似唤人。
溪外笑谈约共浴，垄头耕耨自相亲。
烦苛古语猛于虎，邑里冤号未可闻。

## 述　怀

园背多栽井上李，田间好种东陵瓜。
近篱黄菊陶翁舍，傍水白莲周子家。
僻路终年少车马，荒村尽日对桑麻。
老春遇过还知悔，乐忍旁求差未差？

## 秋　冬

梧桐自语是何时，兰佩凝香叹《楚辞》。
霜从青女陨熏叶，鹊尽画檐遇白衣。
养魄广寒言涉怪，结永江水事为奇。
登高落帽风威壮，赐浴汤池各赋诗。

---

① 原抄本此字不清晰。

## 书院南池

南池疏浚薄南城，书院临池积水清。
柳护长堤莺自度，荷浮新叶露初停。
喜逢茂叔为知契，愿得渊明作品评。
稍待芙蓉盛开日，手持《周易》憩泉亭。

## 游望海楼

胜地隔郯三十里，乘春策杖一逍遥。
西近沭河流水净，东连山谷暮云饶。
由吾洞口依僧寺，望海楼头接紫霄。
亲友共谈今古事，黄昏归路问渔樵。

## 春　寒

草木雪频生意停，池塘风峭半还冰。
钓徒觅火招渔子，樵侣携汤呼牧丁。
雀聚茅斋檐外噪，鸦旋古寺树中鸣。
三即怯冷潜何处？故遣顽阴气与争。

## 久旱得雨

万里风埃属亢阳，昨宵雷雨润枯伤。
微凉到枕方成寐，漫兴入诗未就章。
溪涨禾添数尺水，花开喜得几枝香。
衰年怯暑又三伏，倏尔阴晴恨不常。

## 写　怀

忽念美人天一方，时乖云外自翱翔。
茅檐坐听蛩声永，秋社仰看燕影忙。
叶落庭除霜信早，禾登场圃穗头香。

迄今残暑犹为厉，可恨西风似避藏。

## 写怀，寓四时意

酷暑空思飞雪散，清凉传说白龙及。
隆中风月堪舒啸，盘谷烟霞可赋诗。
郁郁山松含露色，疏疏篱菊傲霜姿。
黄绵袄却侵肌冷，未见梅花频系思。

## 清　冷

日望风和风未和，春深积水冻还多。
结巢鸦鹊声凄惨，草木含青可奈何。
霜重水冰风愈厉，如何此日是春深。
不图炉火又相近，寂寞难言造化心。

## 春　寒

癸丑立春春太迟，异常彻骨冷谁知。
黄埃积久失霄汉，风势突来震庱廖。
海右云驰得雪小，垄头梅放嗅香微。
空闻绿野堂堪乐，只见冲寒竹转肥。

## 遣　怀

衰年官里但知劳，欲向幽间暂避嚣。
西近沂河流水净，东觇山海楚云高。
邵平瓜美贫何慕，蒋诩径开兴亦豪。
茅宇三间琴鹤在，碧松窗净阅《离骚》。

## 磁州叶代巡重阳之会

衔命中州过九重，行台招饮胜登高。
正冠遥忆蓝田会，餐菊空怀屈子骚。

□[①]水城南如净练，秋风夜半类惊涛。
群公识鉴昭肝胆，王事何须念独劳。

## 言　怀

冬晓村鸡声不断，夜长怪梦记难真。
裁诗可笑寻常句，对酒浑忘衰老身。
垂钓富春餐白石，考盘山谷耐清贫。
淮南地近风烟别，闲步东皋兴味新。

## 雪　晴

雪晴寒气突然来，坐对明窗有好怀。
一冬伫望心思苦，千里雪飞眼界开。
松柏亭亭叠苍翠，竹梅霭霭净尘埃。
三阳转换是何日？雨露西畴起种栽。

## 冬　雨

夜雨淋漓檐水急，烛光明暗病怀愁。
荒村寂寂凭谁语，杂虑纷纷岂自由。
鸡懒过时犹未报，童眠迫晓尚无休。
起寻炉火烘衣坐，乍听晴风度小楼。

## 即　事

乔木鸟巢声微远，小溪鱼窟影随流。
花开叶出趋时变，水钓山樵乐事幽。
厌听终南作捷径，莫言李广未封侯。
人情险过风波险，自入田园得自由。

---

① 原抄本此字为左氵右上火，中禾，下一，不知何字。

### 言　怀

莘野垄中乐耕耨，幽居恒念古人情。
沭沂活水成襟带，艾小晴岚作障屏。
犬护重门村夜寂，鸦旋五柳曙光盈。
桑麻墙外临东路，终岁不闻车马声。

### 东　堂

季春卜日筑东堂，黄草屋成就短墙。
嫩绿槐阴鸣客鸟，缤纷花影递清香。
如流岁月催衰老，似铁心肠觉愈强。
静里真无一个事，迂疏何必论行藏。

## 古　诗[①]

### 东堂待月

河亭台上先得月，东山峰美若双阙。
举首平观魄团团，少事中天光尽揭。
晚云何事随月升，一阵[②]风来凉似冰。
朦胧顿失台前树，空有阑干不敢凭。
兴意芒芒就馆宿，且将邀月诗一读。
明朝亟起生扶桑，日高五丈群阴伏。

① 原抄本无此标题。

② “阵”原为“阵阵”，后一字衍。

## 题松山书楼

种松山之下，承露若膏沐。
岁寒色自苍，可比君子独。
无山松何依，无松山何郁。
中有巍然楼，万卷书久蓄。
朱架瓜牙签，今古义渊穆。
居常对圣贤，青藜照夜读。
张目翠盖停，回首峰峦矗。
所贵实力行，空言倍惨恧。
式贤阁在此，余风远益馥。

## 赠张大行元孝

奉使入泽潞，秋晚气萧森。
太行接柏谷，硉矹过千寻。
晨旆冲寒露，山川叹壮吟。
醒籍中州彦，青年德量深。
平台重九日，白酒对菊斟。
宦途惊岁月，感欢共客心。
琴鹤人何在，坚真百炼金。
湖台蘸春绿，风景古犹今。
还车依辰极，应有万言箴。

## 家　教

本固枝叶茂，源深流派长。
世教衰已久，人情大可伤。

忠恕近一贯，至道是五常。
亲亲后及物，无序类颠狂。
屑屑计较者，立心原未减。
闺门百务出，此义要参详。
求利害难免，贫窭亦何妨。
草瓢陋巷子，万古声誉光。
顺理从珍戒，裕危岂渺茫。
审几在一念，时时慎勿忘。

## 有　感

群鸦报风信，东北壮云头。
雷声促雨急，电影拍天浮。
沂水决高岸，沭河会□流。
阴阳真错乱，远迩倍嗟愁。
外户忘关闭，行商宿垄丘。
难将称至治，亦是得良谋。
频岁逃相继，思乡恨未休。
灾星惟自任，六事敢他尤。
上下势悬隔，天人理可求。
督催期甚急，安抚事谁忧？
村落桑麻友，人情荡漾舟。
行台重宣达，无路诉根由。

## 甲辰冬离淮，淮民图像，因赋此以冠诸图端

淮民何为图我像，歌谣叹息知我心。
安抚岁余不忍舍，忠厚人情无古今。

迂直动辄与物忤，入祠又将议浅深。
不如随我东归去，朝夕相伴乐清吟。①

## 送张光启道长

九月②秋蝉欻有声，官河新水惬南行。
西土奔来才数月，盘餐舂韭话前盟。
此去独指郢匠斤，回首便见飞五云。
愿取前言作赠别，和缓云外慎若勤。
世变波澜险巨恶，剥愎外饰似孱弱。
自作诚明两德兼，旌别未必无一错。
国事日来积弊深，参伍求尽吾之心。
周岁日月能几何，零零碎碎莫抽寻。
我托爱末惭锻炼，迂隘疏历无片□③。
公余幸会停云章，德音不假北来雁。

## 游东圃

堂角一门常不开，门前小路积尘埃。
官事恼人何日了，平河之地今初来。
退食起立说辛苦，侍者进曰有东圃。
开门引我入中亭，我欲遍游日正午。
百步长，十步阔，坐久神怡心自豁。
张而不弛非人情，碧草红花活泼泼。

---

① 天马出版公司本《白溪漫稿》此诗下有注："张景华后人于此诗作后八年传抄之诗作如下：'淮民何为图吾像，歌谣叹兮知俺心。安抚岁余不忍舍，忠厚人情悟古今。欲知动辄迂囫囵，入此文将议浅深。不如随我东归去，朝夕相伴乐清吟。嘉靖壬子年四世祖白溪公。'"

② 原抄本原作"五月"，五月不是秋天，天马本改为"九月"近是。

③ 天马本作"善"。

## 题湖山

山屹然兮石可转，水有源兮派可衍。

山水移来西城下，水清冷兮山婉娈。

平生颇爱山与水，山在鲁东水在济。

爱山何必鲁之东，爱水何必济溺溺。

三交水，卧龙山，只在行台咫尺间。

乐山乐水属仁智，我何为此放租攀？

## 识　量

沐芳浴兰者，体面自超常。

切忌弹冠手，振衣亦不臧。

处世慎太洁，至道在含章。

贤哉烟波叟，远矣天一方。

## 黄　鹂

四月初旬槐露青，枝叶先后未齐生。

六阳出尽熏风作，忽听黄鹂三两声。

百鸟迎春皆取乐，尔何独待绿阴成？

## 浮瓜沉李

熏风自南来，祝融威正烈。

摘取瓜与李，团圆似星月。

新汲水气凉，浮沉更澡雪。

入口吞金风，清心滋味别。

## 花　落

杏桃花片随风落，满地春光亦可怜。

富贵纷奔暂时事，莫笑花容只眼前。

# 词[1]

## 阮郎归

西斋默坐听鸣蝉，素琴何用弦，村南新种柳含烟，碧筒酒眠。蝴蝶舞，风花翻，幽怀觉坦然。濯缨溪，水有源，泉波痕，个个圆。

## 捣练子

文出类，志无双，草色苔痕远映窗。孔思周情须考究，摊书永夜近寒缸。

## 又

促织现，短长吟，爽气新凉暑不侵。索寞星窗宵渐永，繁声又是捣衣砧。

## 又

蝉退避，声悠扬，饮露吸风乐未央。清伴西山独守饿，微吟唤起满天凉。

# 二、遗　诗

## 游清泉寺

闻说清泉寺最幽，病心几欲过沧洲。

① 原抄本原无此题。天马本注：“《阮郎归》前被撕去一页。”

高僧挂锡年应久，山上白云可散愁。

——《古今图书集成·职方典上·郯城县》第二一二卷：清泉，在马陵山侧，傍有清泉寺。邑都御史张景华有诗“闻说清泉寺最幽，病心几欲过沧洲。高僧挂锡年应久，山上白云可散愁”。按：康熙《郯城县志》收此诗，亦无题。《白溪漫稿》原无此诗，新印本收入，加题《游清泉寺》。

### 雨中过孝义①

朝雨风霾净，东皋宿麦荣。

欢声沸村叟，乐事在春耕。

花柳应含媚，山川若有情。

征途舒望目，天外片云横。

——乾隆《孝义县志·艺文参考》卷四。

## 三、遗　　文

### 孝妇冢碑记②

孝之道大矣哉！《经》曰：“夫孝，天之经也，地之义也，人之行也。”《吕氏春秋》曰：凡理国家者，必先务本，莫过于孝。夫孝三皇五帝之本务，而万事之纲纪也。执一术而百善，至其道非眇小矣。若汉东海之妇以孝称，非女中之舜参耶？按汉史《于定国传》

---

① 张景华《白溪漫稿》五言律诗中收入此诗，题作《春雨孝义公馆次壁间韵》。有字句不同：“朝雨”作“频雨”，“宿麦荣”作“麦更荣”，“应含媚”作“应多媚”。

② 乾隆《沂州府志》卷三十二《艺文》收入此文，题作《汉孝妇冢碑记》。

载：东海有孝妇者，少寡无子，养姑甚谨。姑欲嫁之，不肯。姑谓邻人曰：妇事我勤苦，我哀其无子，守寡也久，以老累壮，奈何？后自缢死。姑女告吏："妇杀我母。"吏捕孝妇，孝妇辞不杀。吏验治，孝妇自诬服。且狱上府，定国父于公时为郡决曹，以为此妇养姑十余年以孝，必不杀也。太守不听，于公争之，不能得，乃抱其具狱哭于府，因辞疾去。太守竟论杀孝妇，郡中枯旱三年。后太守至卜筮其故，于公曰：孝妇不当死，前守强断之，咎傥在是乎！于是太守杀牛自祭孝妇冢，因表其墓，天立大雨，岁熟。郡中以此，大重于公。第不知何以失其姓氏，《县志》谓窦姓者，未然也。呜呼！予于此益见孝道之大，而天人相与之际捷于影响矣。堪舆渺邈，人生其间，海之杯水，仓之稊米耳。若妇尽孝，顾蒙不孝之戮，天即为之枯旱三年。及其诬辩而事显也，天雨，一人之身，其孝至于动天地感鬼神，道有大于孝者乎！天也人也，高下大小，势若离逖。然逆天则旱，顺天则雨。有感必应无毫发爽，天人之理果有异乎？因思夫天下之事常若变两端而已，孔子曰："五刑之属三千，而罪莫大于不孝。"妇之以不孝死，亦事之至变者也。天道福善祸淫安在哉？虽然亦千百中之一二耳。使天道又懵无知焉，逆弗旱，顺弗雨，为善者可怠欤？是故君子为善，惟求尽其分之当，然得失利害之不在我者无恤也。孝妇以诬受戮，人皆冤之，然其心俯仰无愧，亦含笑入地矣，讵知其冤乎？予于此复有说焉：凡祸福之来有所自，君子不恃智以防之，恃其无致祸患之道耳。孝妇之诬所以成之者人也，姑氏昧于爱，郡守失于察。脱姑氏知守节之可尚，不自毙而昧于爱，郡守知于公之平恕不偏听而失于察，孝妇何自蒙诬哉！此又可以为古今鉴也。沂二守李君秉，玉山人，来署县事，诣冢致祀。惟见冢前有东藩宪副吉丰公公勛，躬书"汉孝妇冢"四大字勒诸石，而其事之颠末无文以载之。还请于予曰："汉孝妇名与天地相悠久，冢独无文以揭扬之，亦一大缺典也，何以风名教？"予久蓄世道之感，闻而大踶其义。《传》曰："言之无文，行之不远。"不揣无文，敬为之记。

——载康熙《郯城县志》卷十《艺文》、乾隆《郯城县志》卷十一《艺文》，又见《古今图书集成·职方典上》第二百四十五卷、乾隆《山东通志》卷三十五之二十、乾隆《沂州府志》卷三十二《艺文》。

## 乞赈安东等处饥民疏

臣闻涸辙之鱼，求活于升斗之水；栖苴之草，待命于滴沥之濡。切见安东等州县，连岁旱荒，人民饥馁。卖妻鬻子，号声相彻于里闾；扶老携童，菜色并僵于道路。剥木皮，茹草实，四郊尽枯槁之形；骨鬼瘠，步蛇行，列村皆饿殍之状。白骨揞乎沟壑，死人至以泽量。今天下群黎，靡匪含哺鼓腹，而独此数处，偏坐向隅之悲。岂太平之世所宜有哉。查得各州县俱有预备仓，多者积谷至三四千石，少者不下数百石。又有存留余剩银两，不系正项之内，俱可易粟赈济。祈圣明哀此孑遗之氓，俯垂旷荡之恩，准令臣转行所属灾伤州县，查报贫难下户，流离饥民，计口而赈之，俾枵腹垂亡者，犹获须臾无死。幸见德化之成，地方幸甚。

——载康熙《郯城县志》卷十《艺文》、乾隆《郯城县志》卷十一《艺文》。

## 议处海赣等州县逋税疏

题为议处灾伤地方拖欠银两，以足国赋，以安民生事。窃以海州、赣榆等州县，濒海之地，斥卤之区，咸水易于杀稼，连年荐被旱荒。自嘉靖某年起，至某年止，积欠正赋银若干，掌印官见奉题准住俸严追，闾阎之民，嗷嗷汹汹，聚族而号呼曰："天乎！吾侪小人，朝不谋夕，且将操瓢为沟中瘠矣，上之人胡不闻，而故令逼我！”臣闻之不胜咨嗟，不胜惶惧。夫竭泽而渔后必无鱼，燔林而狩后必无兽，矧以督责敲朴之威，加于枵腹待哺之民，宁不速之逃亡乎？查得淮安府所属州县，俱有漕运衙门赃罚银两，并缺官俸粮柴薪夫马等项，上年俱听抚按衙门公费正用之销。窃念漕河事务，自有岁办供应，加意节缩，则一年可足一年之用。困苦小民饔飧已称匮乏，复征积负，则十室将有九空之虞。合无候题准日，行令府属将前项赃罚缺官银，尽数开报，比照海赣等处拖欠之数，责令该府起解户部，准补本州岛县上年未完钱粮，其拖欠民户，恳祈明旨免追。本州岛县掌印官俱各开俸，庶残民获被旷荡之恩民，而守令无隳抚字之职。

——载康熙《郯城县志》卷十《艺文》、乾隆《郯城县志》卷十一《艺文》。

## 纠劾狂悖武臣以正纪纲疏

臣切惟人臣之罪，莫重于不忠，大臣之罪，莫重于欺罔。朝廷设分职，盖欲其勤恪综理，以翼赞政治。人臣自处，亦欲委身忘家，以求无旷厥官，废厥职耳。若立党比报恩怨，且受人之颐指气使，此不忠之大者。危乱时也，曾谓圣明之朝有此哉？近该巡按山西御史马录，劾奏武定侯郭勋，写书属托等情，具本认罪，自合责已反躬，以图改悟。顾乃饰非强辩，略无恐惧修省之意，反假借议大礼等事，欲耸动天听，且旁及臣等前日论奏，或受人之佐使，是何言之谬妄哉！迩者会武宴，勋临时又争论座次，内外臣工皆恶其骄亢。臣监试亦得与宴席之末，拳拳以循礼尚谦，举正其失，亦将少尽言官之责耳。而勋谓臣受人之佐使，是何言哉！山西五台县纳粟指挥张寅，被人讦告用妖术惑众等情，拘系在狱，盖地方一重事也，必细加审访而后可，勋辄敢与之写书属托。御史马录据实论劾，亦尽其言官之责耳，勋亦谓受人之佐使，是何言哉！臣材薄劣，叨蒙陛下选授此官，谓有耳目之寄。若持禄养默，遇可言者顾忌推避而不言，其为身谋则巧矣，如国家之事何？言官之职何！勋具本名为认罪，中间全无引咎负忒之言，反喋喋远指议大礼曾激众怒，而诬臣等受人之佐使，是盖隐然用“党”之一字，欲以动九重之听，以中臣等之祸，以释私憾，以立己威耳，认罪之意安在哉？古称“党”之一字，可以空人之国，勋无乃欲蹈其酷辙耶？其雄猜阴狠亦甚矣。仰赖圣明洞烛其奸，奉旨有曰：“郭勋既从实认罪，罢。”天语严重，似自足以折其骄而夺其气矣。臣不敢泛及，姑以勋属托一事言之，指挥张寅，系纳粟官，盖富者也，远在千里之外，非其三族故旧，而勋称与之素识，若平时无大馈遗能动之耶？勋系近侍侯伯，不避嫌疑，公然交纳外郡无籍之徒，而为之犯大不韪，写书求解。若此时无重贿以餍其心，肯如是动作耶？观此一事，贪鄙之迹显著矣。若交不以富，其或有他术可以动之，各处奸巧富财货，欲依凭声势，远来投托者，或不独张寅一人而已。张寅事情，陛下责付抚按官审问，果无妖术惑众情则已，脱或有之，不知勋之罪又巧将何说以解之也。臣待罪言官，得报见勋所奏中有“佐使”之言，骇惧无措，不容不辩。《传》云：“骄奢淫逸，所自邪也，四者之来，宠禄过也。”陛下深念功臣之义，隆权重禄，而功臣或不能尽体陛下之心。观勋之心，奏词大肆欺罔可见矣。事上如此，处官属军士能得其心哉。如蒙伏望天语，严加戒饬，仍革去提督之任，别选老成有器识者代之，或防微杜渐之义也。

——载《皇明两朝疏抄》卷二十《纠劾二》，《续修四库全书》第四百六十五册，《史部·诏令奏议类》。

## 康公祠记

正德庚午，流寇突起。其年冬，今都宪兰溪唐公尹郏，北上应朝，恒惴惴以地方事是惧。召集各乡素号勇敢者若干名，赴县协助防守。县幕康君用心趋事，唐公委托之。越明年春，贼势滋帜，啸聚几数千。唐公北回，偕康君咨谋于众，力主公守之策。遂补浚城池，外开三濠，锐炮刍粮，百尔攻守之具俱备。复以忠义危言感激之，人心益奋。贼初环城攻且急，多被吾郯擒戮。贼深恨，思报之。既而往返纠众，日夜攻甚急。吾郯据隘设伏，开门迎击。贼智穷胆落，遂遁去，自此戒犯郯之境界矣。当道廉访奏荐，唐公得加俸二级，康君亦屡被奖劳焉。我国家治平日久，武事渐弛，倏遇盗起，望尘束手，奔溃逃匿之恐后，孰知攻守为可恃之策耶？唐公倡之，康君从而赞襄之，吾郯人得而保首领，及室家之乐，以有今日者，岂可不知所自哉？此特危急守城之一事耳。平日之政教抚恤，如兴学校，均粮差，省财力，革奸贪，禁赌博，扶弱抑强，崇俭斥浮，凡可以通滞弊而厚国本者，无所不用其诚。康君虽处幕职，饬躬励操，亦有君子之风。夙夜殚力，以裨唐公之政，亦与有劳焉。唐公去任，民思之弗置，乃建生祠，同前尹遂宁席公并肖像于其中，岁时瞻拜，以伸恋慕之意。壬申岁，康公卒于郯城，人追念其功不可泯，亦为建祠肖像以祀。君讳友惠，字济民，滁之全椒人也。祠在县之北席唐二公去思祠之后焉。逾月落成，父老请次第其事，勒石以图永久。余不敢以芜陋不文辞。若吾郯之义勇姓名，及擒戮功次，亦载诸碑阴，将以为忠义之劝也。

——载康熙《郯城县志》卷十《艺文》、乾隆《郯城县志》卷十一《艺文》。

## 知己信己说

古称信己者难，难在己；知己者难，难在人。难在己尚可为也，难在人如之何哉？相知至白意，而犹有按剑之疑，指天日誓死生，不相背负，遇利害仅如毛发，则反目若不相识。知己者顾易得耶？必如管子生我知我之言。元伯停棺挽柩，以俟素车白马，终始弗渝，而后可谓之知己矣。信己云者，一家非之而不惑，一国非之而不顾，天下非之而不顾，所谓匪席匪石，不可卷也转也，第以盘水可捧，而志难持，或亡羊于多岐，或移节于岁寒，信己者又可易得耶？必如夷齐之逊国，三仁之处殷，伊尹之放太甲，周公之翊幼成，而后可谓之信己矣。故知己者非求人之知也，己有可以致人之知者，人自知之耳。信己者非必信也，亦信其所可信者耳。然德至于信己，夫岂一朝夕之故哉？必岂历览古今，而穷尽天下之理，质师问友，辩之明而研之精，然后择善固执，将无人而不自得矣。有是德而人之知与不知，系在人者也，吾何与焉。是信己者内也本也，知己者外也末也。若轻内重外，厌本嗜末而以人之知与不知为欣戚，是取在人者，而加之于其身也，亦愚矣，虽然信己者岂有是哉。嘉靖辛亥六月望后十有七日。诗曰：病暑心多乱，忘言乃系心。偶于四字题，漫尔实哦吟。

——载康熙《郯城县志》卷十《艺文》。

## 双槐解

嘉靖丙戌夏四月十八日，武举末场之期也。先日，予与练湖子陛辞入院监试事。迨稍暇，遂偕闻、刘二子，约登明远楼，聊具酒肴欵叙，顿觉心神旷怡，寄赏所愿焉。既而俯视庭槐二株，东西夹道而峙。初夏新绿未变，叶密阴繁，障炎日，承雨露。风过此而转清，乌过此而长鸣。地灵护之，文运培之，盖与他木不同也。注目观者久之，登已。白溪子素不胜酒，日且暮，暑气渐滋蔓，盘旋其下，若过王氏子之庭焉。谛观双槐，色黯淡而不扬，气郁郁而不舒，若有愤惋之状者。孰谓草木无情耶？栽之则荣，折之则枯，发于春夏，敛于秋冬，谓为无情，过矣。耐晚傲霜，陶之爱菊宜也；中通外直，周之爱莲宜也。望秋先零，何物也，迄今有五柳之名；遇霜先萎，何物也，迄今有窗草之名。双槐色黯淡而气郁郁者有以也，予将举一二譬之。四月首夏，□叶涨绿，适值武举，士人往来坐清阴而听流莺之啭，首夏未为不遇也。二月犹寒，生意未定，礼闱群聚天下士，较之武举，乡试兀至也，虽暂失所遇，而所遇亦多矣。色黯淡而气郁郁者，谓之何？双槐聆予言，若犹有不尽释然者。噫嘻！予将得其不言之蕴矣。三年之守，文武之遇遇也，遇以众则爱博，爱博则情杂，杂则遇，犹不遇也。陶之菊，周之莲，其知也深，其爱也专矣。况爱之者，又为一世伟人乎。槐之德似无愧于菊也、莲也，而所遇迥异焉。色黯淡而气郁郁也亦宜。虽然遇不遇命也，人也，直其干，达其枝，秀其叶，阔其阴，焉知无陶、周者出，知而爱之如菊与莲之专哉？吾知尽吾分而已矣，其在命若人者，吾何与焉。双槐闻之，色扬而气舒。

——载康熙《郯城县志》卷十《艺文》。

### 存省扩充

——胡效忠《锡川潘子墓志铭》：“巡抚中丞白溪张公慎许可人，独于世修加物色焉，手书‘存省扩充’四字赠之，期以圣学也。”

按：胡效忠，胡琏之次子，字汝臣，号三洲，正德十四年举人，官顺天府通判。娶佟应龙女。其弟效诠为潘釆妹婿。锡川潘子谓潘釆，潘埙之子。

## 四、已佚作品

### 山海沿边策应军马哨瞭墩军不分百里内外添给粮草疏

嘉靖十四年题，无具体内容，待查。见明张学彦等撰《万历会计录》卷十九《额饷·永平镇·俸粮》，《续修四库全书》史部·政书类，第八百三十二册。

### 朱凤墓志铭

雍正《山西通志》卷一四四《孝义四·平定州》："朱凤，幼孤，嗣叔父聪后，聪无间言。及卒，叔母董氏重其赀产，逐之，凤旦夕定省不废。以子方封都御史，张景华铭墓。"按：今不知此墓志铭仍存世否。

光绪《平定州志》卷八《人物·孝友·义行·还金》："朱凤，幼孤，叔父聪养以为后，事聪无间言。聪卒，资产甚厚，叔母董氏居其利，凤出庐于外，旦夕省视不废。尝于道中得金，还家，访为邻人董礼妻迁居所遗，还之。子方，见封荫。张景华铭其墓。"卷七《选举·封荫》："封都御史朱凤、子方。"

### 周文德墓志铭

周文德墓，"在县西南二里许西凹之原，赠监察御史，大理寺丞张景华撰志铭"。按：此见张汉乐先生提供的资料，不知原文出处，亦不知此墓志铭仍存世否。

### 唐文襄公祠记

《古今图书集成·职方典上》第二三二卷：唐文襄公祠，在郯城县北门内，祀知县唐龙，邑人张景华有记。按：今《郯城县志》没有记载，疑即《康公祠记》。

### 摄心录

当是其读书处世为人的心得，可能为理学著作。

### 樵牧琐谈

当是其日常随想笔记。

山西奏议

御边迂说

此二种当是其当官时所上的奏疏之类的文字，是履职的成果轨迹。

穿杨中的说

似乎也与武举考试有关，可能在山西监试时所作。

以上五种俱见康熙《郯城县志》卷十《艺文·乡贤著述篇目》和嘉庆《郯城县志》卷九《著述》记载。

# 张景华有关资料辑录

在研究历史人物的过程中，我习惯先期尽量搜集有关资料，然后认真整理撰写，逐步成文。在研究张景华的时候，也是先搜集资料，仔细推敲研究，编写成《张景华年表》，进而写成《漕运总督张景华》。这些资料我已经作了利用，本可以不用收藏而丢下，但感到扔掉可惜，何况我只是作了初步利用，不能说已经全部利用，还有一定的利用价值。而且对别人或许也还有用处，特别是对张景华有兴趣的人，可能有用。他们要进一步研究张景华，就不用像我这样辛苦地到处搜罗，我留下它可供他们再次利用。他们见到这些资料可以进一步扩大范围，寻找到更多资料，做出很好的研究成果。故略加编次，收入本书。

## 一、张景华基本资料

**《钦定四库全书·（乾隆）大清一统志》卷一四一《沂州府二》：**

张景华，字时美，郯城人。正德中进士，知吉水县，广开财源。策宸濠必反，预完城垒，卒不能攻。入为御史，抗论武定侯骄横不法，直声大振。后总督漕运，条上边防漕运。严嵩柄政，讽言官以蜚语中之，遂乞休卒。

**《续四库全书》第六百一十六册《史部·地理类》穆彰阿等《嘉庆重修一统志》卷一七八《沂州府志二》：**

张景华，郯城人，正德中进士。知吉水县，策宸濠必反，预完城垒，卒不能攻。入为御史，抗论武定侯骄横不法，直声大振。后总督漕运，条上边防漕运。严嵩柄政，讽言官以蜚语中之，遂乞休卒。

**《钦定四库全书·（乾隆）山东通志》卷二十八之三《人物三·明代》：**

张景华，字时美，郯城人。正德甲戌进士，知吉水县，剖决如流。时宸濠蓄逆，景华策其必薄吉州，请筑砖城，以固捍御，其后赖以无虞。入为御史，武定侯怙宠骄恣，众莫敢言，景华抗疏论列，声震朝廷。累官至左都御史，开阃蓟辽，总督漕运，所上边防漕政，皆关大计。时严嵩柄国，缙绅贿赂辐辏其门，景华一无所馈，严以双缣问之，报如其物。严氏大恨，讽言官以蜚语中之，罢归卒。

**《古今图书集成·官常典》第五百九十六卷：**

张景华，字时美，郯城人。举正德甲戌进士，初授吉水知县，入为监察御史，累官至左都御史。开阃蓟辽、总督漕运，所条上边防漕政，皆关大计，极力主持，期于得请。时严嵩柄国，缙绅贿赂辐辏其门，景华一无所馈，严以双缣问之，报如其物。严氏大恨，讽言官以蜚语中之。景华罢归，家居十余年，足迹不入城府。卒后不数岁，子孙至鬻田宅。今祀学宫。

**乾隆《沂州府志》卷二十五《人物上》：**

张景华，郯城人，由进士。令吉水时，宸濠蓄逆，景华请筑砖城备之，卒赖焉。入为侍御史，劾武定侯怙宠，直声震朝。总督漕运，加慎边防，拯恤兵民。严嵩柄国，遂乞休。所在建遗爱祠，有《怀恩录》颂其德。

**康熙《郯城县志》卷七《人物志·乡贤》：**

张景华，字时美，高册社人。性资凝重孝友，幼侍父病，忧吁辄废寝食。父以过挞长兄，则号泣为之代责。初筮仕吉水令，剖决如流，民有鬼神破胆之谣。时宸濠蓄逆，公策其必薄吉州，请筑砖城，以固捍御，卒之难发而城可恃，绩用章焉。入为侍御史，时武定侯怙宠骄恣，众莫敢言，公独抗疏论之，直声震于朝廷。按三晋，主乡试事，所选并勋业人豪。其开阃蓟辽，总督漕运也，尤以加慎边防，拯恤兵民为先。如处置三卫之民，赈济安东之饥，奏停海赣之逋，皆国家大计，公所排群哗而力为之请者。袁州严相国，贿通缙绅，以双缣馈公，公报之如其物数。相国大怒，讽言官以蜚语上，公遂乞休。淮士民建遗爱祠，次《怀恩录》以颂功德。归家十余年，足迹不入城府，日惟课儿读书，奖后生为善而已。卒之后不数岁，子孙有坐贫困至鬻居宅者，其清操可知。万历十一年入祀。

**乾隆《郯城县志》卷九《人物志·名贤》：**

张景华，字时美，高册社人。性孝友，幼侍父病，忧吁辄废寝食。父以过挞长兄，则号泣为之代责。登正德甲戌进士，知吉水县，剖决如流，民有鬼神破胆之谣。时宸濠蓄逆，景华策其必薄吉州，请筑砖城，以固捍御，其后赖以无虞。入为侍御史，武定侯怙宠骄恣，众莫敢言，景华抗疏论列，声震朝廷。按三晋，主乡试事，累官至左都御史。开阃蓟辽，总督漕运，尤以加慎边防，拯恤兵民为先。如处置三卫之民，赈济安东之饥，奏停海赣之逋，皆国家大计，所排群哗而力为之请者。时严嵩柄国，贿通缙绅，景华一无所馈。

严以双缣通问，报之如其物数。严氏大恨，讽言官以蜚语中之，遂罢归。十余年卒。万历十一年入祀。

**乾隆《郯城县志》卷之四《建置志·坊表》：**

进士坊，在儒学门左，为进士张景华建。

都宪坊，在文庙门右，亦为张景华建。

**乾隆《郯城县志》卷六下《学校志》：**

书院一，旧在西县北七十里磨山下，世传曾子游学处。元至正二年，江西提举管文通建，名曰宗圣堂。成化间移建县北门内，邑人张景华增修，改题曰一贯书院。万历四年，医士官蒋劝重修。今废。

**乾隆《郯城县志》卷二《舆地》：**

清泉，在马陵山侧，傍有清泉寺。

**《古今图书集成·职方典上·郯城县》卷二一二：**

清泉，在马陵山侧，傍有清泉寺。邑都御史张景华有诗：

闻说清泉寺最幽，病心几欲过沧洲。

高僧挂锡年应久，山上白云可散愁。

按：康熙《郯城县志》收此诗，亦无题。《白溪漫稿》原无此诗，新印本收入，加题《游清泉寺》。

**乾隆《沂州府志》卷二十二《仕进上》：**

进士：正德，张景华，郯城人，甲戌科，官左副都御史。

举人：正德，张景华，庚午，见进士。

**乾隆《郯城县志》卷之八《选举志》：**

正德九年甲戌（1514）科唐皋榜进士，张景华，见《人物志》。

正德五年庚午（1510）举人一人，张景华，见《人物志》。

**乾隆《郯城县志》卷九《人物志·名贤》：**

张印祯，都御史景华孙。为人孝友英敏，弱冠即有声词坛，尤工临池之技。有《冰玉堂稿》行世。崇祯二年己巳廷试贡元，授河南遂平县令，居官勤慎，恤民爱士。有谷麦两岐之瑞，节年再见。后致仕乡居，教子课孙。动称忠孝名节，阖邑推为典型。

**《续修四库全书》第五百三十五册，《史部·传记类》过庭训《本朝分省人物考》卷九十五《山东兖州府》：**

张景华，字时美，郯城人。举正德甲戌进士。初授吉水知县，剖决如流，民有鬼破胆之谣。时宸濠蓄逆，策其必薄吉州，请筑砖城，以固捍御，其后赖以无虞。入为监察御史，武定侯怙宠骄恣，众莫敢言，景华抗疏论列，声震朝廷。累至左都御史，开阃蓟辽、总督漕运，所条上边防漕政，皆关大计，极力主持，期于得请。时严氏柄国，荐绅贿赂，辐辏其门。景华一无所馈，严以双缣遗之，报如其物。严氏大恨，讽言官以蜚语中之。景华罢归，家居十余年，足迹不入城府。卒后不数岁，子孙贫困至鬻居宅。今祀学宫。

**道光《吉水县志》卷十九《秩官志·明知县》：**

张景华，郯城人，进士，正德十一年（1516）任。官至右都御史。

**光绪《吉水县志》卷二十五：**

张景华，郯城，进士，正德十一年任，吉水知县。

牟盛，江夏，进士，正德十四年任，吉水知县。

**《钦定四库全书·（雍正）江西通志》卷五《城池一》：**

吉水县，南唐保大八年，解世隆始筑城……正德间，闽广寇发，知县朱寅兴筑，甃以砖石，周围一千二百二十五丈，高一丈七尺，厚八尺。门五，覆以楼，东文明，西文峰，南文沙，北文江，东北文昌。复构二小亭于东西水门上，设警铺二十一间。罗侨记之。十年，雨圮，知县张景华重修。

**道光《吉水县志》卷四《城池志》：**

明正德十年乙亥雨圯，越三载，知县张景华修复。十五年庚辰复圯于水，十六年辛巳知县牟盛增筑如旧。

**光绪《吉水县志》卷十一：**

正德十年乙亥雨圮，越三载，知县张景华修复，十五年庚辰，复圮于水，十六年辛巳，知县牟盛增筑如旧。

**《钦定四库全书·（雍正）山西通志》卷七十八《职官六》：**

张景华，进士，嘉靖时任巡按山西御史，山东郯城人。

按：嘉靖间以御史官山西者张景华为第一人，故其任职时间当在嘉靖初年。

**《续修四库全书》第五百二十三册，《史部·传记类》，《国朝列卿纪》卷之八十六《通政使司提督誊黄右通政年表》：**

（第二叶）张景华，山东郯城人，正德甲戌进士，嘉靖十二年任。详总督漕运左副都。

**《续修四库全书》第五百二十四册，《史部·传记类》《国朝列卿纪》卷一一七《整饬蓟州边备兼巡抚顺天等府左右副佥都御史年表》：**

（第五叶）张景华，山东兖州府剡城县人，进士。嘉靖十三年以都察院右佥都御史任，十四年致仕，详总漕副都。

（第二十三叶）张景华，字□□，山东兖州府剡城县人，正德甲戌进士。除吉水知县，选河南道御史，历誊黄右通政。嘉靖十三年，以都察院右佥都御史任，十四年致仕。后起用，累官总漕右副都御史。详总督漕运。

**康熙《遵化州志》卷之八《官职志》：**

巡抚，旧以卿贰偶出，至明景泰间始专设，驻遵。国初仍驻遵，顺治十年移镇河间。

张景华，山东郯城人，进士，嘉靖十三年以佥都任（巡抚），十四年致仕。

**光绪《遵化通志》卷二十七《职官·巡抚》：**

嘉靖十三年，张景华，山东郯城人，正德甲戌进士，以佥都任（巡抚），（十四年）致仕。

**《续修四库全书》第五百二十三册，《史部·传记类》，《国朝列卿纪》卷七十六《都察院左右副都御史年表》：**

（第五叶）张景华，山东剡城人，正德甲戌进士，嘉靖二十年任右，二十一年左出总漕运。

**《续修四库全书》第五百二十三册，《史部·传记类》，《国朝列卿记》卷一〇一《总督漕运兼抚凤阳尚书侍郎都御史年表》：**

（第八叶）张景华，山东郯城人，正德甲戌进士，嘉靖二十一年以左副都御史任，二十三年被劾闲住。

（第三十八叶）张景华，字时美，山东兖州府剡城县人，正德甲戌进士，除吉水县知县，十三年丁忧，十六年起复升河南道监察御史，嘉靖八年养病，九年复原职，十年升大理寺右寺丞，十三年升誊黄右通政，本年升都察院右佥都御史巡抚顺天等处地方，十四年致仕，二十年起用，补都察院右副都御史佐理院事，二十一年改本院左副都御史总督漕运兼理巡抚，二十三年被劾闲住。

**《钦定四库全书·弇山堂别集》卷六十一《卿贰表》：**

《总督漕运兼巡抚凤阳等处都御史》：张景华，山东郯城人，由进士，二十一年以左副都御史任，二十三年被劾闲住。

《都察院左右副都御史》：张景华，山东郯城人，由进士，二十年任右，二十一年转左，督漕。

**万历《淮安府志》卷二《秩官表·总漕巡抚都御史》：**

张景华，郯城人，嘉靖二十一年任。

**天启《淮安府志》卷四《秩官志一·皇明总漕巡抚都御史》：**

张景华，郯城人，嘉靖二十一年任。

王伟，句容人，嘉靖二十三年任。

## 二、别人赠张景华的诗文

**明吴承恩《射阳先生存稿》卷四《大中丞白溪张公归田障词》：**

靖躬是献，内外等于经纶；满志而藏，出处由乎义命。故开府通津，即是江湖之长；归田盛世，谁知社稷之臣。天随鱼鸟之间，道在龙蛇之际。恭惟执事，两间正气，三代遗才，镇国元龟，瑞时威凤。甲科豹变，基雅望于清琴；风纪鹰扬，振灵声于绣斧。历登台省，载肃朝廷。转执法于台躔，藉观风于节镇。控兹四郡，康我群生。禹金铸粹，难藏魑魅之形；楚玉流光，自息氛祲之气。宽繇节费，止役蠲工。官无强贾，九式而通市廛；肆禁奸私，一言以定泉货。绝枭卢于游手，伏虎兕于豪胥。巫风永革，宁闻小海之歌；伎藉俱空，尽变大堤之俗。风移斋祀，迹扫优伶。负刍之辈靡惊，刻木之徒敢肆。畜闸水以利漕舟，何知大吏；清邮符而安驿传，岂顾私交。柏霜气劲，纤尘不入乎垂帘；海月心悬，一字无求于秉轴。风行暗室，声动邻封。醉乡可卧，独甘江上之醒；巧宦相妍，无改山中之拙。果来官谤，大郁舆情。返老臣于绿野，犹怀当宁之恩；结小隐于沧洲，又遂投簪之志。任怨丘山，逆知今日；誓心天地，敢负平生。何伤日月之明，行致风雷之变。顾草芥之万钟，何加于我；指松菊之三径，自适其天。郡学师儒等，久承仕学之规，式奉修齐之训。眷言违隔，靡遂瞻依。衮衣故里［四］，难为诣阙之留；祖帐都门，载下临岐之拜。敢论国是，共怅民悰。鼓钟咏德，能忘雅颂之音；丝竹宣情，聊致俳谐之语。奉歌小令，用戒前旌。其词曰：

宦海堪惊，日日风波，浮沉未量。叹汗马元功，已尘青简；蹇驴孤馆，未熟黄粱。主管篱花，平章溪月，更有谁人话短长？从前事，算来无愧，归去何妨。　　东皋云暖茅堂，看鱼出寒罾稻上场。有栗里渊明，一床琴酒；成都诸葛，二顷农桑。五凤高楼，谁为柱石？大泽深山锁栋梁。明朝有，鹤书来到，莫闭山庄。（右调沁园春）

明潘埙《熙台先生诗集》卷一五言古诗《白溪中丞东归奉赠》：

昨朝南郭游，尘雾眯我目。
□榛塞路岐，行迈心刺促。
沙虫巧射人，狐狸竞驰逐。
有声动地来，其风清以肃。
黔噎豁然开，百怪俱潜伏。
日月临覆盆，阳春蔼蔀屋。
浮云变幻多，阴晴那可卜。
风雨入晦冥，烟萝翳空谷。
援琴鼓猗兰，抱膝待朝旭。

明林希元《林次崖文集》卷十七五言古诗《清源得张白溪巡抚致政报，奉寄二首》：

秋风日夜凉，路柳何萧瑟。
物汇有变迁，岁序忽代易。
念我同心友，此时在岩石。
轩冕非为累，投簪何太急。
江山阻且深，相从无羽翼。
梦想寄遐思，临风长叹息。

人情贵苟得，嗜进不为异。
夜行忘漏尽，昏乞眈墦祭。
大道久陵夷，颓风同波逝。
伊人骋高尚，辞荣若蝉蜕。
青阳未即暮，幽情有谁契。
矫矫中丞风，可以震百世。

**明万表《玩鹿亭稿》卷四《与白溪张公》：**

某昔叨侍教，未久即违，殊切瞻恋。后以病归山中，人事俱废，旷问阙然。顷复被命，承乏于淮，怀仰遗风，益兴山斗之望。淮人之思公，如凤鸟一鸣，为希世之瑞耳。盖时久脂韦尚同，而公以直道行之，固与时违，其于地方国计，真诚恳切，持法据义，裨益多矣。公所抚之地，所督之士，颂言啧啧，无处非碑也。兹北上道过钟吾，咫尺不能趋侍教言，停舟耿耿，谨此专奉候，不尽倾仰之怀，伏惟台鉴。

## 三、《明实录》等中的记载

**《明武宗实录》卷一一〇：**

正德九年三月甲子朔。戊寅，策试举人霍韬等三百九十六人。是日，上不御殿。制曰：朕惟《大学》一书，有体有用，圣学之渊源，治道之根柢也。宋儒真德秀尝推衍其义，以献于朝。我太祖高皇帝特命左右大书，揭之殿壁，朝夕观览。每与侍臣形之论说，列圣相承，罔不崇信。朕初嗣位，经筵儒臣，首以进讲。其书大纲有二：先之以帝王为治之序，次之以帝王为学之本。又以格物致知，诚意正心，修身齐家之要。分为四目，序列于后，以示学者用力之地。夫学体也，治用也，由体达用，则先学而后治可也。顾以治先于学，于义何居？其为治之序。盖前圣之规模，后贤之议论，皆在焉。比而论之，无弗同者。而帝王之所以为学，则有不同。舜禹、汤文武，纯乎无以议为也；高宗、成王，其庶几乎下此。虽汉唐贤君，亦或不能无少悖戾，又下则其谬愈甚，不过从事于技艺文词之间耳，无惑乎其治之不古若也。凡此皆后世之鉴，可能历举而言之乎？抑《衍义》所载不及宋事，不知宋之诸君为治为学，其亦有进于是者乎？朕万几之暇，留意此书，盖欲庶几乎古帝王之学，以增光我祖宗之治。励志虽勤，绩用未著，家国仁让之风，用人理财之效，视古犹歉，岂所以为治者未得其本乎？夫为人臣而不知《大学》，无以尽正君之法，子诸生讲明是道久矣。行且有臣之责，其为朕悉心以对，毋泛毋略，朕将亲览焉。

辛巳，赐唐皋等三百九十六人进士及第，出身有差。

**《明世宗实录》卷九：**

正德十六年十二月己卯朔。乙巳，吏部等衙门，尚书乔宇……侍郎罗钦顺……连名具疏奏：兴献帝不宜称皇号。言正统大义，惟赖皇字以明，若加于本生之亲，则与正统混而无别。揆之天理则不合，验之人心有未安，非所以重宗庙，正名分也。上曰：慈寿皇太后懿旨有谕，今皇帝婚礼已命行，其兴献帝宜加与皇号，母兴献皇太后。朕不敢辞。尔群臣其承命。礼部尚书毛澄等复奏……上曰：懿旨谕及不可违，宜承休命。于是给事中未鸣……御史程昌……张景华……皆疏称兴献帝不当加皇字。而黄巩、曹嘉及黄伟等，沈光大等疏中，遂并劾张璁，倡邪说以惑圣聪，霍韬附璁议以坏典礼，并乞罢斥。疏入，俱不报。

**《明世宗实录》卷二十二：**

嘉靖二年正月癸卯朔，癸丑，敕靖远伯王瑾、御史张景华，勘蓟州团营牧马草场，追录开原庆云堡功次，官军周尚文等八十九人升赏有差。

**《明世宗实录》卷三十五：**

嘉靖三年春正月丙寅朔，辛卯，监察御史张景华言：团营草场本为牧马而设，近被指挥王翱、高泽、盖彪等乘机规利，将征收子粒银两捏报侵费。下兵部议。诏遣景华同户部主事冯辙、兵部主事王德明、团营靖远伯王瑾勘处。寻将各营草场顷亩子粒银数，并节年侵渔员役，备细查核，条例以闻。因议近今膏腴，半为牧地，军赋役繁重。前都御史李贡建言，将荒闲地土招人耕种，征租以助买马，本救毙善策也。今乃转为各营妄费之资，法纪安在？宜行各巡抚督，令顺天、保定二府，严行所属，将子粒银两随粮征收解部，转发太仆寺贮备买马。兵部复如议。上以草场地土既已勘明，王翱、高泽、盖彪等事远人众，姑宥之。子粒征纳，俱照旧行，以灾伤暂停止，各处造解军器，从御史熊荣请也。

**《明世宗实录》卷三十六：**

嘉靖三年二月丙申朔，己亥，户部主事张希尹，以天津等四卫军粮不给，请暂借山东岁输德州仓备储米三万石，每石征银六钱，输天津给之。奏可。以雨雹灾。免陕西西宁卫屯粮有差。御史张景华言，臣先奉命勘处团营牧马草场，清查子粒银数，颇尽积毙，事既举行，乃置弗问。第令仍旧，然则何以遣臣为也？且各官侵费罪状既明，今一概释之，后将何惮。兵部亦言各营子粒等银，遣官清查，岁得一万五千余两，即量扣各营支费外，存者不下万金。请发太仆寺，贮以待易马。俱不听。

**《明世宗实录》卷六十四：**

嘉靖五年五月癸未朔，丙申，武定侯郭勋为御史张景华等所论，自劾求退。且言即今太平盛世，固当任文臣所为。上曰：卿世有勋劳，朝廷任以兵政，岂宜因人言遽自疑阻。宜益用心操练人马，不允辞。

**《明世宗实录》卷一一三：**

嘉靖九年五月庚寅朔，丙辰，御史张景华言：天下有司不谙律例，滥受词讼，株连蔓引，或至数岁不决，刑罚不中，上干和气。御史熊爵亦言：今小民或以诖误触法，或连引坐系，或官吏失入，豪猾煅炼，数岁之后，有司即知其枉，莫肯为理，甚至杀人以媚人，生者抱恨，死者含冤。伤和致灾，莫此为甚。事下刑部，请敕有司，务讲读例律听断出入，不得越法，徒流以下亟与竟结，不得留滞。其死罪有冤，连逮家属证佐者，奏办勘问，无过半年，违者论如律。上是之。

**《明世宗实录》卷一一六：**

嘉靖九年八月戊午朔，辛巳，升河南道御史张景华为大理寺右寺丞。广东按察司佥事林希元为南京大理寺右寺丞。

**《明世宗实录》卷一六七：**

嘉靖十三年九月甲子朔，丙寅，升通政使司右通政张景华为都察院右佥都御史，整饬蓟州边备，兼巡抚顺天。

**《明督抚年表》卷一《顺天》：**

整饬蓟州等处边备，兼巡抚顺天等府地方。统蓟州兵备、昌平兵备、永平兵备、密云兵备、霸州兵备五道，顺天、永平二府，长陵等九陵卫，蓟州等九卫，抚宁等六卫，密云中后等十卫，大宁都司之营州前屯等卫所城堡。

**《明会典·都察院》：**

成化八年，以畿辅地广，从居庸关中分为二巡抚：其东为整饬蓟州等处边备，巡抚顺、永二府都御史，以居庸等关隘隶之，驻遵化，遂为定设。

**《畿辅通志》卷五十九：**

顺天巡抚都御史，永乐十九年四月癸丑，命侍郎郭敦、给事中陶衎往顺天等府州巡抚军民，事竣即罢。正统十四年九月，命都御史邹来学巡抚永平等处，未有专设。成化二年始遣都御史赞理军务，巡抚顺永二府。二十年，从居庸关中分为二巡抚：其东为整饬蓟州等处边备，巡抚顺永二府，以居庸等关隘隶之，驻遵化。万历九年罢，十二年复设。

**《万历会计录》卷之十九《永平镇沿革事例·俸粮》：**

嘉靖十四年，巡抚张景华题山海沿边策应军马哨瞭墩军，不分百里内外添给粮草。本部议准，今后官军在百里之内者，俱不许关支，出百里之外者，不分旗军头目，止许支口粮一升伍合，马一日支料豆三升，草一束。其余差遣探听巡逻哨瞭，俱月粮内自备，不许另支行粮。(《续四库全书》第八百三十二册)

**《明世宗实录》卷一七七：**

嘉靖十四年七月庚申朔，己巳，巡抚顺天都察院右佥都御史张景华以疾告休，许之。

**《明世宗实录》卷二四七：**

嘉靖二十年三月丁亥朔，癸丑，六科给事中邢如默等十三道御史贾准等奉旨论荐原任户部尚书李廷相、刑部尚书唐龙、右侍郎屠侨、南京礼部右侍郎吕楠、南京都察院右都御史何瑭、万镗、都察院右副都御史韩邦奇、右佥都御史张景华、南京太常寺卿魏校、大理寺少卿顾佖、南京国子监祭酒王道、南京太仆寺少卿郑本公、辽东苑马寺卿王崇庆、翰林院编修杨名、户科都给事中张汉卿、左给事中郑一鹏、礼科给事中钱微、贵州道监察御史郭弘化、四川道监察御史宋邦辅、直隶松江府知府聂豹、浙江嘉兴府知府何祉、江西吉安府知府叶应骢，各才行可录。章下吏部，因疏各履历奏请起用。诏廷相、龙、侨、景华、佖、道本公、崇庆、豹准复职叙用。余报罢。

**《明世宗实录》卷二五二：**

嘉靖二十年八月甲寅朔，甲子，（虏犯大同等处）给太仆寺马价银一万两，命户部遣官往理粮饷。已而兵部又请命大臣一员，前去督理粮饷。因推原任都御史翟鹏、张景华、翟瓒。上命即起鹏以原职赴北直隶、山西、河南等处，会即卿等剿虏，兼督兵饷。景华、瓒命吏部连取至京，以备任用。

癸未，吏部复御史周亮奏谓，今丑虏桀骜，督抚之任选择宜豫，请令两京科道官从公论荐本部，仍疏名上请诏如是。六科给事中邢如默等奏荐：见任尚书毛伯温、刘天和，参政于敖、张邦教，起用尚书唐龙、都御史张景华、翟鹏，守制尚书张润，按察使李宗枢，原任右都御史万镗，侍郎高公韶、关秸，都御史陈九畴、韩邦奇、翟坟，按察使陈大纲，布政司参议王洙，御史程启充、王潢、段汝砺俱可用。十三道监察御史疏荐亦同。

**《明世宗实录》卷二五三：**

嘉靖二十年九月甲申朔，乙未，改致仕佥都御史张景华为右副都副史。

壬子，给事中余爌奏：边务举，皆由抚臣。……宜以都御史曾铣任大同，张景华任蓟州，……章下部议，谓人才难得，亦其难知，必试久乃见……其曾铣见抚山东，张景华见任右副都御史，难遽更改。

《皇明大政纪》卷二十三：

嘉靖二十年辛丑：三月录用旧臣。初，台谏官交章荐用旧臣，下吏部，复议如奏。帝命李廷相、唐龙、屠侨、张景华、顾佖、王道、郑本公、王崇庆等各复旧职及改用，吕楠、何瑭不叙。

《国榷》卷五十七：

嘉靖二十年辛丑：九月甲申朔，乙未，南京工部右侍郎叶相为刑部左侍郎，右副都御史周煦为左副都御史，起张景华右副都御史。

《明世宗实录》卷二五九：

嘉靖二十一年三月辛巳朔，壬午，升整饬北直隶山西河南军饷右佥都御史翟鹏为兵部右侍郎，兼都察院左佥都御史总督宣大军务兼理粮饷，时宣大总督员缺上，命会推才略着闻者二三人以，闻仍戒其不得阿私滥举。吏兵二部荐掌都察都院事兵部尚书毛伯温、右副都御史张景华及鹏，上用鹏云。

《明世宗实录》卷二六〇：

嘉靖二十一年四月辛亥朔，丙子，都察院右副都御史张景华引疾乞休，不允。

《明世宗实录》卷二六七：

嘉靖二十一年十月丁丑朔，甲申，升都察院右副都御史张景华为左副都御史，光禄寺卿沈教为右副都御史，景华总督漕运，并巡抚凤阳，教提督南京粮储。

《明世宗实录》卷二七五：

嘉靖二十二年六月甲戌朔，庚辰，漕运都御史张景华言，凡粮米漂流，请给以该卫给军羡余银传补，每石折银七钱解库，载入议单，永为遵守，从之。

**《明世宗实录》卷二八五：**

嘉靖二十三年四月己巳朔，癸巳，刑科给事中王交劾总督漕运镇远侯顾寰，索漕粮常例，怨言腾沸。总督右副都御史张景华督理弗严，迹涉隐纵，乞赐惩戒。诏寰回京听勘，景华策励供职。已，吏科给事中何云雁复劾景华纵恣苛虐。部言景华屡经论列，难以展布。诏冠带闲住。

**《明世宗实录》卷二八八：**

嘉靖二十三年七月戊戌朔，丙午，吏科都给事中卢勋奏：凤阳巡抚总督漕运，其任至重，属者员缺，多就近推补，似非为官择人之意。请敕吏部会同九卿科道，从公推举三四员上请。上是其言，令吏部照旧从公推举才望素著者二三人上请，如所举不当，科道官即时纠奏。于是吏部推工部尚书总理河道周用，上允之。命用以原职兼都察院右都御史总督漕运兼巡抚凤阳。

## 四、顾寰资料

**《明史》卷一四四《顾成传》：**

子寰嗣，守备南京。奉诏谳狱，多所平反。十七年为漕运总兵官。明年，献皇后梓宫赴承天，漕舟以避梓宫后期者三千。而江南北多灾伤，寰请被灾地停漕一年，令改折色，军民交便。又条上漕政七事，并施行。诸为漕蠹者病之，遂布蜚语，为给事中王交所劾。

**《明世宗实录》卷二一一：**

嘉靖十七年四月甲辰朔，戊午，命镇远侯顾寰挂印充总兵官，提督漕运，镇守淮安地方。

**《明世宗实录》卷二三一：**

嘉靖十八年十一月甲午朔，庚申，提督漕运总兵官镇远侯顾寰奏言：湖广、江西、浙江、下江、南京、江南、江北、中都诸部运船，前以回避梓宫，继以河水涨发，不获时进，比已冻阻，共二千九百余只，必至明年河泮时始得还。恐过期不复能领运，且各处灾伤民不堪命，明年兑运亦未必能如期。乞暂将前船免下年装运，约所装粮可九十六万七千四百余石，即以各灾伤地方量准折银上纳。系正兑者石银七钱，系改兑者石银六钱，同本色米以时输入太仓。一以省冻阻之船，一以宽地方之困，兑运无亏，军民两便。户部复言，可。从之。

**《明世宗实录》卷二七九：**

嘉靖二十二年十月壬申朔，乙亥，提督漕运总兵官镇远侯顾寰以母老，乞辞漕务侍养，不许。

**《明世宗实录》卷二八五：**

嘉靖二十一年二月壬子朔，乙卯，漕运总兵官顾寰等言：运船损坏千余，请以两淮余盐银十七万补造。户部议，浅船料银军三民七，谕纳已为定例，其借支补造，乃一时权宜。顷者南京户部议将盐引纸价，岁以一千七百四十八两，南京兵部缺官柴薪岁以一千两，自十九年为始充造船之费。今当催取前银，不宜借支盐课。诏如部议。已，复从总督漕运都御史王杲言，以二十一年漕运减省三分，军船旗军四万二千余名，该辨纳料银九万三千余两，及二十二年漕运料解减折三分，或有灾地方减折五六十万石，所省旗军，亦照例征办料银，除本年修船之外，余者俱以补造损坏船只。

**《明世宗实录》卷三〇三：**

嘉靖二十四年九月辛酉朔，戊子，先是刑科给事中王交劾奏漕运总兵官镇远侯顾寰贪污不职，受赃以万计，下巡按御史按验。不如交言，诏贯寰罪，交先以考察降调并贯之。

**焦竑《国朝献征录》卷七谢廷谅《镇远侯荣靖公顾仕隆、镇远侯荣僖公顾寰》：**

（嘉靖）十七年，南都春涨冲啮，诏公祭江神，修陵寝。孝陵工完，赐公及永康侯等金币有差。俄挂印充总兵官，提督漕运，镇守淮阳。淮阳之追慕荣靖者，故老扶杖郊迎公，相对唏嘘泣下。取荣靖公所撰漕规数帙置几案，萧规曹随，层晖世德，有大小冯君之号焉。先是运舸回避梓宫不得前，梓宫发而河流溢，逡巡而北冻裂，层冰阻阨者几二千九百余艘。河泮时，始得还，则后期不复能领运矣。且所在灾伤民不堪，命兑运亦不能如期。会发征，公奏请暂将前船免一年转输，计所转输可九十六万七千四百余石。即以各灾伤地方，量准折色同本色米，以时入太仓，一以省冻阻之役，一以振黎元之乏，兑运无亏，军民两便。上嘉纳之。公复条陈七事：

一谓有司当交兑时，擅系官军诣簿对颂，系旬月曾不得脱身而供王事，愁苦无所诉。今后一切词讼，俱俟役竣，会漕司问理，无得径自拘系。

一谓运官赴尚书，期毕其役于治粟内史，其他寺署候交□执席等务，可不谓非王事哉，而概以后期参究，非人情也。米入仓之期不失，可幸无罪矣。

一有司审编旗甲，须核户丁报漕司如有逋逃侵盗者选编者一体连坐安所逃罪。

一轻赍银抵都方给予有起剥无办者将米价贱鬻比入太仓而廪不

足此辈冥顽无知宜听把总酌量疏实以报。

一各仓交粮，宜用刮铁收受，禁军人无得高下其手，或多增斛面，以致亏耗。

一每廒交席六千，止用三千，不用者朽。今但将三千随米交仓，余令折银交库。

一运官犯法，惩创则有漕司。刁军擅赴隔别衙门挟告，何也，罔上行私，冠履倒置，渐不可长。

奏入，诏悉如议行之。议行，而谤兴矣，失职有诛，侵官有罚，漕事肃清。权行州域，而竞逐于京师，伉厉于官署，驰骛于洲渚者，飞语中公。言官不察，厚诬公，波及张总督，总督竟罢斥，而直指御史按验，公无罪，罪在言官。言官遂以计典逐，而公复佥书右军都督府事，俄命神机营坐营。淮阳人德公，深愿复借公一年，天子许之。

## 五、朱佑椋案

**《明世宗实录》卷二：**

正德十六年五月壬子朔。壬申，临漳王府辅国将军佑椋，招聚奸徒刘得、赵节等，多为不法，横虐小民。有司按其事，辄为椋所胁，即藩维大吏，亦往往有被诬讦者。巡按河南御史汪渊列状以闻，诏捕得等治罪。自今奸徒投入各王府，拨置为非者，抚按官径自捕治毋贷。

**《明世宗实录》卷五十四：**

嘉靖四年八月戊子朔，丙午，初，赵府辅国将军佑椋，数纵家人萧禄等贼杀不辜，憾知府张惠捕治其家人，乃抚惠微事私诣门□卦上之其侄奉国将军厚熖厚炪为之党助，赵王厚煜亦疏庇佑椋，有诏逮问张惠及萧禄等，法司具狱，上诏革去佑椋禄米三之一，厚熠厚烛各夺禄米二月，以敕切责赵王谪发萧禄等戍极边，知府惠亦以行事不当，降为河东都转运盐使司同知。

**《明世宗实录》卷九十三：**

嘉靖七年十月己亥朔，己未，赵府辅国将军佑椋奏，山西潞城贼众凭恃山险，官军屡战不胜，乞亟命晓畅谋略文臣一员，往督军务，仿成化间项忠攻石城之法，分为数路，约日并进。且今春夏亢旱，军费不赀，小民赋税或不能给，请以一岁禄米助军饷。上嘉佑椋捐禄供军，有体国恤民之忠，令写敕褒奖，禄米如旧关支。

**《明世宗实录》卷一四九：**

嘉靖十二年四月癸酉朔，丁亥，削赵府临漳王府辅国将军祐椋爵，降为庶人，迁发高墙禁住。革汤阴王府辅国将军佑椋禄米三之一。佑椋性素贪残状，集市井恶少百十辈，私刻关防，置牢狱，于太行尖站口创立山寨。诏纳四方命，又于磁州高臾琉璃各马头水陆所辏，私立榷场，岁攘利不赀。久之，益无忌惮，纵横榶朴，小民遭之，无不倾家荡业，免死为幸。尝怒民殷祥，登时掠死，纵奴断其首，残其面目肢体弃之，大为一方害。有司者稍稍诘及，群小掠即愤怒侵轹，屡入京讦奏，诬蔑风宪。佑椋强执孀嫂，留奸府中，而又攘夺其财，私用炮炙之刑，致人堕指。佑椋亦复挟取其资，祸连亲党，皆致颠沛。事闻，屡下抚按逮其党鞠治。椋又辄夺去。至是巡抚都御史吴山、巡按御史王仪备疏其罪状以闻，且言佑椋之恶，屡征不悛夺禄不足以示警，请加革削。佑椋事虽有间，而民怨亦深，请加罚治。其煽诱党羽，已各按罪如律。辅导等官，亦宜正其失职之罪。都察院复从其请，遂削夺之。

《明世宗实录》卷一五一：

嘉靖十二年六月壬申朔，庚子，赵府庶人佑棕潜入京上疏言，顷抚按官奏臣罪状，皆革前往事，业已蒙恩夺禄。而按臣王仪，听前御史胡效才挟私面嘱，复为捃摭入奏。都御史毛伯温、前按河南时以臣，阻其擅用肩与，迄今为恨。得奏，亟为题复，致臣重谴，迁发高墙。臣尝建醮祈祷皇嗣，而彰德府知府王天民，谩言讪诮，无人臣礼。臣欲奏之未果，天民乃更雠。臣被罪日，为天民所迫，控诉无由，故敢冒死入奏，乞遣官按其事之先后，以白其冤。愿停子奉国将军厚火处，及女泰和县君禄，以赎其罪。事下法司议，佥谓佑棕先后事状质证，俱在彼中，宜遣法司及锦衣卫官各一人往勘。于是上命大理寺右寺丞张景华，及锦衣卫指挥佥事陈寅，往同抚按官会勘，并逮天民下狱，从公究诘，奏请处分。送佑棕还府，令伯、温仪各回籍听勘，果有报复冤抑等情，并从参奏。

《明世宗实录》卷一五五：

嘉靖十二年十月庚午朔，己卯，黜河南彰德府知府王天民为民。初赵府辅国将军佑棕以罪革爵，发高墙，乃讦奏天民阻其出城祷求圣嗣，出排讪语，上命追赴诣狱鞫之，无实，法司论天民轮赎还职，诏特斥为民。

谈迁《国榷》卷五十五：

嘉靖十二年六月壬申朔，庚子，赵府庶人佑棕潜入京，讦前巡抚毛伯温、巡抚吴世秩、巡按王仪、彰德知府王天民等。命大理左寺丞张景华、锦衣卫指挥佥事陈寅往讯。伯温、仪免官。

《明世宗实录》卷一五七：

嘉靖十二年十二月己巳朔，乙亥，诏释赵府革爵辅国将军佑棕，免发高墙，革禄米三之一。黜前巡按河南御史苏州府知府王仪为民，革原任都察院右副都御史毛伯温职闲住，降巡抚河南右副都御史吴山秩三级，调外任。初佑椋既奉旨迁发，屡奏乞贷，且讦诸治狱官文致状，上命大理寺丞张景华等勘之。佑椋复借建醮祈皇嗣为名，劾罢知府王天民。于是景华等勘上佑椋残贼杀人，及诸奸利不法罪，皆有迹，第在革前，当从轻典。上是之，遂诏免佑椋迁发夺禄，而诸治狱官皆黜降云。

**《明史》卷二一三：**

王仪，字克敬，文安人。嘉靖二年进士。除灵璧知县。以能，调嘉定。七年擢御史，巡按陕西。秦府豪占民产，仪悉夺还民。延绥大饥，朝命陕西布政使胡忠为巡抚，仪论罢之。已，巡按河南。赵府辅国将军佑椋招亡命杀人劫夺积十余年，莫敢发。仪偕巡抚吴山奏之，夺爵禁锢。会仪出为苏州知府，甫三月，佑椋潜入都，奏仪捃摭，并讦都御史毛伯温以私憾入已罪。且言："臣尝建醮祈皇嗣，为知府王天民讪笑"，请并按问。帝心知佑椋罪，而悦其建醮语。为遣使复按，解仪、伯温任，下天民狱。使者奏仪不诬，第佑椋罪在赦前，宜轻坐。帝终怜佑椋爱己，竟复其爵，除仪名，伯温、山、天民皆得罪。终嘉靖世，多以诽谤斋醮获重祸，由佑椋讦奏始。

## 六、唐龙资料

**康熙《郯城县志》卷之六《名宦》：**

唐龙，浙江兰溪县人，由进士，正德五年仕郯城令。

**《古今图书集成·职方典上》卷二三二：**

唐文襄公祠，在郯城县北门内，祀知县唐龙，邑人张景华有记。

《明史》卷二一二《唐龙传》：

唐龙，字虞佐，兰溪人。受业于同县章懋，登正德三年进士。除郏城知县。禀大盗刘六，数败之，加俸二等。……嘉靖七年改右佥都御史，总督漕运兼巡抚凤阳诸府。

## 七、许逵资料

许逵（1484—1519），字汝登，河南固始县人。明朝时期将领。身材魁梧，有勇有谋。正德三年，中进士，授乐陵知县。抗击流寇，做出巨大贡献，迁山东都指挥佥事，政绩优越，升为江西按察副使，名震朝野。正德十四年，连同江西巡抚孙燧讨论宁王危害，终被宁王朱宸濠所杀。嘉靖帝即位后，追赠左副都御史、礼部尚书，谥号忠节。

**明徐咸《徐襄阳西园杂记》卷下：**

许忠节公之死，名公士夫挽诗甚多，惟王浚川《南昌行》一篇为激烈，云：

王廷相《南昌行，为固始许汝登作》：豫章妖星蚀太白，飞入钩陈斗光赤。钦天博士不敢奏，远臣见之空啧啧。周公卜鼎八百春，汉代规摹远过秦。山东诸侯自破灭，淮王鸡犬安能神。白洲长子中台长，何用文章谀新莽。庆阳鄙夫称雄特，学得兵书反助贼。南风不竞北人力，东门黄犬嗟何及。君不见，河南许汝登，皎皎真丈夫，口中舌可断，万岁不肯呼。匣中宝刀光电电，悔不先发枭贼颅。报国心切不言苦，甘死宁能效囚虏。已拚魂作太湖云，何惜血染洪州土。黄霾塞天白日昏，长风翻江帝心怒。鄱阳未接勤王师，坐令狂奴气先阻。汝登汝登振古豪，吞声苟免蜉蝣曹。

《明史·列传第一百七十七·忠义》：

许逵，字汝登，固始人。正德三年进士。长身巨口，猿臂燕颔，沉静有谋略。授乐陵知县。六年春，流贼刘七等屠城邑，杀长吏。诸州县率闭城守，或弃城遁，或遗之刍粟弓马，乞贼毋攻。逵之官，慨然为战守计。县初无城，督民版筑，不逾月，城成。令民屋外筑墙，墙高过檐，启圭窦，才容人。家选一壮者执刃伺窦内，余皆入队伍，日视旗为号，违者军法从事。又募死士伏巷中，洞开城门。贼果至，旗举伏发，窦中人皆出，贼大惊窜，斩获无遗。后数犯，数却之，遂相戒不敢近。事闻，进秩二等。时知县能抗贼者，益都则牛鸾，郯城则唐龙，汶上则左经，浚则陈滞，然所当贼少。而逵屡御大贼有功，遂与鸾俱超擢兵备佥事。逵驻武定州，州城圮濠平，不能限牛马。逵筑城凿池，设楼橹，置巡卒。第二年五月，贼杨寡妇以千骑犯潍县，指挥乔刚御之，贼少却。遥追败之高苑，令指挥张勋邀之沧州，先后俘斩二百七十余人。未几，贼别部掠德平，逵尽歼之，威名大著。

十二年，迁江西副使。时宸濠党暴横，逵以法痛绳之。尝言于孙燧曰："宁王敢为暴者，恃权臣也。权臣左右之者，贪重贿也。重贿由于盗薮，今惟翦盗则贿息，贿息则党孤。"燧深然之，每事辄与密议。及宸濠缚燧，逵争之。宸濠素忌逵，问："许副使何言？"逵曰："副使惟赤心耳。"宸濠怒曰："我不能杀汝邪？"逵骂曰："汝能杀我，天子能杀汝。汝反贼，万段磔汝，汝悔何及！"宸濠大怒，并缚之，曳出斫其颈，屹不动。贼众共推抑令跪，卒不能，遂死，年三十六。

初，逵以文天祥集贻其友给事中张汉卿而无书。汉卿语人曰：

“宁邸必反，汝登其为文山乎?”逵父家居，闻江西有变，杀都御史及副使，即为位，易服哭。人怪问故。父曰：“副使，必吾儿也。”世宗即位，赠左副都御史，谥忠节，荫一子。又录山东平贼功，复荫一子。

嘉靖元年诏逵死事尤烈，改赠逵礼部尚书，进荫指挥佥事。

**《明武宗实录》卷一七五：**

正德十四年六月癸亥朔，丙子，宁王宸濠反。巡抚江西都御史孙燧、按察司副使许逵死之。宸濠阴蓄异志，自正德以来，骄蹇不法，术士李自然、李曰芳辈数献谀，且言城东南有天子气，濠因创阳春书院，特出游以当之。又西山青岚龙口穴，先朝所禁者，濠复以葬其母，招集四方亡命群盗，匿于丁家山者，墅时令出掠居积及商舶，以资请赂，稍忤其意，即纵盗屠戮之，备极惨酷，有一姓数百口无孑遗者。以财力劫持上下交通肘掖，中外畏其威，茹其饵，皆为之耳目，伺察机密以报之。缘途驿舍皆置良马数匹，以备传报，侦事者不半月辄到府。由是京朝动静，纤毫必闻，有发其事者，往往中以危法得重谴以去。势益张，无敢言者，道路以目。时上久无继嗣，又不时巡幸，人情危惧。濠日夕觊觎大物，既与钱宁辈定谋，宁矫，上命，以玉带赐之，濠喜，令府中官属衣红者四十余日。及驾将东巡，阴遣乐人秦荣等，于大院张设勾栏杂剧，令致仕都御史李士实，撰司传布两浙及直隶，旬日间张揭几遍，意欲邀上临幸。会朝廷遣官戒谕，及逐其旗校留京邸者。濠闻之疑惧，遂决计反。前一日燧与巡按御史王金、三司官及公差主事马思聪、金山，广西参政季敩入府贺濠生日，如例张宴。至是燧等入谢，濠令闭门甲士露刃环之，伪云：“太后有密旨召我。”众相顾愕眙。燧曰：“果有旨，巡抚大臣当与闻，请出观之。”濠大怒，叱甲士牵燧出。副使许逵奋身起骂不绝口，并缚逵斩之于惠民门外。于是布政使梁辰、胡濂，按察使杨漳，参政王□、刘□、程杲，副使唐锦、贺锐，参议杨学礼、许效廉，佥事师夔、潘鵬、赖凤、王□，都指挥马骥、许清、白昂、王汜、郑文等，皆稽首称呼万岁。濠令各羁置之。遂□狱囚收□□，遣人分诣诸郡邑，夺印起兵。宜春王拱樤、瑞昌王拱栟、镇辅将军觐铤、宸汎、宸澜、宸□、□盈、觐瀛、宸洧、拱樾、宸瀰、宸汲、宸汤、宸澅、宸浐皆相率听命。是夕，参议黄宏忧愤卒，数日思聪亦卒。濠迎士实至府，伪授为国师，又授安福县举人刘养正为军师。遂令养正草伪檄传播远近，指斥不逊。且云："我祖宗不血食者今十有四年。"语尤狂悖不根。檄及榜谕皆去正德年号，惟书大明己卯。逵至死所谓燧曰："公早用吾言，岂至此。"燧气垂绝不能答，盖逵有先事之图故云。然濠始欲慑逵，将用之，久未行刑。逵骂曰："何不速杀我，竟不屈死。"

**《明世宗实录》卷三：**

正德十六年六月辛巳朔，甲辰，赠前巡抚江西都察院右副都御史孙燧礼部尚书，谥忠烈；前江西按察司副使许逵都察院左副都御史，谥忠节。建旌忠祠于南昌，命有司春秋致。

## 八、张景资料

**李濂《嵩渚文集》卷九十六（嘉靖二十五年丙午 1546）《明故中顺大夫陕西按察司副使张君墓志铭》：**

往余佥晋臬时，巡按御史郯城张公景华谓余曰："属过峄县，有令张某者，政事严明，豪强屏迹，民咸称颂之，非君之乡人乎？"余对曰："然，是吾同举乡闱者也。其人慎廉隅，有志操，兹发诸政事者，固其素养哉。"郯城公怃然曰："阳曲为晋省剧邑，敝且久矣，安得精白如峄县者以宰之乎。"无几，得邸报，铨部以峄县才力堪治剧邑，调阳曲。郯城辄又大喜，曰张君来矣，阳曲其治乎。越两月君至。……庚子三月擢陕西按察司副使，抚民汉中。君喟然曰：“吾以憨直见忌于时，兹幸转迁，可以不复仕矣。”遂不赴任，徜徉林麓，觞咏自娱，不以世故介怀。辛丑考察，果遘诬落职。君闻报笑曰：“直道难容，吾固知有是耳。”略无愠色。甲辰冬，偶感风痹疾，医疗罔功，竟不起，时丙午九月七日也。君生成化乙巳八月十一日，享年六十有二。按状：君姓张氏，景名，光启其字，别号西墅。其先大兴县人也……因占籍汝阳，遂为汝阳人……举正德癸酉河南乡试经魁，嘉靖癸未登进士第……繄君之病革也，嘱其二子曰：“吾友大梁李君，娴占文辞，可传后，志铭必往谒之。”君既卒，二子奉遗命，徒跣走数百里抵汴号泣请铭。余既为位而哭之，复慰二子宜节哀保躯，以成大孝，遂援笔而铭之。（袁喜生《李濂年谱》）

李濂（1488—1566），明代官员，学者。字川父，祥符（今河南开封）人。尝中进士而授沔阳知州，后迁宁波同知，山西佥事，后罢归。有文才，罢归后更努力于学，居里中四十余年，著有《医史》十卷。

李濂年谱：李濂任山西按察司佥事是在嘉靖二年三月。嘉靖五年正月罢归。

**《明清进士题名碑录索引》：**

张景，河南汝阳民籍（顺天府大兴），嘉靖二年三甲第一百五十三名进士。

**《兖州府志》卷十二《职官志·峄县知县》：**

“张景，进士，汝阳人。”无年份，嘉靖间共十五人，张景为第一人。

**光绪《峄县志》卷十九《职官考列传下》：**

张景，汝阳人，嘉靖二年以进士任。刚毅明辨，迎事而决，小民善抚摩，左右胥吏豪强，一以严绳之，不少假借，公庭肃然，奸猾屏息。然事上官有礼，每谒候必正冠敛衽而进。谓诸生曰：事上当如此。居二年，调阳曲县，擢监察御史。

**道光《阳曲县志》卷四《职官·明知县》：**

张景，嘉靖四年任，河南汝宁进士，升山东道御史，详《政略》。

**道光《阳曲县志》卷十二《政略》：**

知县张景，河南汝宁人，嘉靖四年以进士任。精敏刚洁，甫下车。问民疾苦，抑豪纵，搜蠹慝，声价赫然，期年政化大行。创阳曲县题名碑，自洪武彙次刻石，乐平尚书乔宇记。旧志皆缺，今据记补入。

**雍正《河南通志》卷六十《人物四·汝宁府》：**

张景，字光启，汝阳人。嘉靖癸未进士，擢监察御史，按苏松浙江，建天真书院以祀王守仁，仍买田数百亩，以给肄业诸生。后巡视京营，与严世蕃相左，以年例出为汉中副使。

## 九、郭勋资料

**《明史纪事本末》第五十六卷《李福达之狱》：**

世宗嘉靖五年（丙午，一五二六）秋七月，妖人李福达坐死。福达，山西代州崞县人，一名午。初以妖贼王良谋反，事发，戍山丹卫。逃还，改名五，窜居陕西洛川县。与季父越同倡白社妖术，为弥勒佛教，诱愚民。啸聚数千人，大掠鄜州、洛川诸处，杀掠亡算。已而官兵追剿，捕得越及其党何蛮汉等诛之。福达跳去，占籍徐沟县。变姓名为张寅，贿县中大姓以为同宗，编立宗谱，涂人耳目。已，又挟重赀入京，窜入匠籍，输粟为山西太原卫指挥。其子大仁、大义、大礼俱补匠役。以烧炼术往来武定侯郭勋。后仍往同戈镇，其仇薛良首发之。福达惧，逸入京。官司捕其二子按系之，福达窘，乃自诣狱置对。先后鞫讯者，代州知州杜蕙、胡伟，证之者李景全等。具狱上布政司李璋、按察司徐文华等，复上巡按御史张英，皆如讯。独巡抚毕昭谓："福达果张寅，为仇家诬所致。"反其狱，以居民戚广等为证，坐良罪。狱未竟，昭乞侍养去。会御史马录按山西，复穷治之，传爰书如前讯。勋为遗书嘱免，录不从，拟福达谋反，妻子缘坐。飞章劾勋党逆贼，并上其手书。帝下之都察院，席书亦助勋为福达地。大理寺评事杜鸾上言劾勋及书，乞将二人先正国法，徐命多官集议福达之罪。不报。都察院复奏李福达罪状，宜行山西抚、按官移狱三司会鞫。

先是，御史马录咨于徐沟乡绅给事中常泰，泰言："寅为福达不疑。"又咨于谳狱郎中刘仕。仕，鄜人也，其言如泰。录复檄取鄜、洛父老识福达者辨之，俱以为真福达也。乃檄布政使李璋、按察使李珏、佥事章纶、都指挥使马豸杂鞫之，福达对簿无异辞。遂附爰书上录，录乃会巡抚、都御史江潮上言："福达聚众数千，杀人巨万，虽潜踪匿形而罪迹渐露，变易姓氏而恶貌仍前，论以极刑，尚有余辜。武定侯勋纳结匪人，请嘱无忌。虽妖贼反状未必明知，而术客私干，不为避拒，亦宜抵法，薄示惩艾。"章复下都察院。

冬十一月，左都御史聂贤等复奏："李福达逆迹昭灼，律应磔死。"帝从之，锢狱待决。因诘责郭勋，令自输罪。勋惧乞恩，因为福达代辨。帝置不问。勋又令福达子大仁具奏，求雪父冤。章下，聂贤与原讯御史高世魁知为勋指，奏寝其议。勋谓大仁曰："苟弗解，尔曹姑亡命，勿蹈丛戮也。"于是给事中刘琦、程辂、王科、沈汉、秦佑、郑自璧，御史高世魁、郑一鹏，南京御史姚鸣凤、潘壮、戚雄各劾勋"交通逆贼，明受贿赂。福达既应伏诛，勋无可赦之理"。给事中常泰亦上言："勋以输罪为名，实代福达求理，论以知情何辞？勋为福达居间，画令大仁等事急亡命，论以故纵何辞？"给事中张逵等亦上言："凡谋反大逆，宜服上刑。知情故纵，亦从重典。今勋移书谢托，党护叛逆，不宜轻贷。"聂贤亦奏勋当连坐。帝不从。勋亦累自诉，具以议礼触众怒为言。帝信之。寻命锦衣千户载伟移取福达狱词及囚佐，下镇抚司羁候会鞫。给事中常泰、秦佑，御史任孚、邵豳，郎中刘仕复交章劾勋。江潮、马录仍会疏极言"福达不枉，乞问如律"。勋乃与张总、桂萼等合谋为蜚语，谓"廷臣内外，交结，借事陷勋，渐及议礼诸臣，逞志自快"。帝深信其说，而外廷不知也。

帝命速取福达至京鞫问，刑部尚书颜颐寿，侍郎王启、刘玉，左都御史聂贤，副都御史张闰、刘文庄，大理寺卿汤沐，少卿徐文华、顾佖，寺丞毛伯温、汪渊及锦衣卫、镇抚司各官会鞫福达于京畿道，对簿无异辞，奏请论磔。帝不从，命会九卿大臣鞫于阙廷。时告者薛良、众证李景全等共指福达，福达语塞。毕昭引证薛良之诬者，戚广也。讯之，复云："我曩未就吏讯，安得此言！"颐寿等以其词上，上心益疑，命："俟斋祀毕，朕亲临鞫问。"大学士杨一清上言："庶狱无足烦圣虑者，乞仍属诸勘官会讯。"刑部主事唐枢言："福达罪状甚明，拟死不枉。"上怒，黜为民。颐寿等惧，乃杂引前后谳词，指为疑狱。帝切责颐寿等。

六年夏四月，遣锦衣官刘泰等逮马录赴京，下镇抚司狱待鞫，仍取原勘各官李璋、李珏、章纶、马豸诣京即讯。颜颐寿上言："福达反状甚明，法难轻纵。况彼以神奸妖术蛊惑人心，臣等若不能执，一或纵舍，异时复有洛川之祸。臣虽伏斧质，何抵欺罔之罪！"帝怒，谓："颐寿职司邦刑，朋奸肆诬，令戴罪办事。"颜颐寿等复请会讯，从之。乃出录与福达对鞫，情无反异。颐寿等复以上请。帝谓颐寿等“朋比罔上”。乃逮系颐寿及侍郎刘玉、王启，左都御史聂贤，副都御史刘文庄，大理寺卿汤沐，少卿徐文华、顾佖于诏狱。其原鞫郎中、御史、寺正等官，俱逮系待罪。

八月，帝命桂萼摄刑部事，张璁摄都察院，方献夫摄大理寺杂治之。太仆卿汪玄锡与光禄少卿余才忽偶语曰：“福达狱已得情，何更多事乃尔?”诇者以白璁等，奏闻，帝命逮系玄锡、才于诏狱，并掠之。大学士贾咏与马录俱河南人，录被逮，咏遗书慰之，镇抚司以闻。复搜得都御史张仲贤、工部侍郎闵楷、大理寺丞汪渊、御史张英私书，上责状，咏引罪，得致仕去，而逮仲贤等。

九月，张璁、桂萼、方献夫逢合帝意，复鞫录等于阙廷，榜掠备至。录不胜五毒，乃诬服“挟私故入人罪”。璁等以闻，遂释福达。帝怒录，欲坐以死。璁营解之，得免，乃论戍，编伍南丹卫，子孙世及焉。帝以群臣皆抗疏劾勋，朋奸陷正，命逮系给事中刘琦、常泰、张逵、程辂、王科、沈汉、秦佑、郑一鹏等，御史姚鸣凤、潘壮、高世魁、戚雄等，刑部郎中刘仕，大理评事杜鸾等诏狱，死桎楚狴犴者十余人，余戍边、削籍，流毒至四十余人。谪大理少卿徐文华、顾佖戍边。

初，颜颐寿等既逮治，备尝五毒，闻者惨之。已而皆夺官罢归，独文华、佖论戍边，二人皆与璁等廷争大礼者。江潮、李璋、李珏、章纶、马豸等俱夺官，韩良相及其左证俱论遣。璁等自谓平反有功，请编《钦明大狱录》，颁示内外诸臣，以明颐寿等之欺罔。从之。

四十五年（乙丑，1566），四川妖寇蔡伯贯反。已而就擒，鞫得以山西李同为师。四川抚、按官移文山西，捕同下狱。自吐为李午孙，大礼之子，世习白社妖教。假称唐裔当出驭世，惑民倡乱，与《大狱录》姓名无异。抚、按官论同坐斩，奉旨诛之。都御史庞尚鹏上言：“据李同之狱，福达之罪益彰。而当时流毒缙绅至四十余人，衣冠之祸，可谓烈矣。郭勋世受国恩，乃党逆寇，陷缙绅。而枢要之人，悉颐指气使，一至于是。万一阴蓄异谋，人人听命，为祸可忍言哉！乞将勋等官爵追夺，以垂鉴戒；马录等特加优异，以伸忠良之气。”穆宗从之，见当时死事、谪戍者，皆得叙录，是狱始明。

**《明世宗实录》卷六十二：**

嘉靖五年三月甲申朔，辛丑，赐进士龚用卿等三百名及第出身有差。是日赐宴礼部，命武定侯郭勋侍。勋因奏历年赐宴主席大臣位次居中，今宴图乃左右列坐，臣无足齿，奈辱朝命何。得旨：如旧规行。比入宴，礼部设席仍左右分列，勋不得已就左席。已复疏争之，上责礼部不奉诏令，自后务遵故事，毋再争扰。

**《明世宗实录》卷六十三：**

嘉靖五年四月癸丑朔，辛巳，取中武举五十名，赐宴。兵部命大学士费宏主席，兵部列武定侯郭勋坐在尚书之下。勋上疏争之，以为朝廷莫如爵，每年圣驾视牲，及大祀天地，臣班在尚书右，今会武宴坐不宜独诎下。尚书李越等附议言：中府之会武宴，犹礼部之恩荣宴也，恩荣宴以礼部为主，会武宴以中府为主，故皆序于各部尚书之次。礼以义起见，有嘉靖二年宴图可证，此不足引团营故事争也。上从勋言。

**《明世宗实录》卷六十四：**

嘉靖五年五月癸未朔，丙申，武定侯郭勋为御史张景华等所论，自劾求退。且言即今太平盛世，固当任文臣所为。上曰：卿世有勋劳，朝廷任以兵政，岂宜因人言遽自疑阻。宜益用心操练人马，不允辞。

《明世宗实录》卷六十六：

嘉靖五年七月壬午朔，丙戌，都察院左都御史聂贤等言：山西太原府崞县人李福达，初以妖威王良李钺谋反事连坐发戍山丹卫，逃还，改名李五。清军御史勾发山海卫，复逃还，寓陕西洛川县，妄称弥勒佛教，诱惑愚众，县民惠庆、邵进禄辈俱往从之。福达以是居积致富，诳进禄等言：我有大分，宜掌教天下，今暂还家。若等宜聚众，俟我遂，将家还山西。进禄等事觉见捕急，遂聚众为乱，伪授官爵，杀伤吏民。官兵捕获，供称李五首谋。福达闻事发，复亡入五台县，易姓名曰张寅，往来山西徐沟县同戈镇，已又挟重赀来京，窜入匠籍，以赀纳例为山西太原卫指挥使，其子大仁、大义、大礼，俱补匠役，诡能烧炼和药，往来武定侯郭勋家甚密。久之踪迹颇露，乃回同戈镇。其仇薛良首发之，福达惧，复亡入京，官司捕得其子大义、大礼，案治之。福达窘，乃身自抵正，而贿求武定侯郭勋书，抵巡按御史马录为之嘱免。录不从，竟拟福达谋反，妻子缘坐。臣等谨按：福达以妖术惑众，邵进禄等之反，实福达首谋，寘之重典，厥罪允宜。但郭勋以勋戚世爵，乃交通逆贼，纳贿行嘱，法不可宥，请并逮治之。得旨：令诛福达父子，并没入其财产，妻子为奴。郭勋令对状，勋具服谢罪，上特宥之。给事中程辂、刘琦、王科各言勋罪重不宜贳。章下所司。

……

乙未，给事中陈皋谟言：人臣事君如子事父，子无过孝，臣无过忠，岂有子偶一事悦亲，足徼终身之爱；臣偶一言顺旨，遂为不世之功。恭惟恭穆献皇帝追崇之礼，乃出陛下天性至情，席书辈不过一言赞成之耳，乃遂贪为已功，动以自负，互相党援，出位论列，挤排宰执，纷更法，制喜怒恣其心，威福柄其手。若李鉴父子，拒敌官兵，法官论死，已经会验。书乃曲为申救，至谓众以议礼憾臣，故因陷鉴于死。夫议礼者，朝廷之公，合与不合何至深仇，纵使仇书，鉴非书之子弟亲族交游也，何乃于鉴甘心邪。

至于郭勋之诉，尤所不通。勋遗书御史马录，为罪人张寅请托，录奏之，乃亦以议礼激众怒为言，岂儒臣博士之所未深究，而武夫悍将反优为之。此在席书，犹不宜自言，而勋又窃其绪余，以欺天罔上，罪不容诛。如问官当张寅以法，勋又且如书之代诉，不至于滥恩废法不已矣。以朝廷纯孝之盛举，遂为权邪营私之窟穴，岂不异哉。乞亟罢书、勋，李鉴仍从原坐，兼按张寅请托事，使人心晓然，知权邪之不足恃，公法之不可废，然后逆节销幸门塞不纳。时南京御史姚鸣凤、王献等亦皆上疏极谏。俱下所司知之。

**《明世宗实录》卷七十一：**

嘉靖五年十二月己酉朔，甲戌立春，山西巡抚都御史江潮、巡按御史马录、兵科给事中郑自璧等，及给事中秦佑、常泰，试御史邵豳等，各疏劾武定侯郭勋交结妖贼李福达，蔑视国法，恶贯已盈，宜加两观之诛，以谨无将之戒。章下所司。已，给事中张逵复奏言：妖贼李福达诳惑愚民，称兵犯顺，而郭勋为之馈书远嘱，诡词称冤，党叛逆而背君父，罪不容诛，乞逮问如律。上曰：李福达事情重大，锦衣卫差官逮系来京讯问。

**《明世宗实录》卷八十：**

嘉靖六年九月乙亥朔，壬午，先是徐沟县民薛良讦告张寅，系妖贼李福达变易姓名。山西巡抚都御史江潮、巡按御史马录等钩摭其事，按以谋反重罪，妻子缘坐，狱成，都察院按复，得旨如拟。时武定侯郭勋遗书马录，为讼其冤，录并劾勋。上初不问，以言者数至，责勋对状，已而宥之。给事中张逵等复劾勋党逆，罪不可原。上疑之，因命锦衣卫差官校，械系各犯来京，集三法司于京畿道会审。时告人薛良及证者李景全、韩良相、石文举等三十人，面指张寅为李福达。寅语，刑部尚书颜颐寿等具狱如江潮马录言。上命会官于午门前再讯，良等仍执前词，颐寿具略节口词上请。上曰：颐寿等职掌邦刑，奉旨推问不行，从公审鞫。乃偏情回护，非止一端，况薛良等已经毕昭勘问招虚，今欲扶同入人重罪，非朕恤刑之意，俟斋祀毕，朕亲鞫于庭。大学士杨一清言，天子之体与臣下不同，有司之职非人君宜与。今案牍俱明，词证咸在，若仍令诸司虚心研审，则真情自得何至，上劳黼衣之尊，下亲狱讼之事哉？上乃已。仍下廷臣会讯颐寿等，乃改拟张寅造妖言律斩，其子张大义等不在连坐之数。上曰：死刑大狱不可轻有出入，各官所问先后情词不一，至会问又多偏听回护。谋反重罪，先乃率意加人，今改拟妖言亦不见妖书，但朋谋捏诬泛言奏饰，且不究，俱令戴罪办事。行取原问原勘官李珏、江潮等，面加质证，马录差官校械系来问，潮等至仍会官廷讯，乃归罪于薛良言。良原与张寅有隙，将李五妄作李福达，李福达妄作张寅，并无聚众谋反惑众称乱等情，各勘官因石文举忘认张寅，故问拟死罪，疏中不及马录，上怒三法司展转支调，但以一良当罪，颜颐寿、刘玉、王启、刘文庄、汤沐、顾佖、汪渊（润）并聂贤、徐文华，及江潮等，同各犯俱下三法司。署印官用刑推究。又原问官具言，马录主张所主何意，又录言私嘱书帖尚多，亦要追出查奏。时上以诸臣不称任使命，吏部侍郎桂萼等分署三法司事，谕令体朕爱人之心，究明奸，构大狱。萼等奉命披抉词旨，究极根因。遂搜马录箧中有大学士贾咏、御史张英、都御史张仲贤、大理寺丞汪渊、工部侍郎闵楷私书，咏以榆次县知县尹伦、指挥王宠之为托英等，颇涉张寅事，词连孟春及郭勋嘱张寅书上之。上责咏对状，咏上疏引罪。得旨，令致仕，而逮问仲贤等。勋事已前决，置之不问。萼等因言给事中常泰、刘琦，员外郎刘仕三人，声势相倚，挟私弹事，左使马录杀人，人皆畏之，法实难贷。给事中王科、郑一鹏、秦佑、沈汉、程辂，评事杜鸾，南道御史姚鸣凤、潘壮、戚雄等，亦各扶同妄奏，助成奸恶，致蒙俞允，几陷张寅灭族。而给事中张逵，御史高世魁、方幸，张寅之就死，得诬郭勋之谋逆，率众联名，同声驾祸，止宜罪其为首，以警其余。郎中司马相妄引事例，故意增减，诬上行私，莫此为甚。近来科道诸臣，缔党求胜，内则奴隶公卿，外则草芥司属，请大奋干刚，以彰国法。不然则胁从大臣皆系狱，而朋谋小人犹得趋跄于朝，何以威天下，服人心。上以为然，乃诏逮科等通鞫之，命南京刑部系潘壮、戚雄于狱。复奉旨：昨日会审乃有卿汪玄锡、少卿余才，混扰怀恨，一并逮问来说。萼等会鞫明白，乃言于上曰：臣等奉诏鞫审大狱，俱得张寅被诬之状。寅本五台县人，工部漏籍匠户，侨居徐沟，尝出钱贷薛良，良素无赖，欲杀寅以逋责，即指为洛川县妖人李五，又以为崞县逆党李福达，前后情词互异，事无左验。初指挥张英，名字诬告于都御史毕昭处，续张寅自诉，方识是张寅。良坐发口外为民，事已白矣。会寅子大仁客京不知，业已问明，抵武定侯郭勋求救。勋与寅旧识，寄书马录，录故怨勋，复文致其事，欲乘机中勋以危法。因傅会薛良以张为李，以五为午，使寅怨家李景全、韩良相、石文举等证成之。而给事中常泰、刘琦，员外郎刘仕同，为谩辞以惑朝听。臣等查得：成化十八年山西黄册内有李福达名字，彼时方七岁，至弘治二年，王良、李钺谋反时方十四岁，岂有谋反充军山丹卫之说也。计今嘉靖六年，李福达年五十二，今张寅年已六十七，发就种种矣，何得以张寅即李福达也。盖因陕西反贼卷内有李伏答、李五名字，遂妄指张寅即李伏答、李伏答即李福达也。又云即李五，刘琦又将李五改作李午，推厥所由，起于马录陷害郭勋，成于常泰、刘琦、刘仕党助马录。既而所在诸司俱听其主持，遂成大狱。幸赖圣明独断于上，多官公审于朝，始冤抑得伸，人咸输服。其原告证佐，及中外问官偏听失实者，请坐如律。疏入，得旨：各犯朋谋害人，酿成大狱。原告薛良依诬告律绞，韩良相、石文举等诬执人死罪，原问官布政李璋、按察使李珏、佥事张纶、都指挥马豸，并大理寺少卿徐文华，阿附巡按杀人媚人，俱发戍极边，遇赦不宥。给事中刘琦、御史程启充、卢琼挟私弹劾，亦发边卫。给事中王科、秦佑、沈汉、程辂扶同妄奏，并左都御史聂贤，俱为民。刑部尚书颜颐寿、侍郎刘玉、王启，都御史江潮、刘文庄，大理寺卿汤沐，少卿顾佖、汪渊，畏避言官，推勘不实。太仆寺卿汪玄锡，光禄寺卿余才，逞忿横议。吏部侍郎孟春、工部侍郎闵楷、都御史张仲贤，交通私札，各革职闲住。其出差未至如都御史张润、御史任淳，逮捕未至如给事中常泰、郎中刘仕，行提未至如给事中张逵、御史高世魁、姚鸣凤、张英，评事杜鸾，郎中司马相，俱候至京定拟。风闻失实，南道御史潘壮、戚雄下南京法司失亡案牍。副使周宣，给驿送囚，副使王昂指引证佐，知州杜蕙、胡伟，镇抚鲍玉，下各该巡按御史勘问。寺丞毛伯温命差官代还马录，以故入人死罪，未决拟徒。上以所拟为轻，令再拟以请。独巡抚毕昭，以尝归罪薛良，与张寅父子，俱免罪还职役。上处分毕，因命都察院刊布诏条，使中外知之。上既以马录下法司另拟，欲坐奸党律。于是侍郎桂萼等谓：张寅未决，而马录代之受死，恐天下不服，宜发烟瘴地面永远充军，令缘及子孙以示至公。乃谪录戍广西南丹卫，遇赦不宥。既而复谕大学士杨一清等曰：马录首事害人，罪有所归，与其僇及后世，不若诛止其身，以从舜典罚弗及嗣之意。一清等对曰：祖宗制律具有成法，今录无当死之罪，律无可拟之条。若法外用刑，吏将夤缘以法为市，人无所措手足矣。上不得已从之。

**《明世宗实录》卷八十三：**

嘉靖六年十二月甲辰朔，丁未，谪户科给事中常泰、刑部云南司郎中刘仕、戍边大理寺寺副杜鸾、山东道御史高世魁、广西道御史任淳、南京浙江道御史姚鸣凤、原任刑部山西司员外郎升福建按察司佥事司马相俱为民；都察院右佥都御史张润、原任山东道御史升南京太仆寺少卿张英、南京河南道御史潘壮、南京福建道御史盛雄，俱革职闲住，皆坐附马录执奏张寅罪状故也。初张寅狱成，泰等方在外，逮捕未至，至是法司始定其罪，俱拟风宪官挟私，弹事不以实，及官司故入人罪律止于黜降。上怒，悉从重处，以南京问官言壮与雄无罪，责令对状。

## 十、朱方资料

**《钦定四库全书·（雍正）山西通志》卷一四四《孝义四·平定州》：**

朱凤，幼孤，嗣叔父聪后，聪无间言。及卒，叔母董氏重其赀产，逐之，凤旦夕定省不废。以子方封都御史，张景华铭墓。

**光绪《平定州志》卷八《人物·孝友·义行·还金》：**

朱凤，幼孤，叔父聪养以为后，事聪无间言。聪卒，赀产甚厚，叔母董氏居其利，凤出庐于外，旦夕省视不废。尝于道中得金，还家，访为邻人董礼妻迁居所遗，还之。子方，见封荫。张景华铭其墓。卷七《选举·封荫》：封都御史朱凤、子方。

**光绪《平定州志》卷八《人物·宦绩》：**

朱方，嘉靖丙戌进士。授金华府推官，有清慎声。擢监察御史。出按河南，时微行，访民间利病。每巡部前驱只数人，遇者不知为直指使者也。尝以事责驿丞，旋觉其误，即徒步三十里以自罚。贪墨吏闻风解绶去。后历都御史，巡抚顺天。以秋防失守被逮，廷杖死，祀乡贤。子绘，进士，累官南京通政使，亦开敏，有父风。

**《明清进士题名碑录索引》：**

朱方，山西平定州守御千户所人，嘉靖五年三甲第一百二十四名进士。

**《钦定四库全书·畿辅通志》卷五十九顺天巡抚都御史：**

（嘉靖年间）朱方，定州人，进士。

**《钦定四库全书·浙江通志》卷一五五引万历《金华府志》：**

朱方，字子大，泗州人。嘉靖七年由进士任金华府推官。诚笃清慎，淡素如儒生，谙练若老吏。捧檄署县事，争复折粮。

**《钦定四库全书·河南通志》卷三十一巡按监察御史：**

（正德年间）朱方，北直定州人，进士。

**《钦定四库全书·河南通志》卷五十四：**

朱方，字子大，山西平定人。进士。嘉靖十八年以监察御史巡按河南，清苦自励，纠察严密。每巡历，则单骑驰赴，虽蕞尔小邑，无不亲临。奸豪敛迹，百姓怀之。

**《钦定四库全书·山西通志》卷六十八：**

嘉靖四年乙酉科乡试。朱方，平定人，进士。

嘉靖五年丙戌科龚用卿榜。朱方，平定人，都御史，顺天巡抚。

**《钦定四库全书·山西通志》卷一百二十七：**

朱方，平定人。嘉靖丙戌进士。授金华府推官，有清慎声。擢监察御史。出按河南，时微行，访民间利病。每巡部前驱只数人，遇者不知为直指使者也。尝以事责驿丞，旋觉其误，即徒步三十里以自罚。贪墨吏闻风解绶去。后历都御史，巡抚顺天。以秋防失守被逮，廷杖死。子绘，进士，累官南京通政使，亦开敏，有父风。

**光绪八年版《平定州志》卷八《人物志上·宦绩》：**

朱方，嘉靖丙戌进士。授金华府推官，有慎声。擢监察御史。出按河南，时微行，访民间利病。每巡部前驱只数人，遇者不知为直指使者也。尝以事责驿丞，旋觉其误，即徒步三十里以自罚。贪墨吏望风解绶去。后历都御史，巡抚顺天。以秋防失守被逮，廷杖死。祀乡贤。子绘，进士，累官南京通政使，亦通敏，有父风。

**《明史·毛伯温传》：**

（嘉靖）二十三年（1544）秋，顺天巡抚朱方以防秋毕，请撤客兵。未几，寇大入，直逼畿辅。帝震怒，并械总督翟鹏遣戍，毙方杖下。御史舒汀言：方止议撤蓟兵，而并撤宣大则伯温、与职方郎韩最也，帝遂削伯温籍，杖最八十，戍极边。伯温归，疽发背卒。穆宗立，复官，赐恤。天启初，追谥襄懋。

**康熙《遵化县志》卷八《职官志》：**

朱方，山西平定州人，进士，嘉靖二十三年以佥都任，逮系卒。

**《明史·翟鹏传》：**

是年九月，蓟州巡抚朱方请撤诸路防秋兵，兵部尚书毛伯温因并撤宣大三关客兵。谙達遂以十月初寇膳房堡，为郄永所拒。乃于万全右卫毁墙入，由顺圣川至蔚州，犯浮屠峪，直抵完县，京师戒严。帝大怒，屡下诏责鹏。鹏在朔州，闻警夜半至马邑，调兵食复趋浑源，遣诸将遏敌。御史杨本深劾鹏逗留，致贼震畿辅，兵科戴梦桂继之。遂遣官械鹏，而以兵部左侍郎张汉代。鹏至，下诏狱。

坐永戍，行至河西务，为民家所窘告，钞关主事杖之厂卫。以闻，复逮至京，卒于狱，人皆惜之。

**《钦定四库全书·明史》卷十八《本纪·世宗二》：**

（嘉靖）二十三年冬十月乙酉，以寇警逮总督宣大兵部尚书翟鹏、巡抚蓟镇佥都御史朱方下狱，鹏谪戍，方杖死。

## 十一、张士英、张僖资料

**乾隆《郯城县志》卷七《秩官·县丞》：**

张士英，福建永定人，监生，考授州判，乾隆二年任，六年调河院辕门巡捕，九年回任。

**《明清进士题名碑录索引》：**

张僖，福建永定人，民籍，明嘉靖十七年三甲第一百零七名进士。

**民国《永定县志》卷二十五《儒林》：**

“张僖，字凤山，嘉靖戊戌（十七年，1538）进士，授中书科舍人。严嵩欲罗致之，使人讽以美官。僖不可，疏劾嵩，遂拂袖归。敝庐数椽，风雨不蔽，怡如也。”

**民国《永定县志》卷十二《选举》：**

张僖，字凤山，嘉靖十七年茅瓒榜殿试二甲（进士），官中书科舍人。有传。

张僖，中嘉靖甲午应天榜（举人），见进士。

**民国《永定县志》卷三十六《杂录》：**

张舍人僖为童子时，偶从书塾折花归，路遇赖太守，先遽缩手笼入袖底。太守戏命以对，曰："白面书生袖里暗藏春色。"舍人接即口答曰："黄堂太守眼中明察秋毫。"太守赏其工敏，妻以女。前辈尝传道之。

**张士英《张氏族谱原序》：**

余族高伯祖凤山公，讳僖，正德进士，列中翰，奏诀分宜，罢归。手著《忠贞录》，皆一时文章道德，慷慨自许，不落于权门者，有白溪公姓名在焉。余总角趋庭，先王父与先君子恒尚论之，余心向往不忘。

## 十二、毕昭资料

**康熙山东《新城县志》卷六《选举·进士》：**

毕昭，亨子，（弘治）己未科会魁，巡抚山西副都御史。有传。《举人》：毕昭，（弘治）壬子科第四名，详进士。

**康熙山东《新城县志》卷七《人物志》：**

毕昭字蒙斋，工部尚书亨子，尚书成弘间□□。昭天性淳笃，弱冠魁于乡，弘治己未登进士，授工部主事，迁员外郎。出守汝宁，兴学养民，境内大治。有乳牛被戕者，其犊来诉，昭置之法。论者谓其为德政所感。流贼犯境，昭备御有方，多所斩获，汝民树碑记其事。以佥都御史巡抚山西，母疾乞终养归。侍母药必先尝，食必躬进。及卒，哀毁几灭性。葬之日，有甘露之祥。家居二十余年，闲居僻处，而为国为民之意无异廊庙。晚年方欲大用，昭已前卒，朝议惜之。

**乾隆《太原府志》卷二十九《职官三》：**

“毕昭，进士，嘉靖时巡抚山西都御史，山东新城人。”紧接着是“张景华，进士，嘉靖时巡按山西御史，山东郯城人。”说明他们是同时在山西为官的。

## 十三、《尔雅注》资料

**清莫友芝《郘亭知见传本书目》卷三《经部十》：**

“嘉靖乙酉，张景华刊《尔雅注》三卷，与雪窗本合。亦附音释于注下。雪窗本误处，此有不误，盖从景泰马谅本出也。”“小学类《尔雅》单注有明嘉靖三年张景华刊本。”

莫友芝（1811—1871），字子偲，自号郘亭，又号紫泉、眲叟，贵州独山人。晚清金石学家、目录版本学家、书法家，宋诗派重要成员。家世传业，通文字训诂之学，与遵义郑珍并称“西南巨儒”。

**董恩林《〈尔雅郭注〉版本考》：**

又有嘉靖四年（1525）张景华、黄卿重刊景泰马谅刻本。每半叶九行，行二十字；注双行，亦二十字。卷首附张景华序云：“副太原守黄子时庸校刊，与《释名》并传焉。”

黄卿（1485—?），字时庸，号海亭。山东益都县人。正德三年（1508）进士，历任南京刑部郎，出为太原府知府，浙江右参政、江西左布政使。乾隆《太原府志》卷二十九《职官三·知府》：黄卿，进士，嘉靖二年至八年任太原知府。雍正《山西通志》卷八十八：黄卿，益都人，嘉靖间以进士，任太原府知府，博学有操行，重农桑，崇学校，慎刑狱，黄土塞大水漂没居民以千计，掩骸赈恤，不遗余力。民舍火将延及学宫，泣拜祷，风反火熄。在任六年，擢浙江参政，后累官江西布政使，祀名宦。

**潘景郑《着砚楼书跋·明景泰本尔雅单注》：**

《尔雅》传刻綦繁，单《注》本以黎氏所复景宋蜀大字本为最古，次则元雪窗书院本及明嘉靖吴元恭刊本，并称精善。两本互有胜处，宜顾涧蘋、臧庸堂先生据以重雕。今则顾、臧两本，已为难得，遑论元、明两刻耶？又有明景泰七年和阳马谅刊本三卷，流传未广；嘉靖乙酉张景华补刊印行，据为己有；后来藏家，多别马、张为两本，讹矣！道光乙酉金陵陈宗彝得马本重刊，今亦不多见矣。余所藏马谅一本，已是张景华补刊之帙，刷印亦不清朗。前有张氏自序，不及刊刻原由；马谅跋则附印于后；其中卷尾叶，字体不类，当是补刊之叶，又脱去河曲、九河诸条，经独山莫楚生先生以朱笔补写于后。张氏草率补刊，其痕迹犹可寻见焉。此书得自独山莫氏，忽忽已及十年，乱后携来沪寓，寻绎旧业，恍如隔世矣！戊寅后七月初八日。

按：潘景郑（1907—2003），原名承厚，江苏吴县人。藏书家，版本鉴定家。“宝山楼”藏书的拥有者之一。是潘世恩（1769—1854）的后裔。莫棠（1865—1929），字楚孙，一字楚生，贵州独山人。晚清大儒、藏书家莫友芝九弟莫祥芝的第三子。

**储良材《刻释名序》：**

《释名》者，小学文字之书也。古者文字之书有三焉：一体制，谓点画有纵横曲直之殊，若《说文》《字原》之类是也；二训诂，谓称谓有古今杂俗之异，若《尔雅》《释名》之类是也；三音韵，谓呼吸有清浊高下之不同，若沈约《四声谱》及西域反切之文是也。三者虽各自名家，要之，皆小学之书也。

夫自六经出而《尔雅》作，《尔雅》作而《释名》著，是故

《汉·艺文志》以《尔雅》附《孝经》而《经籍志》以附《论语》，盖崇之也。汉刘熙所著《释名》，翼《雅》者也，宜与《雅》并传。《尔雅》故有镂本而《释名》久无传者，余按全晋，偶得是书于李佥宪川甫，川甫得诸蔡中丞石冈，石冈得诸济南周君秀，因托吕太史仲木校正，付太原黄守刊布焉。然则翼《雅》之书，讵止于是乎？郭璞有《图》，沈璇有《注》，孙炎有《音》，江瓘有《赞》，邢昺有《正义》，张揖有《广雅》，曹宪有《博雅》，孔鲋有《小尔雅》，刘伯庄有《续尔雅》，杨雄有《方言》，刘霁有《释俗语》，卢辨有《称谓》，沈约有《俗说》，张显有《古今训》，韦昭有《辨释名》，凡读《尔雅》者皆当参览，其可以小学之书而忽之哉！嘉靖甲申冬十二月既望，谷泉储良材邦抡父撰。

按：储良材，字邦抡，广西柳州马平人。正德十二年（1517）进士。嘉靖三年（1524），巡按山西。曾刻《释名》八卷。嘉靖六年（1527），以御史巡视京营。嘉靖七年（1528），巡按江西。八年（1529），张璁、桂萼被劾，良材以张、桂党被黜。

## 十四、彭勖资料

**《明史》卷一六一《彭勖传》：**

彭勖，字祖期，永丰人。七岁，入佛寺不拜。僧强之，叱曰："彼不衣冠而袒跣，何拜为！"永乐十三年举进士。亲老，乞近地以养，除南雄府教授。学舍后有祠，数现光怪。学官弟子率祷祀，勖撤而焚之。满考，补建宁教授。副使王增有疾，医者许宗道诬诸生游亨魇魅，以舍旁童五郎祠为征。增怒，置亨家七人重罪，下近祠居民狱四百家。勖抗论游氏非巫者，五郎非邪神，初捐地筑城人也，事载郡志中。增愕，索图经证之，大惭悔，事得解。建宁朱子故宅，有祠无祭。勖疏请春秋祭，蠲子孙徭。又创尊贤堂，祀胡安国、蔡沈、真德秀。诸生翕然向学。正统元年，以杨士奇荐，召授御史。时初设提学官，命督南畿学校。详立教条，士风大振。疏言："国朝祠祭，载在礼官。修斋起梁武帝，设醮起宋徽宗，宜一切除之。禁立庵院，罢给僧尼度牒。"又言："真定、保定、山东民逃凤阳、颍州以万计，皆守令匿灾暴敛所致，乞厚轸恤。守令课绩，宜以户口增耗为殿最。"又请设南京诸卫武学。皆报可。所至葺治先贤坟祠。母忧归，以孙鼎代。勖起复，改吏部考功郎中，出为山东副使。土木之变，数言兵事。以直不容于时，致仕归。

**康熙《山东通志》卷二十四《职官一·副使》：**

彭勖，永丰人，由进士，正统间任。

**雍正《江西通志》卷七十七《人物十二·吉安府三》：**

彭勖字祖期，永丰人，永乐进士。亲老乞近地以养，除南雄府教授。学舍后有祠，数现光怪，学官弟子率祷祀，勖撤而焚之。满考，补建宁教授，朱子故宅有祠无祭，勖为疏请蠲子孙徭，创尊贤堂，祀胡安国、蔡沉、真德秀，诸生翕然向学。以杨士奇荐，召拜御史，初设提学官，命督南畿学校。详立教条，士风大振。又请设南京诸卫武学。所至葺治先贤坟祠。母忧，归起复改吏部考功郎中。土木之变，数言兵事，以直不容于时，致仕归。

**光绪《吉安府志》卷二十八《人物》：**

彭勖，字祖期，永丰人。七岁，入佛寺不拜。永乐十三年举进士。亲老，乞近地以养，除南雄府教授。学舍后有祠，数现光怪。学官弟子率祷祀，勖撤而焚之。满考，补建宁教授。副使王增有疾，医者许宗道诬诸生游亨魇魅，以舍旁童五郎祠为征。增怒，置亨家七人重罪，下近祠居民狱四百家。勖抗论游氏非巫者，五郎非邪神，初捐地筑城人也，事载郡志中。增愕，索图经证之，大惭悔，事得解。建宁朱子故宅，有祠无祭。勖疏请春秋祭，蠲子孙徭。又创尊贤堂，祀胡安国、蔡沈、真德秀。诸生翕然向学。正统元年，以杨士奇荐，召授御史。时初设提学官，命督南畿学校。详立教条，士风大振。疏言："国朝祠祭，载在礼官。修斋起梁武帝，设醮起宋徽宗，宜一切除之。禁立庵院，罢给僧尼度牒。"又言："真定、保定、山东民逃凤阳、颍州以万计，皆守令匿灾暴敛所致，乞厚轸恤。守令课绩，宜以户口增耗为殿最。"又请设南京诸卫武学。皆报可。所至葺治先贤坟祠。母忧归，以孙鼎代。勖起复，改吏部考功郎中，出为山东副使。土木之变，数言兵事。以直不容于时，致仕归。案《关洛源流录·儒林传》云：己巳之变，廷议以勖才可大用，乃敕简练军壮，固守城池，督造军器送京营，出入宣劳，论军事抗直无隐。所著有《书传通释》《读书要法》《山东郡邑通志胜览》等书，及诗文集行于世。

## 十五、黄嘉宾等人资料

**明故致仕中宪大夫太仆寺少卿麟薮黄公墓志铭：**

赐进士第资善大夫通政使司掌司事工部尚书侍经筵涞阳郑绅撰文

赐进士第资政大夫管仓事户部尚书侍经筵益都陈经书丹

赐进士第通议大夫都察院右副都御史郏城张景华篆盖

公没之明年四月，其子咸立匍匐入京师，持状而言曰：孤也不天，乞铭，父命也。泣数行下如雨。公予年兄，而咸立予犹子，又何辞？按状：公讳嘉宾，字国贤，别号麟薮，鲁武城之冠族。大父宪，行谊隆于里闬，隐居不仕，赠征仕郎。父鼒，征仕郎、武城中卫经历，赠奉政大夫、光禄寺少卿。母洪氏，赠宜人。生四子：长即公；次嘉客、嘉祥不仕；次嘉瑞，掌汝阳教，先卒。太宜人娠公时云鸿入梦，生即颖异，比就傅授《尚书》，辄能了悟，更善属文。总角补弟子员，一时诸儒咸推让焉。嗣是父宦京师，因受学于馆职孙公清门下，独见器重，乃感奋刻励，笃志积学，遂领正德癸酉乡荐，明年甲戌登进士第，筮仕开封节推，听讼如老法家，断案如神，人皆心服，竟无冤民，且风裁凛然，当道荐章叠叠。时给事翟瓒嘱为脱某狱，公执法竟无所挠，人皆惮之，蔚有时名。丁丑被征，以公之才行应有科道之选，为瓒假限年例以阻之，乃除武库主事，扈武宗驾北征，纪功，上赐衣二袭，金银牌二面。时武宗欲南巡，公偕百官叩阙泣谏，被责几死复苏。己卯相继丁内外艰，哀毁逾礼。辛巳，今上录前谏，升俸一级。壬午服阕，改武选主事，寻转武库员外郎。乙酉升太常丞，遇上献皇帝徽号及圆丘落成，公相祀事，俱有金绮之赐。上命太常定雅乐，乐舞生献乐章，有先世二字强属上声，公独驳其谬妄，公卿大臣试乐者，莫一不叹服。既而许张时宰意，左迁尚宝丞，癸巳升光禄少卿，丙申升太仆寺少卿，奉敕督理畿辅马政。故事计地养马率轻重不伦，小民嗷嗷，破产不能支，公廉得其状，慨然振刷计地养马惟均建议，上允，着为令，百年之弊一旦廓清，官民皆利。己亥扈驾，幸承天视行在太仆篆，上赐锦衣宝钞。銮回，比秩满应迁，乃引年乞休，上悯公衷悃温，诏允之。缙绅大夫谓能进退始终以礼如公者几人？咸啧啧叹慕。越二年，辛丑八月三日卒，享年七十有三。讣闻，皇上赐谕祭一坛，遣布政使司左参议杨伊志致祭于其家，笃重臣也。公孝友出自天性，父尝病疟，迎医进乌龙饮饮之，口苦禁不能入。公跪泣请饮之，即愈。居官无异布衣时，囊无长货，居常服食，不事华美，曰：吾惟以俭，助吾康耳。性且朴，耻尚脂口，人有过者辄面折之，不少假借。为文务尚体要，不事支蔓，其所著作悉可传。述云：公生于成化己丑十月二十有三日。娶李氏，封宜人，少忝公迪之孙女；侧室裴氏、李氏。生四子：长咸立，庠生，次咸贞、咸宁、咸亨。女五人，宜人所出，俱归名家。孙一人，咸立子。卜甲辰冬葬于邑城西北小青山之原。铭曰：

嗟彼武城，获麟之薮。前哲既没，孰继厥后？黄公挺生，光昭宗圣。礼乐弼成，别新马政。历事两朝，俱笃忠贞。完名全节，为时名卿。矧尔贤胤，克承儒业。奠兹幽壤，奚啻千叶。

**光绪《嘉祥县志》卷二《选举》：**

黄嘉宾，正德癸酉举人。黄嘉宾，经历鼒子，字国贤，登甲戌科。任河南府推官，迁兵部主事、员外郎，历任太常寺丞，尚宝、光禄寺少卿，改太仆寺少卿卿，致仕。详《人物》。卷八《人物二》：黄嘉宾字国贤，初为河南府推官，断狱明决，庭无留讼，人比之包待制。及迁兵部主事，历员外郎，持正不阿，人不敢以私干。会武宗西狩，未几复南巡，嘉宾皆上疏切谏，议论激烈，声色俱壮，上怒，两受廷杖。得不死，言事愈励，以故名震天下。终太仆卿，致仕。自奉甚约，乡人称焉。

**《国朝献征录》卷六十七掌通政司事工部尚书赠太子少保郑公绅神道碑（孙升）：**

工部尚书致仕郑公卒，子锦衣卫指挥佥事珑以闻，诏赠太子少保，赐祭葬。公讳绅，字公佩，别号敬庵。其先保安州望族，高祖思明，徙保定府之涞水县。思明生秀，秀生友，以从兄征进都匀东苗西堡有功，授锦衣百户世袭，遂定居都城。友生表，以从征大同有功，晋副千户，累指挥佥事，赠百户君如其官。两世近臣，又皆菜单见，而都城之郑渐着。公为指挥君长子，当承荫，乃顾雅嗜文墨，年十余受书不释手，指挥君侍朝蚤起，公必先焉归，入户辄闻读书声，定省唯时，色词以恭。指挥君暨毋胡相顾喜曰：世称读书人明理道，习孝敬，吾儿信然，大吾门必此儿也。令就学于司徒李公，李公大奇之，一时同学多士，鲜或之先焉，名起都城籍甚。

举正德丁卯顺天乡试，甲戌进士，乙亥授户部主事，己卯父指挥君卒，侍疾执丧，务竭其情。既葬，庐于墓侧百日，以母命归。处中门外，不入私室，不与宴会者三年。辛巳补户部，晋员外郎，寻迁鸿胪寺右少卿，癸未左少卿，丙戌卿。戊子居母丧，庚寅起任通政司右通政，癸巳左通政，丙申通政使。是岁遇宗庙工完，赠祖若父如公官，祖母母皆淑人。己亥扈从南狩，赐衣带银瓢三事。巳晋工部右侍郎，以慈庆慈宁二宫工，及城垣鼓楼京仓诸工，数赐金币。庚子以皇穹宇工加俸二级，及金币之赐。巳晋尚书，掌通政司事，俸食一品。甲辰考绩，赠祖若父如公官，祖母母皆夫人。公自入官三纪，凡九迁，不出都城门，而累绩近列，晋位上卿，恩每逮其先人。时子珑由荫阶典禁狱，累晋今官。孙崇孝以公荫补太学生，且向用。郑氏数世武文迭兴，语都城华阀，咸推毂郑氏。公曰：吾其止足时矣。遂上疏乞老，得俞旨，是为岁乙巳。公既赐休，甚适，乃故都城居也。朝大夫旧游及诸后进知公名，数就公访政理，舆马相属，公一切谢避之。乃于都城之南里许筑居，号南池书院。引泉种树，鼓棹中流，城隅而江湖若也。就访者又至，乃又去都城数十里，于西山得冷泉之胜，筑居号北泉书院，偕朋旧子姓数辈以往。间来南池复往，钓鲜茹美，探幽寻乐，悠悠乎浴沂风雩之怀，而香山洛社之俦矣。公之诗曰：“世多君子扶皇极，天放闲人养太和。”都城人诵焉。

公事父母孝，事仲父如所生。仲父持家政有干济劳，公念之为文勒石墓所，示不忘。与诸从兄弟约曰：毋尔我视也，毋有余不足论也，吾党今则七人矣，其先一身耳，愿世世同堂合食，毋改，于今日约定，俸入不问所费，久之食指以千计，势不得终合。公乃悉捐先世遗业让诸兄，曰：弟吾固食公家人也，乌用此。诸兄弟感泣。弟纹幼，公教之学，后以乡进士仕至济南府同知。故所师事李公寝疾，独招公受遗嘱如子，公为治后事如所生。同学友病疫且死不能语，执公手授之千金，竟不语。乃后公为卜居定业，安处其妻子。子长，以所余金还焉。居官门无私谒，而公亦未尝干人以私。涞水迩都城，邑侯有为夫役之馈者，公曰：吾家世邑人也，乃今讵可私役邑人，谢之。居身不喜为无益之劳，所在正襟屏息坐竟日，因以敬名庵。卒之前数日，手为书遗亲戚朋旧，备道情故。曰：吾其长别矣。呜呼达哉！公宦篋凉薄，无厚遗。乃后卜筑两地，乐隐十余年，供具不乏，则今指挥君竭情善承之也。余闻之都城人，又闻之先伯兄，伯兄与今指挥君同官锦衣，同试武科，称莫逆交。乃语曰：水积泽深，善积福臻，若公者行善终身，承先启后，以称于世，曰德门宜矣。公卒为嘉靖己未六月十七日，距生成化己亥十一月十日，享年八十有一。

**《国朝献征录》卷三十九资德大夫正治上卿太子少保兵部尚书东渚陈公经神道碑（严嵩）：**

公姓陈氏，讳经，字伯常，青州益都人。公之祖讳俊，父讳庆，皆以公贵累赠资政大夫、户部尚书。公举正德庚午山东乡试，甲戌登进士第，观吏部政。乃奏记冢宰杨公论说时政数千言，杨公奖重之，选补兵科给事中。尝奉命查盘蓟水辽东军储，先是按事者每以严法绳下，人用不堪。公所至综核得宜，洞究奸弊，而不事苛刻。升右给事中。皇上登极，首论新政，其一为端大本，以隆大化，劝上法古帝王，守祖成宪。其请究治先朝遗奸，言皆剀切，时论韪之。升通政司右参议，历左通政。册封郑藩充正使，升通政司使。寻转礼部左侍郎，仍掌司事。四方所上章奏，躬自检阅，不惮烦劳。陛奏仪度秩秩，上每属目器之，已而升户部尚书，总督仓场，兼管西苑农事。岁运边饷仰给太仓，公殚力会计，厘革宿弊，公私允赖。苑田产嘉穀多岐之瑞，赐白金彩币。通政使缺，廷议以公闲于其职，复推公，改礼部尚书，仍掌其事。未几，诏改兵部尚书，入柄本兵，兼提督团营军务。时值边警，上军国要务七事，诏皆允行。时公历二品已六载，特加太子少保。公感知遇，殚尽智虑，调度防边诸务，至废寝食，竟以积劳致疾家卧，乃具疏力辞。上允致仕，特赐给驿以去，比年廷臣鲜有获此典者，实异恩也。公去久之，上意犹念公不置，今年总督仓场员缺，诏复以户部尚书起公于家。命下，公先期以疾卒矣。

**《明世宗实录》卷三五七：**

嘉靖二十九年二月丙申朔，己亥，起原任太子少保兵部尚书陈经为户部尚书，总督仓场，督理西苑农事，寻卒。经山东益都县人，正德甲戌进士，授给事中，选通政司参议，累迁通政使礼部右侍郎，仍掌司事。久之，升户部尚书提督仓场，寻改礼部尚书，掌通政司事。又改兵部尚书，加太子少保。言官劾其不堪本兵，引疾致仕。及是仓场总督缺，上特旨召用经。会病卒于家。赐祭葬如例。

## 十六、职官制度

**《明史》卷七十三《志》第四十九《职官二·大理寺》：**

大理寺。卿一人（正三品），左、右少卿各一人（正四品），左、右寺丞各一人（正五品）。

卿，掌审谳平反刑狱之政令。少卿、寺丞赞之。左、右寺分理京畿、十三布政司刑名之事。凡刑部、都察院、五军断事官所推问狱讼，皆移案牍，引囚徒，诣寺详谳。左、右寺寺正，各随其所辖而复审之。既按律例，必复问其款状，情允罪服，始呈堂准拟具奏。不则驳令改拟，曰照驳。三拟不当，则纠问官，曰参驳。有牾律失入者，调他司再讯，曰番异。犹不惬，则请下九卿会讯，曰圆审。已评允而招由未明，移再讯，曰追驳。屡驳不合，则请旨发落，曰制决。凡狱既具，未经本寺评允，诸司毋得发遣。误则纠之。

**《明史》卷七十三《志》第四十九《职官二·通政使司》：**

通政使司。通政使一人（正三品），左、右通政各一人，誊黄右通政一人（正四品），左、右参议各一人（正五品），其属，经历司，经历一人（正七品），知事一人（正八品）。

通政使，掌受内外章疏敷奏封驳之事。凡四方陈情建言，申诉冤滞，或告不法等事，于底簿内誊写诉告缘由，赍状奏闻。凡天下臣民实封入递，即于公厅启视，节写副本，然后奏闻。即五军、六部、都察院等衙门，有事关机密重大者，其入奏仍用本司印信。凡诸司公文、勘合辨验允当，编号注写，公文用“日照之记”、勘合用“验正之记”关防之。凡在外之题本、奏本，在京之奏本，并受之，于早朝汇而进之。有径自封进者则参驳。午朝则引奏臣民之言事者，有机密则不时入奏。有违误则籍而汇请。凡抄发、照驳诸司公移及勘合、讼牒、勾提件数、给繇人员，月终类奏，岁终通奏。凡议大政、大狱及会推文武大臣，必参预。

初，洪武三年置察言司，设司令二人，掌受四方章奏，寻罢。十年置通政使司，以曾秉正为通政使，刘仁为左通政，谕之曰：“政犹水也，欲其常通，故以‘通政’名官。卿其审命令以正百司，达幽隐以通庶务。当执奏者勿忌避，当驳正者勿阿随，当敷陈者毋隐蔽，当引见者毋留难。”十二年，拨承敕监给事中、殿廷仪礼司、九关通事使隶焉。建文中，改司为寺，通政使为通政卿，通政参议为少卿，寺丞增置左、右补阙，左、右拾遗各一人。成祖复旧制。成化二年，置提督誊黄右通政，不理司事，录武官黄卫所袭替之故，以征赞事。万历九年革。

**《明史》卷七十三《志》第四《职官二·都察院》：**

都察院。左、右都御史（正二品），左、右副都御史（正三品），左、右佥都御史（正四品）……十三道监察御史一百十人（正七品），浙江、江西、河南、山东各十人，福建、广东、广西、四川、贵州各七人，陕西、湖广、山西各八人，云南十一人。其在外加都御史或副、佥都御史衔者，有总督，有提督，有巡抚，有总督兼巡抚，提督兼巡抚，及经略、总理、赞理、巡视、抚治等员。

都御史，职专纠劾百司，辩明冤枉，提督各道，为天子耳目风纪之司。凡大臣奸邪、小人构党、作威福乱政者，劾。凡百官猥茸贪冒坏官纪者，劾。凡学术不正、上书陈言变乱成宪、希进用者，劾。遇朝觐、考察，同吏部司贤否陟黜。大狱重囚会鞫于外朝，偕刑部、大理谳平之。其奉敕内地，拊循外地，各专其敕行事。

# 世德堂《张氏族谱》历次序言选

世德堂《张氏族谱》，是我们研究张景华最朴实最基本最可靠的资料。虽然我们未见到早期刻本，但见到了今天的印本，里面保存了许多原始资料，这在研究中已经加紧采用。族谱中保留了多次版本的序言，对我们了解张氏的源流十分有用，故将其抄出，收录于此。

## 一、张氏族谱原序

张氏系出清河，其源最远，考载黄帝第五子，为弓矢，主祀以弧，因姓。上下数千年，焉能代纪耶。汉唐而后，沧业屡变，兵燹湮祀，流散式微，不一其姓。惟张氏聚族于天下者，其生齿之殷繁，家乘之振赫，所在皆有；然溯世祖于明季者为多。余家闽南汀州之永定，世祖亦始于明，盖世系绵邈，远莫能追，无宗而莫之。宗者礼也，余作吏河干，奔走于齐鲁间一十七载，素闻古郯有张氏望族。丁巳春，余以仪封掾史量移郯邑，一日，粹中、淑眉、振五等诸君子枉顾，礼貌都雅，音吐中律，心异之，其渊源有自。及造其乡，登其堂，观其祠宇，巍峨榱栋翠飞情，俎豆杂陈于前，冠裳萃集于后，瞻拜之余，肃然诚敬。因叙联宗谊，出示族谱，余而阅之，至四世白溪公，不禁重有感焉。余族高伯祖凤山公，讳僖，正德进士，列中翰，奏诀分宜，罢归。手著《忠贞录》，皆一时文章道德，慷慨自许，不落于权门者，有白溪公姓名在焉。余总角趋庭，先王父与先君子恒尚论之，余心向往不忘。不意今日履公之乡，登公之堂，阅公之族谱，与公之子孙联宗谊，不亦大可快哉！

谱载世祖讳林公，林生锦，锦生辅，辅生景华，即白溪公。登正德进士，授之县，行取，屡迁，历官至都察院左副都御史，总督漕运，兼巡抚凤阳等处地方。忠贞贯日，以忤分宜告休，塞门谢事，种花赋诗，非急流勇退明哲保身者曷克有也。公卒于嘉靖之乙卯，越万历癸未，从祀乡贤。公之光大前猷以裕后人者，其德业世泽，岂铮铮细音所可同日而语乎！自世祖发祥于明，迄今凡十有三世，瓜瓞繁延，文经武纬，曾不少衰。或问曰："昔卢怀慎三世中丞，时传其美；白溪公执宪兰台，而不欲官其子侄者，何也？"余曰：是非而所知也。是公之子七人，至侄五人，均鼎鼐之才，假少贬其节，向难尽列殿陛，顾其贻谋，在德而不在夫爵焉。闻之有德者昌，在当世子若侄，仰承公志，咸抱璞烟霞，独嗣白、继白二公于分宜烬灭之后，一授金吾右卫指挥佥事，一授广文，初无意于崇位厚禄，鱼袋相承；或赞仪礼于庙廊，或建丰功于黄运；或花县鸣琴为大尹，为二尹，允矣循良异政；或芹官振铎为正学，为副学，伟哉桃李盈门；抑或义重如山，闾阎钦月旦之高评；抑或文并韩欧，宇宙播英华之尽美。且也忠贞世守，捐躯殉国者若而人，闺门着英烈柏舟，誓死者有斯节，此皆纲常正气，间气所钟。席可转，金可铄，玉可磨，而贞烈之精诚不可夺。建坊载志，炳如星日，即稽之典籍所垂，何以加焉。语曰：本深者末茂，源远者委长，信矣。近代文人萃生干城，蔚起成均黉序，济济林林，第未登贤书建南宫。或又曰：今非昔比也。余曰：不然，由前以等于后，不及特乎，向日之绅，由后以溯于前，特隆乎。今日之运会数已过，以时则可继白溪公而兴起者，其在诸君子乎！是为序。

乾隆戊午仲春中浣同宗闽中士英越千氏题于郯邑署

乾隆《郯城县志》卷七《秩官·县丞》：张士英，福建永定人，监生，考授州判，乾隆二年任，六年调河院辕门巡捕，九年回任。

嗣白、继白：世德堂《张氏族谱》：张景华第五子五世守矩，行五，字幼则，小字总，号嗣白。性孝友，勤农桑，外御强悍，内和宗族。奉先人以从祀，抚两弟以成名。立祠建坊，慎树勒碑，先世赖之，后世赖之，为吾家中兴一人。例授金吾右卫指挥佥事，万历卅二年以治河修城事竣，奉特旨钦奖。承家无愧先德，好义夙著，乡闾备极运筹调度之劳，不为务名干进之计。卅年乡饮大宾。第七子五世张守规，行七，字幼中，小字梦生，号继白。为人含真抱朴，口无择言。由万历壬寅贡生，初授东昌府博平县教谕，升登州府福山县教谕。致仕。

## 二、续修族谱原序

吾家族谱叙自康熙辛亥年，至雍正己酉，则五十八年矣。余以族繁室异，老成凋谢，睹记无人，恐久而难稽，恒有志续修而未建。是岁，馆于小马头逸侄家，谈及吾族盛衰之故。余曰：天时有复剥否泰之不同，人事有敬肆和戾之各异。天时不可必，人事宜自尽，果能祇父恭兄，笃亲睦族，豫顺所感，气数自回，此转衰为盛之道也。逸曰：族众散居异地，会晤常少，安得亲逊而和睦乎？余曰：吾族始于营丘，世远难考，自迁郯以来，已十有二世矣。忆自辛亥叙谱后，人人有水源木本之思，尊祖敬宗之意，孝弟兴仁爱周，犯乱不作，甚盛事也。但久则玩，玩则离，及其离也，而重修而联之，则亲逊和睦之风，自要复见于今日。逸曰：胡不速为叙？余曰：以稽查未遑，缮写未便耳。逸曰：自任则劳，任人则逸，何弗分任而专劳乎？余然其言。因属侄照稽查，委弟振五、侄楷、德基缮写。奈叙未及半，而洪水适至，田户一空，势不得不搁笔。

乙卯春，余与振五弟商曰：前为水灾，谱未竣，今不可不竟其事。又思数年来不无增损，如方议叙时，逸侄与焉，今已病故，他可类推矣。倘仍叙成谱，成可以无言矣。然有不能已于言者：念生齿愈衍而愈繁，无以维之，则纷错而无纪；支庶愈分而愈远，无以联之，则涣散而不亲。何以联之？曰：仁；何以维之？曰：义。义之不明，则利蔽之也。尝见近时兄弟，或因分产而贪财，彼此成仇；或因墙根而起争，数年不解；或因地边而拘讼，终身不忘。讼狱一成，报费较之所争不啻十倍，求利不得，害以随之，义利之间，可不辨哉。故必利去而后可以言义，亦为利去而后可以言仁。欲尽亲亲之仁，宜有秩序之礼，爰立婚丧仪节，夫妇人伦之始，闺门万化之源，凡娶亲必告庙，本庄族人必拜见礼节，任人往来，重婚姻也。一家有丧，本庄男女齐到，男器于左，女器于右，远则各庄备公桌，五七咸往致奠。葬亦如之。犹要具公认祖先宗嗣致乱也。命名须排字，务循明伟重则可衍集庆，虽居远传久，班次昭然，世系不紊也。族大人繁，若无宗子，谁为统属。爰立宗子，小宗各管本支，大宗兼理合族。如或宗子昏弱，共举有德望者辅之。或有争执，止许两人辨理，弟兄虽多，不得以众暴寡。毋以逆犯顺，毋以卑凌尊，以上欺下。如此则联之以仁，维之以义，将见家亲逊而户雍睦，和气可致祥，衰弱可转盛，之庶可永传不替，是吾之志也夫。

乾隆三年岁次戊午，春三月谷旦，题于世德堂，纯生谨识

纯生，张景华第七子之后，为第九世人，景华五世孙。行二，字粹中，号客川，雍正癸卯恩贡生。生于顺治辛丑十二月八日亥时，

治《易》《诗经》以韵，有音释以训后。享年八十一岁，卒于乾隆辛酉六月八日。

## 三、张氏族谱抄本序

窃尝入庙，睹四世祖白溪公遗书匾额曰“真坦详毅”，曰“敦厚周慎”，而叹祖训具在，顾后人之克承与否，而盛衰因之。其在当日公之子七人，侄五人，孙与侄孙三十一人，既皆亲承公训，宗族乡党，啧啧称孝弟。而金吾之卫，医院之长，与夫遂平之梦瑞，柏乡之民谣，博平、福山、昌黎之士风，皆有足志，则吾族之始盛也。自是之后，世世守之，未尝或替。故当明季之乱，吾家以身殉国者九人。至国朝以来，玉珠调化，文明肇新，时则有若振之公，有若朋尹公，有若谐六公，或相礼庙廊，或树功黄运，或振铎芹宫。其未仕者，若砺臣公之经济，其旋公之翰墨，亦皆文行兼优，无忝祖训。一时人文又为极盛，而族谱于是修，原序所谓自康熙辛亥者是也。迨雍正间，洪水之后，去白溪公渐远，而子孙亦渐繁漓，于是复假族谱之修，以为敦睦之计。首事者粹中公、振五公，其次则霞九公、晋雯公、夙宥公，兄弟叔侄，共成其事。大会族人，拜而颁之，昭穆之间亦复无异。叙生也晚，未获躬逢其盛，每感慨系之。数岁前，族叔子亮公慨然有志，欲绍述粹中、淑眉、振五诸公之事，虽以余之不谅，亦怂恿，而幸其成焉。顾因人心不齐，是以垂成中止。讵子亮公亦未几弃世，所剩残稿，余仅存之。每思缮写成集，以俟后至，间以起意语于族弟乐滨，乐滨乐欣然任之。且谓数年生齿之繁，不可不再为稽查。用是遍历族人，随处查写，越一岁而告成焉。斯亦可谓勤而有功者矣。或曰，是举也不过抄本，未能遍颁，恶在其有功者？余曰：不然。一人之心，人人之心也。今乐滨既感于心而为此，倘吾族人览此而皆有感焉，穆然于白溪公之教，毅然为粹中、振五诸公之为，挽衰而复于盛，未必不赖此本存也。吾故嘉其功而为之序。

嘉庆三年岁次戊午，春三月上浣，题于世德堂，天叙识

## 四、张氏续修家谱序

吾族张氏世系绵延，支派蕃衍，由来旧矣。即着籍宿迁者，亦各家有谱，户有乘，即委溯源，由末反本，为考其所自来，均不敢远引以自诬，盖敬之至，亦慎之至。所居一处，相与多年，虽宗之莫之宗，要叙之有以叙也。宿迁素与郯邑接壤，闻张氏有杰然而时出者，白溪公在焉。前明正德间由进士起家，勋名世业，文章道德，昭然揭日月而行，传来诗句，复脍炙人口，时为讽诵，盖心向往之矣。向晤白溪公后裔作揖君德，悉其阀阅，惜未暇叩其渊源。今孟夏初交，得遇白溪公九世孙署镇江府经历联奎公第八子名柏龄君者，老诚忠厚，真性照人。谈论间，族叔恒煊君与吾族曾叙联宗及查班次，难辨其详。而情亲谊笃，俨若同族，殆亦宗之莫之宗，叙之有以叙乎。迨白帝司令，丹桂含香，忽然出其草谱相示，纯生公之纂修，体仿乎欧式，德基公之誊录，字法乎右军。敬阅之余，乃克知白溪公，系发祥于郯之始祖第四世孙。观其谱载履历爵荣，中丞祀从乡贤后，簪缨相继，代有伟人。且以臣而殉国难者，不一其人；以妇而尽夫节者，不一其人。他如采芹香，禀司振铎，荐贤书，哲嗣挺生人蔚起，亦越于今，犹振振而绳绳，于以知白溪公之贻谋，洪且远也。第莫为之前，岁美弗彰，莫为之后，虽盛弗传。前谱之成，历数十年，于年于兹矣。其后剥复相乘，否泰违，不无散失遗忘之忧。而柏龄君述其志，与族叔恒煊君、族兄为坤等，时以敬宗收族为急务，恪守遗编，承先人之志，而广大之。复为序昭穆焉，

详里居焉，志婚娶焉，别淑匿焉。谱成而问序于余，余也自维只一介书生耳，有言与无言，亦何乎轻重。然善有必好，美无不扬，固理势所必仍，然亦人情所不容已者也。况柏龄君语时云，六世族凤公遐升后，正直不谬，得成为神仁齐大帝者，考授判吏之曾降鸾孝友堂，维绳祖武，继先德，不数世即诞生有人，明德之后，必有达人，理固如斯，坛词尚在，信而有征。今以柏龄诸君卜之，安知非神有所属，以柏龄君为之兆，而凡属在同姓者之潜德，无不发之光也哉。呜呼！噫嘻！神之格思其在斯乎，其在斯乎？是为序。

咸丰四年，秋八月上浣，钟吾同宗肇鼎禹九世撰

## 五、张氏家谱自序

闻之尊祖故敬宗，敬宗故收族，此谱之所由来也。族自世祖始迁于郯，至四世祖白溪公，乃克大发其祥。嗣后功名德业，累代相继，不愧家声，在吾族可谓极一时之盛矣。予生也晚，未获睹其盛，转或惧其衰。前谱之修成于康熙十年，于白溪公后裔分为南北两大支。今按谱而稽，知某祖为某后人嫡派；某祖为某后人旁支；某祖贤与未尽贤，使后人兴劝诫之意；某祖贵与未获贵，使后人生愧慕之思；某祖生卒何时，使后人殷荐之必恪；某祖窀穸何地，使后人祀事之维虔。凡皆谱之为也，则谱之所系，岂浅鲜哉。念自修谱而后，迄今百有余年，世系愈推而愈远，支派愈衍而愈繁，谱不重修，迁延所极，有不胜其忧者矣。前岁新正，与叔恒煊、侄详和诸人相聚一堂，议及谱事，莫不奋然兴起。但虑费无所出，未易成其事。予曰：专任则劳，分任则逸，前人不有此论乎？爰商南北两支，各叙各支，分叙而合辑之。且仿前人草谱遗意，令有力者出纸笔费与能书者，为均兄缮写，亦分多润寡盛事也。族众皆以为然，于是咸

为纂修。亲得以别，贤否得以明，贵贱得以分，生忌冢得以识。不一年，而遂告厥成功。予又有思焉，凡事成于盛时者易，成于衰时者难，兹于凌替之余，犹能踊跃争先如此，使后之人本源之思，较切于今念祖宗相传之绪，昌明而光大之，永永奉行，无令箕裘坠而统绪失，是又予与叔辈诸兄弟所厚望也，故援笔而书之。

咸丰五年岁次乙卯，十三世孙柏龄沐手

## 六、重修家谱自叙

家谱之修，所以承先，亦所以启后。自始祖至云仍，而班次宵紊，自一本至九族，而亲疏分有大宗，有小宗，而招赘不得混其序；有□派，有正派，而螟蛉不得乱其真。均非谱不为功。前谱之修有年所，而南北两大支中，盛衰隆替，聚散离合，迄今不一其致矣。吾久有重修之志，奈一人难以遍查，是以迟之数年。然谱一日不修，则吾一日之忧未释也。顷与吾族侄、族侄孙辈分任其事，得以次第告成，是人幸甚，后人幸甚。爰告宗人宗祠，务勤为修葺，祭田务好为经营，坟墓务时为祭扫，子孙务严为教训，宗族务相为和睦，庆吊务常为往来，不愧清河家风，无忘白溪祖训，振振绳绳，雍雍睦睦。堂开百忍，业守一经。前人有以传于后人，庶后人亦有以继乎前人也。噫！

十二世孙煊百拜敬书

## 七、张氏家谱增修录

谱牒中所前序言之详矣，今兹续刻印无力，公议造成草谱，以待后人。余思止存一二，则隘而不广。因不揣工拙，敬录数十册，按房分存，以将来之刊印有人，重修有日也。故为叙其缘起。

咸丰伍年，岁次乙卯，十三世孙为均敬注

## 八、张氏族谱又接序

族之有谱，犹木之有根本，水之有泉源。支派昭然，统绪不紊，盖所以明敦宗睦族之谊，且借以伸抒本追远之思，甚盛事也。吾家族谱肇修于康熙辛亥年，自时厥后，代有续修。凡祖功宗德世系，家乘谱牒所载，列之详矣。忆自咸丰丁卯后，至今七十余年，其间生齿日繁，支庶愈分，恐代远年湮，久而难稽，续修之志，余蓄之几三十年矣。无如数年来，清末民国初立，时局变迁，匪热血猖獗，闾阎不靖，族人四散，恒有志未逮。顾念余年已耄耋，环顾吾族中与吾同志者亦多多，然此谱一日不修，则余之素愿一日未偿。现地方稍平，族人回归，故于是岁立春，族人欢聚一堂，介议续修，无不忻然乐从。余遂委族弟理宗总办完成，族侄毓现、毓准、伟中、伟英等，族侄孙重良、成章、铎与子伟精、伟一等，绍述前人，共成其事。或任稽查，或任缮写，务令户口虽繁而无遗漏，世代虽远而得尊荣。又二年方得完全，庶清河之家声，赖以不坠，白溪之祖训，因以常昭。光前即以裕后，由委可以溯源。愿吾族后世子孙，代代续修，绵绵延延，永垂勿替，是则余之所厚望也夫。爰为之叙。

民国二十一年，岁次壬申，孟冬谷旦题于世德堂，龙见谨识

## 九、东支原序

传吾张氏旧居山东高密县鱼湾舍住沟村，至大明年因红军赶散，

一支去郯城县涝沟庄居住，一支去江南沭阳县居住。吾祖来赣境蛮子弯，继而迁居青口镇。顺治年间，封禁海口，又移大沙河镇居住。张氏自此而有基业焉，至今九世，相传于兹矣。

## 十、东支序

粤稽黄帝之子名挥，造弧弓，受封于张，氏为张氏，此张氏所自昉也。虽然溯渊源，当考诸得姓受氏之始而序宗祧，当稽诸分支别派之初。我祖迁居赣境，历有年矣。问一世二世，犹有知者乎？曰无有；问迁地何年，创基何世，犹有记者乎？曰无有。呜呼！祖宗虽远，谁无水源木本之思，子孙虽繁，当存春露秋霜之感。而今坟基犹在，名字无存，仰溯芳宗，能不黯然神伤乎？衣冠虽靓，手泽亦淹，抚厥井里，默然心痛，子孙之过也，岂祖宗之咎哉！我族叔昆山公，慨然兴念，追叙先人始居之地，如来赣之由。邀集族人，叙其支派，别其亲疏，爰订为谱。又分四时之祭，按月轮流，使祖宗之血食常绵，子孙之昭穆勿替。后世诚能遵而行之，历久弗衰，安见簪缨不可以荣世胄，钟鼎不可以振家声乎！乃至今又四十余年矣，其中绝而不继者亦有之，逃而不回者有之，孙可名其祖，子不能认其宗，甚至访其高曾何人，有昧然不知者，总谱系失序故耳。余也目睹心伤，爰萃族姓老幼，签订章程，重为修辑，俾知九族悉归于一本，万派总由一源。勿失忠厚传家之道，勿坠诗书继世之长。有凭有翼，有孝有德，世世子孙，勿替引之，是予厚幸也夫。

乾隆五十八年桂月，八世孙仁撰

## 十一、东支重修家谱序

家之有谱，所以考信征实，志其祖为何代人，为何地人，得九受氏踪迹若何，别派分支绝续若何。或出或处，穷达又若何，俾后人即委穷源流传勿替。是故一国之事，载于国史，一邑之事，载约邑志，一家之事，载约家乘：皆恐其远而无征，湮没而失传也。呜呼！我张氏始世二世何竟不传哉？其或因流难之际，未暇记载与？抑或值兵灾之会，无人追溯与？皆未可知也。我伯父慨然有穷源之志，偕族祖昆山公远稽近考，得先人之世代里居，并迁徙靡定之方。自三世以下，详注约册，是失传而不尽失传者，二公之力也。后嗣子孙，倘能承先启后，恢宏旧业，簪缨相接，未必非门闾之光也。诗书相传，未必非祖宗之幸也。继继承承，有基勿坏，是余所厚望也夫。

道光二十四年五月廿六日，九世孙贤轼撰

## 十二、东支增修家谱序

谱自我祖重修之后，又三十余年矣。而支派已分，系图未悉，迄今展玩旧帙，犹有茫然不知者。况生齿日繁，丁添渐广，使不访而登诸谱，将久之而名字失讹，又久之而行辈错，又久之而聚散无常，亲疏莫辨，有视一派如途人者矣。忆我祖在日，峻方冲幼，每与兄共亲色笑，祖尝谓吾父、吾伯父、叔父曰：吾张氏家谱，始成于昆山公，继订于先伯贯百公，余后踵而续修之。然采焉未精，语焉未详，犹有隐憾，尔等既读书矣，其勿以为异人任焉尔。时兄或略记，峻幼弗能悉。如今复受父与伯父叔父训，而若接謦欬矣。奈祖方去世，伯父多疾，有志未逮，伯旋逝，而吾父以家计烦冗，未暇及此。夫人生三世，老成叩谢，族中之白首罕存，后嗣之青年纷起。葛之庇，瓜之绵，谁怜同姓欤，螽之羽，麟之角，谁念本支欤？乙亥之春，父与吾叔父邀合族公议，以修谱之责峻。呜呼！水源木本，人有同心，若无谱何以问祖而寻宗，无谱何以正名而定支分？事关重大，敢不兢兢乎。爰夙夜参稽，不惮劳苦，并从吾兄校定，偕弟分抄，阅半载而事始竣。览斯谱者庶知老幼尊卑，聊其血脉，名次讳号，即若日星。一以守我之鸿规，手泽如新，一以期百世之燕翼，书香常嗣云尔。是为序。

光绪元年巧月朔日，十一世孙克峻撰

## 十三、东支增修家谱序

我祖自修谱以后，至今又数十年矣。如不续修，则最后生齿日繁，名字失记，排行错乱，不且圣（?）然失笑欤。无谱何以问祖而寻宗，无祖何以正名而定支分。后孙继功慨然叹曰：于是同合族参议，将谱增修，使全体不紊。各支各房闻之欢欣，无一不应可。后嗣子孙相接，未必非吾门闾之光也。诗书相传，未必非祖宗之幸也。继继承承，有基勿坏，百世流芳，犹有可观者焉。后孙领袖办理（?）之懿行焉，是余之厚望也夫。

公元一九五六年，十五世孙继懋撰

## 十四、第六次续修族谱序

在中华民族纷繁浩瀚的族氏中，张姓是一支最为古老、族大支繁、富于开拓进取精神的姓氏。自始祖挥创造了弓箭和网罗以来，张姓中涌现了无数的名臣名将和文化名人，为共创中华民族的灿烂文化做出了重大贡献。我后代子孙，无一不对先祖们的显赫业绩深感自豪，无一不对自己的姓氏视之为珍宝。

作为张氏大家族的重要组成部分——世德堂张姓，数百年来一直为鲁南、苏北之望族，目前族众已近四万人，遍布苏、鲁、豫、皖、冀、东北、新疆及海外等地。为保存本族历史，以利子孙繁衍生息，自清康熙辛亥，至民国壬申年间，先辈们曾五次进行族谱续修活动。1988 年，族叔重森、重兰，族叔祖伟栋、伟松、伟延，族兄则英、则付，族孙衍玲等八人组成续修小组，甘冒风险，毅然承担起第六次族谱初修重任，在各方族员帮助下奋战数月，完成了初修任务，印发了草谱。本次初修，对一些旧族规进行了革新，初排了辈分行字，起到了承前启后、团结族众的作用。在此前后，景熙祖嫡派迁居江苏沙河、苍山县二庙等处的友聚、光裕、恒法、兴斌等亦先后组织了本支房的续谱活动，做了大量工作。但由于社会环境和指导思想等条件所限，这一时期的成谱，都不同程度地存在着范围窄小、续体欠妥、内容简单、错误较多等缺点。随着国内改革开放、发展商品经济步伐的加快，我各地族众要求加强团结、联修族谱，振兴家族的呼声日渐高涨，1995 年 5 月，在郯城召开了第一次张氏家族代表大会。会议分析了自明末以来本族长期落后的主要原因，提出了振兴张氏家族的三十二字方针；做出了加强族内联络、建立家族档案、全面地高质量地精修族谱等几项决议；民主选举产生了第一届族内事务协调领导班子，为本次续修族谱奠定了思想、组织基础。会后，族员重民、则明、友聚、伟栋、伟海、则英、可宝、光裕、彦英、茂山、恒法以及重森、则芳、则问、衍俊、衍富、可秉、重才等，进行了长达数年的相互联络，付出了较大代价，取得了良好效果。鉴于时机基本成熟，2000 年 4 月在郯城召开了张氏家族第二次代表大会。来自山东、江苏近十个县市的一百零一名代表欢聚一堂，共商振兴张氏大家族、进行本次族谱联续活动的大计，会后付诸实施。在本族两届理事班子的领导下，经过全休族众十余年的不懈努力，一部较全面的、高质量的巨著，终于在新世纪伊始问世了。本谱较之过去族谱具有三个方面的特点：一是扩大了族员的范围。实现了建立“东、西、南、北支”的构想，入谱人数已达三万余人，使本族达到了空前团结。二是丰富了内涵。影印了四世祖景华祖像，使我后代子孙都能瞻仰其遗容，缅怀祖先的丰功伟绩。同时新增了景华祖撰写的《汉孝妇冢碑记》及现代有关考证文章等内容。三是印刷力求精良。新谱为暗红色刷漆布面硬壳精装本，分上、下两册，便于保管和查阅。这是我全体族众心血和智慧的结晶，是振兴张氏大家族的一块重要基石。

经本族各方代表提议，第二届族务理事班子第三次常务会议研究决定：

（一）本族谱为景华、景美、景熙祖嫡系之定本。为避免发生混乱，1988 年南北支初续草本，1956 年沙河（东支）所续草本，1986 年苍山县二庙所续草本，今后不再作为查考之凭据。

（二）自二十三世起，新的一轮辈分字行为：宏、聚、鹏、发、宇、英、冠、业、浩、强。

（三）凡我后世族人，均有续修族谱之责任，以确保我族史之连续性；凡保有族谱之族人，无论时事多艰，均应想方设法保谱，善为珍藏，历代相传。

（四）为及时地协调族内事务，更好地完成振兴张氏大家族之伟业，本族应建立并长期保留以理事会为龙头的组织协调网络。实行民主集中制、少数服从多数、下级服从上级的组织原则，及时更换或清除不合格成员，同时将那些德才兼备、廉洁奉公、善于团结、族性较强、热心族务的族员充实进协调服务网络。

21 世纪，将是经济全球化、政治多元化、新技术革命的崭新世纪，机遇与挑战并存。凡我族人，均应紧跟时代步伐，顾全大局，加强团结，清正廉洁，广交朋友，继承和发扬祖先之美德，在各自的岗位上开拓创新、奋力拼搏，为中华民族的繁荣昌盛，为实现张氏大家族的复兴做出自己应有的贡献。

十八世孙则明敬书　2001 年 6 月 6 日

## 十五、《张氏族谱》凡例四

“东、西、南、北支”，是以祖居方位（即地域）划分的。四世景华祖居郯城北涝沟，其嫡系简称“北支”；四世景美祖居南涝沟，其嫡系简称“南支”；以郯城为大本营，四世景熙祖之长子嫡派迁居赣榆县沙河、连云港等地，简称“东支”；其次子嫡派迁居苍山县张庄等地，简称“西支”。

# 征引书目

司马迁《史记》，中华书局，1959年9月。

班固《汉书》，中华书局，1962年6月。

范晔《后汉书》，中华书局，1965年5月。

陈寿《三国志》，中华书局，1959年12月。

房玄龄等《晋书》，中华书局，1974年11月。

沈约《宋书》，中华书局，1974年10月。

姚思廉《梁书》，中华书局，1973年5月。

姚思廉《陈书》，中华书局，1972年3月。

李延寿《南史》，中华书局，1975年6月。

李延寿《北史》，中华书局，1974年10月。

欧阳修等《新唐书》，中华书局，1975年2月。

刘昫等《旧唐书》，中华书局，1975年1月。

张廷玉等《明史》，中华书局，1974年4月。

谈迁《国榷》，中华书局，1988年6月。

谷应泰《明史纪事本末》，中华书局，1977年2月。

朱国桢《皇明大政记》，崇祯刻本，《四库全书存目丛书》史部第16册。

雷礼《国朝列卿记》，《续修四库全书》第523册，《史部·传记类》。

贾三近《皇明两朝疏抄》，《续修四库全书》第465册，《史部·诏令奏议类》。

张学颜等《万历会计录》，《续修四库全书》史部·政书类，第832册。又北京图书馆古籍珍本丛刊本，书目文献出版社，1989年。

过庭训《本朝分省人物考》，《续修四库全书》史部·传记类，第535册。

《明实录》，台湾“中央研究院”历史语言研究所校印本，1962年。

李东阳等奉敕撰、申时行等奉敕重修《大明会典》。

吴廷燮《明督抚年表》，中华书局，1982年6月。

陈梦雷、蒋廷锡《古今图书集成》。

朱保炯、谢沛霖《明清进士题名碑录索引》，上海古籍出版社1980年2月。

《论语》，四书白话注解，长春古籍书店影印，1982年4月。

《孟子》，四书白话注解，长春古籍书店影印，1982年4月。

吕不韦《吕氏春秋》，网上电子书。

《孝经注疏》，《十三经注疏》，中华书局，1980年10月。

王充《论衡》。

刘敬叔《异苑》，《中华历代笔记全集》。

刘向《说苑》，《中华历代笔记全集》。

皇甫谧《高士传》。

李昉等《太平广记》，中华书局，1961年3月。

林希元《同安林次崖先生文集》，清刻本，《四库未收书辑刊》集部第75册。

潘埙《熙台诗集》，明刻本。残。

吴承恩《射阳先生存稿》，中华书局上海编辑所，1959 年 3 月。又刘怀玉《吴承恩诗文集笺校》，上海古籍出版社，1991 年 5 月。

张景华《白溪漫稿》，民国抄本。

张景华《白溪漫稿》，天马出版有限公司，2008 年 3 月。

袁喜生《李濂年谱》，河南大学出版社，2001 年 8 月。

厉保津《赵秉忠状元卷注释》，远方出版社，2003 年 12 月。

杨玉金主编《郯文化研究》。

段朝端《楚台闻见录》，清抄本。

苏兴《吴承恩年谱》，人民文学出版社，1980 年 12 月。

世德堂《张氏族谱》。

康熙《郯城县志》，清刻本。

乾隆《郯城县志》，清刻本。

嘉庆《郯城县志》，清刻本。

道光《吉水县志》，清刻本。

光绪《吉水县志》，清刻本。

陈文烛隆庆《海州志》，明刻本。

康熙《山东通志》，清刻本。

雍正《江西通志》，四库全书本。

乾隆《山东通志》，四库全书本。

雍正《山西通志》，四库全书本。

道光《阳曲县志》，清刻本。

乾隆《太原府志》，清刻本。

光绪《吉安府志》，清刻本。

陈文烛：万历《淮安府志》万历元年（1573）刻本，上海书店

1990年12月（据天一阁藏万历刻本影印出版），《天一阁藏明代方志选刊续编》第8册。

宋祖舜、方尚祖《淮安府志》，明天启六年（1626）五月刻印，清顺治重镘本，方志出版社，2009年1月。

**图书在版编目(CIP)数据**

漕运总督张景华 / 刘怀玉著. - - 北京 : 中国文史出版社, 2021.9

ISBN 978 - 7 - 5205 - 3098 - 9

Ⅰ. ①漕… Ⅱ. ①刘… Ⅲ. ①张景华(1482—1555) - 传记 Ⅳ. ①K827 = 48

中国版本图书馆 CIP 数据核字(2021)第 154467 号

责任编辑：薛媛媛

出版发行：**中国文史出版社**
社　　址：北京市海淀区西八里庄路 69 号院　邮编：100142
电　　话：010 - 81136606　81136602　81136603（发行部）
传　　真：010 - 81136655
印　　装：廊坊市海涛印刷有限公司
经　　销：全国新华书店
开　　本：720 × 1020　1/16
印　　张：21.75　　插页：1
字　　数：253 千字
版　　次：2021 年 9 月第 1 版
印　　次：2021 年 9 月第 1 次印刷
定　　价：63.80 元